Friedrich Heinrich Dieterici

Die Anthropologie der Araber im zehnten Jahrhundert n. Chr.

Friedrich Heinrich Dieterici

Die Anthropologie der Araber im zehnten Jahrhundert n. Chr.

ISBN/EAN: 9783741171550

Hergestellt in Europa, USA, Kanada, Australien, Japan

Cover: Foto ©Lupo / pixelio.de

Manufactured and distributed by brebook publishing software
(www.brebook.com)

Friedrich Heinrich Dieterici

Die Anthropologie der Araber im zehnten Jahrhundert n. Chr.

Die

Anthropologie der Araber

im

zehnten Jahrhundert n. Chr.

von

Dr. Friedrich Dieterici,
Professor an der Universität zu Berlin.

Leipzig,
J. C. Hinrichs'sche Buchhandlung.
. 1871.

Vorwort.

Die folgenden Blätter bilden eine Fortsetzung meiner früheren Arbeiten über die philosophische Schule der lautern Brüder, deren Mitglieder zu einer festen Ordnung gegliedert, es versuchten, in einer nach den Stoffen geordneten, wissenschaftlichen Encyclopädie alle Objecte des Wissens, wie sie die Araber im X. Jahrhundert beherrschten, zu einem abgerundeten Ganzen zusammen zu fügen, um dadurch eine Waffe gegen die alle sittliche und geistige Bildung unterdrückende Orthodoxie zu gewinnen.

Ueber diese Schule handelte ich in folgenden Werken:

I. Propädeutik (Berlin 1865), die Arithmetik, Geometrie, Astronomie und Musik enthaltend. Diese Wissenschaften werden als Vorstudien betrachtet, da die Zahl nach neoplatonischem Princip als die Grundlage und das Gerüst gilt, auf welcher und an dem alles Denken sich heranbilde und die Ordnung aller Dinge erklärt werde. (Abhandlung 1—6 der lautern Brüder.)

II. Logik und Psychologie (Leipzig 1868). Die Schule des Denkens und die Lehre von den seelischen Zuständen. Während in der Propädeutik der Neoplatonismus vorherrschte, liegen in dieser Abtheilung die Grundzüge der Aristotelischen Schule vor (Abb. der lautern Brüder 7—13).

III. Naturanschauung und Naturphilosophie der Araber. (Berlin 1861. Abb. 14—21.) Wir haben in diesem Buche eine Darstellung von den Wirkungen der Elemente im All und von den Producten derselben, Mineral, Pflanze, Thier. Die Physik des Aristoteles bildet hier die Grundlage.

IV. Streit zwischen Mensch und Thier. (Berlin 1858.) Dieses sinnreiche Märchen ist zwischen Naturgeschichte und Anthropologie am Ende der 21. Abhandlung eingefügt und kennzeichnet in geistreicher Weise die Scheidungslinie zwischen Thier und Mensch; da der sinnliche, böse Mensch vielfach unter das Thier herabsinkt, der geistige, edle Mensch sich dagegen weit über dasselbe erhebt. Im Anhang ist des weiteren über unsere philosophische Schule von Basra gehandelt und die Reihenfolge der einzelnen Abhandlungen mit kurzer Inhalts-Angabe aufgeführt.

V. Hieran schliesst sich die Reihe von Abhandlungen (von 22—30 inclusive), welche wir, weil sie sowohl über die leibliche als geistige Beschaffenheit des Menschen handeln, unter dem gemeinsamen Namen, Anthropologie, zusammenfassen. Ihr wird unmittelbar folgen

VI. die Reihe von Abhandlungen (Abh. 31 40 inclusive), welche man mit dem gemeinsamen Titel „die Weltseele" bezeichnen kann, da in ihnen von der Beziehung der Seele zu ihrem Ursprung, Gott, sowie von ihrer Wirkung auf die Welt gehandelt wird. Damit würden die wissenschaftlichen Stoffe dieser Abhandlungen zum Abschluss gediehen sein, denn die letzte Reihe derselben (von 41 51), die Theologumena, kann wegen ihres vielfach mystischen Inhalts weniger in das Gebiet strenger Wissenschaftlichkeit gezogen werden

Die Anthropologie, wie sie uns hier entgegentritt, handelt zunächst von der Zusammensetzung des menschlichen Körpers. Eine solche liegt auch unseren Anthropologien meist zu Grunde. Da es das Ziel dieser Abhandlungen ist, die einzelnen Wissenschaften nur in so weit zu behandeln, als nöthig ist, um die allgemeinen wissenschaftlichen Grundzüge für das ganze System zu gewinnen, finden wir hier auch nur die allgemeinen Grundlagen dieser Wissenschaft angegeben. Das Specielle wird der besonderen Wissenschaft, der ylm at-taschrich, der Zerschneidekunst, Anatomie, zugewiesen.

Aus diesen Abhandlungen ist ersichtlich, dass die Araber als Schüler Galens (geb. 131 n. Chr.) auftreten. Es ist das Verdienst dieser Schule, diese Wissensobjecte wohlgeordnet

— v —

und in geistreicher Weise in ein System gefügt zu haben.
Ein Fortschritt über Galen hinaus tritt im Einzelnen nicht
hervor, auch ist aus den allgemeinen Anschauungen vom
menschlichen Körper nicht zu schliessen, dass die Araber
menschliche Körper zerschnitten. Menschliche Anatomie ist
zwar höchst wahrscheinlich schon von den Griechen, dem
Hippokrates und seiner Schule, dann im ausgedehnteren Mass-
stabe etwa bis zum I. Sec. v. Chr. von den Alexandrinern,
(Herophylus und Erasistratos) getrieben worden, jedoch hört
dieses Studium nach Christo vollständig auf, schon bei Galen,
bis dasselbe im 14 Sec. mit Mondini wieder beginnt.

Wie in der Astronomie den Arabern zufiel, das Ptole-
mäische System fortzubilden, bis die Unzulänglichkeit desselben klarer zu Tage trat, so war es offenbar auch in der Me-
dicin ihr Beruf, durch die vollständigere Durchführung des
Galenismus die Erkennung der Schwächen dieses Systems an-
zubahnen. Das Joch des Galenismus abzuschütteln, wagte in
der Anatomie bekanntlich erst Vesal im 16. Sec

Vor der Zeit unserer Philosophen hatten schon bedeutende
arabische Aerzte, wie Razi (Rhazes 850 — 923), der arabische
Galen, Verf. des al havi comprehensor, dann Ali ibn Abbas
(um 850), der Verf. des maliki, des liber regius, gewirkt, während der Abschluss der medicinischen Wissenschaft der Araber
im Kanun des Ibn Sina d. i. Avicenna (980 - 1037 p. Chr.)
noch nicht geschehen war. Auch im letzteren Werke, nach dem
die leidende Menschheit Jahrhunderte hindurch curirt ward,
tritt ein Fortschritt über Galen in der Anatomie nicht hervor.

Die zweite Abhandlung, die sinnliche Wahrnehmung, weist
uns gleichsam in die technische Werkstatt der geistigen Arbeit,
indem sie uns die Beziehung der leiblichen Organe zu den
Objecten der Erkenntniss darlegt. Das Bild kommt zunächst
dem Vorderhirn zu und wird erkannt; dasselbe kommt zur vollen Klarheit im Mittelhirn und liegt als Gedächtnissschatz im
Hinterhirn. Auch in dieser Abhandlung bilden die Galenischen
Grundzüge die Grundlage, um die Vermittelung zwischen dem
erkennenden Subject und dem erkannten Object, die Beziehung
des Leiblichen und Geistigen, darzulegen.

Die dritte Abhandlung, der Mikrokosmos, der Mensch eine
kleine Welt, muss zwar eigentlich in Gegenwirkung stehn zu
der anderen, dem Makrokosmos, die Welt ein grosser Mensch.
Aber obwohl diese beiden Themata, die kleine und die grosse
Welt, eigentlich als Rahmen für alle Gegenstände unserer Erkenntniss aufgestellt werden können, ist der Makrokosmos doch
von dieser Schule erst in die nächste Reihe der Abhandlungen als die 33. gestellt worden. —

Der Gedanke des Mikrokosmos ist hier mehr in Allego-
rien und Gleichnissen dargestellt. Der Mensch steht da als
die Mitte in der Reihe der Creaturen, zwischen den geistigen
und leiblichen Schöpfungen als das Bild, das alle Züge des
geistigen und leiblichen Lebens umfasst. Somit ist das Wesen
des Menschen geeignet, die Räthsel des All zu lösen. —

In der vierten Abhandlung, der Embryologie und Astrologie, begegnen wir einer Verbindung medicinischer und astro-
nomischer Anschauungen. Die Astrologie, der Glaube an den
Einfluss der Hoch-Gestirne auf die Entwicklung der unter dem
Mondkreis entstehenden Creatur, ist der uralte, aber systema-
tisch, mit allem Scharfsinn ausgearbeitete Urwahn des Menschen. Seit Jahrtausenden beherrscht dieser Wahn den Geist
der Menschen, selbst Keppler tritt ihm nicht direct entgegen.
In diesen Urwahn ist durch die Wissenschaft System gebracht; da die Planeten in Epicykeln sich bewegen, schloss
man, dass der dem oberen Rande nahe Planet den Erguss von
dem höheren Stern empfange und niedersinkend denselben dem
unteren Stern zuströmen lasse. So erhielt die Emanationstheorie
ihren Schluss. Die Planeten werden als die Vermittler der göttlichen Kraft von der obersten Sphäre des Allbimmels bis zur
untersten betrachtet, sie lassen die Kräfte auf das entstehende
Leben wirken.

Die Astrologie steht somit in Beziehung zur Astronomie
(Abb. 3). Sie ist ein Wahn, aber es ist System darin, und ist
die zusammenhängende Darstellung derselben für das Studium
der allgemeinen Culturgeschichte von Bedeutung, wenn sich
auch hier der Anspruch bewährt, dass die Geschichte der
Wissenschaften eine Geschichte der Irrthümer sei. —

Mit der fünften unserer Abhandlungen treten wir mehr
auf das geistige Gebiet über. Der Körper wird als der Mutterschooss für ein neues geistiges Leben betrachtet. Wie der nicht
zur Vollendung gelangende Embryo ein trauriges Leben führt,
ist die Seele, welche während ihres Lebens im Körper nicht
zur Entwicklung kam, elend. Die Seele entwickelt sich durch
Weisheit und Wissenschaft, wie der Körper durch Speise und
Trank zunimmt. Die sich vom Körper im Tode trennende,
wohl entwickelte, Seele erkennt ihr erhabenes Wesen, während
die der Sinnlichkeit verfallene, nur für fleischliche Lust em-
pfängliche Seele mit den Werkzeugen der Lust auch jene
selbst verliert. —

Die sechste Abhandlung, die höchste Grenze des Wissens,
führt den Gedanken aus, dass der Mensch stets nur das
Mittlere, weder das zu kleine noch zu grosse zu erfassen vermöge und somit viele Fragen der menschlichen Erkenntniss
entrückt sind. Das gelte besonders von solchen Fragen wie
derjenigen nach dem Ursprung der Welt, zu deren Lösung
dann die Inspiration der Propheten beitragen müsse. —

Die Frage über Leben und Tod wird in der siebenten
Abhandlung erörtert. Leben ist Verbindung der Seele mit
dem Körper, Tod Trennung der Seele vom Körper. Wie die
Kräfte der Allseele die Welt durchdringen und dieselbe mit
den verschiedenen Kräften verschiedene Wirkungen schafft,
so hat auch die Theilseele verschiedene Kräfte; mit dem Tode
ist der Beginn des neuen Lebens gesetzt, und derselbe deshalb
nothwendig. Dass aber der Tod von der Creatur gescheut wird,
liegt in dem Schmerz, der damit verbunden ist, sowie darin,
dass die Creatur von dem ewigen Schöpfer ausging und sie
somit den Hang zur Unvergänglichkeit erhielt.

Wie aber, wenn der Tod eine Uebergangsstufe, also eine
naturgemässe Entwicklung bietet, warum ist denn die Pein
und der Schmerz sein steter Begleiter? Darauf antwortet die
folgende, achte Abhandlung. Schmerz und Pein ist gesetzt,
dass die Creatur den Tod scheue und der Leib zur Erhaltung
der Gattung diene. Dies wird der Anlass, über die Lust,
die geistige und sinnliche, in philosophischer Weise zu han-

deln und die im Koran verheissenen Freuden des Paradieses in philosophischer Weise zu erklären. —

Die letzte Abhandlung ist überschrieben: über die Verschiedenheiten der Sprachen. Aber dieselbe ist vielmehr eine Betrachtung über den Ton, eine physikalische Studie ähnlich der Abh. 5. Die Entstehung der Sprache wird mystisch erklärt, dann aber zu den Bedeutungen, als dem geistigen Inhalt der Worte übergegangen. Interessant ist, dass bei der Abhandlung über die Schriftzeichen, sich der Umfang von der Sprachkenntniss dieser Philosophen als Hebräisch, Syrisch, Griechisch, Römisch, Indisch und Altpersisch herausstellt. Dass die arabische Schrift die Vollendung aller sei, gebührt ihr als der Trägerin der göttlichen Offenbarung.

Die Abhandlung ist weitschweifig und voll Wiederholungen. Der Pariser Codex (No. 1005) ist in diesem weiten Abschnitt vielfach undeutlich; doch stand mir für diese Abhandlung die Berl. Handschrift (Sprenger 1946) zur Vergleichung zu Gebote, welche ausser dieser Abhandlung noch die von den Thieren mit dem Märchen enthält. Ich habe hier stets nur den Hauptinhalt hervorgehoben. —

Die Hinzufügung der arabischen Termini technici habe ich unterlassen, weil bei der gütigen Bereitwilligkeit meines Herrn Verlegers das Werk: „die Weltseele" rasch folgen wird und ich dort den Anhang für die beiden Bücher zu geben gedenke.

Berlin, März 1871.

Fr. Dieterici.

Inhalts-Verzeichniss.

Die Zusammensetzung des Körpers.*)

Wenn Jemand die Erkenntniss der Dinge zu haben behauptet, jedoch sich selbst nicht kennt, so gleicht er dem, welcher andere nährt doch selbst hungert, oder dem der andere zwar zu heilen sucht, aber selbst krank ist; dem der andere kleidet selbst aber nackt ist, dem der andere Leute auf den Weg leitet und doch die Wege seines eigenen Hauses nicht kennt. Der Mensch muss in diesen Dingen erst bei sich beginnen und dann zu den Anderen übergehen.

Mensch ist ein Name, welcher sowohl für diesen Körper, der dem bewohnten erbauten Hause gleicht, als auch für diese Seele, welche den Körper bewohnt, gilt. — Leib und Seele sind Aussagen von „Mensch" und ist „Mensch" die Gesammtheit und Vereinigung beider, — jedoch ist der eine der beiden Theile, nämlich die Seele erhabener und gleichsam das Mark, der andere, nämlich der Körper, gleicht dagegen der Schale. Mensch aber ist die Gesammtheit beider, wie der Baum. Auch gleicht die Seele dem Reiter, der Körper dem Reitthier und der Mensch ist beides zusammen, Ross und Mann. — Deshalb muss jeder Mensch sich selbst recht erkennen und in der Erkenntniss hiervon auf dreierlei sehen. —

a. Auf die Betrachtung vom Zustand des Körpers, was und wie er sei, d. i. die Zusammensetzung seiner Theile und Fügung seiner Glieder; ferner welches die ihm, frei von der Seele, allein zukommenden Eigenschaften seien. —

b. Auf die Betrachtung der vom Leibe abstrahirten Seele und deren Kräfte, was und wie sie seien, so wie auf die ihr speciell zukommenden Eigenschaften.

---

*) Diese Abhandlung ist die 23ste der ganzen Reihe, die 9te unter den Abhandlungen von der Natur.

1

c. Auf die Betrachtung beider mitsammen und die aus der Verbindung beider hervorgehenden Charaktere, Thaten, Bewegungen, Künste, Werke, Töne und dergleichen. — Die Zustände des Körpers werden aber hier in kurzer Weise zuerst deshalb behandelt, weil sie auf die Zustände der Seele hinführen. Denn die Zustände des Leibes sind deutlich enthüllt, klar und mit den Sinnen fassbar, die der Seele dagegen der Erfassung durch die Sinne entrückt, in der Tiefe des Körpers verborgen, verhüllt und versteckt, sie werden nur mit der Vernunft erfasst.

Die sichtbaren Zustände des Körpers führen auf die verborgenen Zustände der Seele hin. — In der früheren Abhandlung*) ist dargethan, dass der Körper aus Fleisch, Blut, Knochen, Sehnen, Adern, Haut und dergleichen zusammengesetzt sei. Dies sind alles irdische, vergängliche, Schattenwerfende, schwere, theilbare und veränderliche, dem Verderben anheimfallende Körpertheile. Die Seele ist dagegen eine himmlische, geistige, ewig lebendige, lichtartige, unschwere, bewegliche und unverderbliche Substanz; dieselbe ist wissend und die Formen der Dinge erfassend. —

Wie der Körper zusammengesetzt sei, die Mengungen des Leibes und die Mischungen der Naturen stattgefunden haben.

Als Gott den Körper des Menschen schuf und in Gleichmass setzte, ihm von seinem Geist einhauchte, ihn belebte, dann darin der Seele Wohnung machte und dieselbe zum Herrn über jenen setzte, glich die Gründung dieses Körperbaus und die Fügung seiner Theile der Gründung und dem Bau einer Stadt, die ja auch aus verschiedenen Dingen als Stein, Ziegel, Mörtel, Asche, Holz, Eisen verbunden und gefügt wird, bis endlich die Häuser erbaut, die Mauern gezogen, die Viertheile gebildet, die Wohnsitze eingetheilt, die Wohnstätten hergerichtet,

---

*) Abhdl. 31, vgl. die letzte in der Naturwissenschaft und Naturanschauung der Araber.

die Magazine angefüllt, die Strassen, Märkte und Kanäle vollendet und eröffnet sind. — Dort findet der Werkmann Beschäftigung, es lassen sich Händler nieder, der Herrscher leitet
sie und ihm dienen die Bewohner. Also verfuhr Gott. Zuerst begann er mit der Schöpfung und Herstellung der vier
für sich bestehenden Naturen, die mit einander ringenden und
sich befehdenden Kräften versehen sind. Darauf verband er je
zwei derselben, so dass vier Elemente mit einander vermählten und verbundenen Naturen, mit sich entsprechenden Kräften entstanden. Das sind die Elemente.

Darauf begründete Gott den Bau dieses Körpers aus den
vier Elementen als aus seinen Grundbestandtheilen, und rief
die vier Mischungen mit zwar einander widerstreitenden Naturen,
doch sich entsprechenden Kräften hervor. Diese sind also von den
ursprünglichen Elementen hergenommen. Darauf that Gott diese
vier Mischungen zusammen und schuf daraus neun verschiedengestaltete Substanzen. Diese sind die Stütze des Körperbau's;
dann fügte und setzte er eines über das andere als zehn geo-
metrisch genau verbundenen Fugen zusammen. Diese verband
er und stellte sie als 248 Säulen von gleichem Schnitt her.
Er zog die Bänder derselben und band ihre Gelenke zusammen
mit 720 delubaren darüber gewundenen Bändern.

Darauf bestimmte er die Depots und vertheilte die Schatz-
kammern; er setzte deren elf, die mit verschieden gearteten Substanzen angefüllt wurden. Er zog die Gänge, öffnete Weg und
Thor und bestimmte 360 Laufgänge für die Bewohner der Stadt.
Er liess Quellen aus den Depots hervorgehn und zertheilte von
ihnen aus 360 verschiedene Büche, die nach allen Seiten hin
liefen. In die Mauer brach er zwölf rundliche Thore, als Ausgänge für die Depots. Er übergab dann die so angelegte Stadt
den Händen von acht sich einander helfenden Werkleuten. Dies
sind die Meister jener Stadt, auch betraute er mit ihrer Bewachung
fünf Wächter, um ihre Grundelemente zu überwachen. Darauf
erhob Gott diesen Bau in die Luft auf zwei Säulen und bewegte
er denselben nach den sechs Seiten durch zwei Flügel.

Diesen (Körper-) Bau gab er den Schaaren von Genien,
Menschen und Engeln zur Wohnstätte. Darauf aber setzte er

1 *

über diese einen König (Adam), dem lehrte er die Namen von allem, was in ihr war, ihm befahl er, den Bau zu bewachen und zu leiten und sprach: Thu den Engeln die Namen von allem kund; — als dieser solches gethan, befahl er, dass jene ihm gehorchen sollten und sprach: Betet Adam an. Jene thaten solches, bis auf Iblis, welcher es weigerte und hochmüthig ward, er ward ungläubig.

Erklärung.

Die vier einzeln bestehenden Naturen sind: Hitze, Kälte, Feuchte, Trockniss.

Die vier mit vermählten Naturen und von einander gesonderten Kräften versehenen Elemente sind: Feuer, Luft, Wasser und Erde.

Die vier mit den einander entgegenstehenden Naturen versehenen Mengungen sind: Blut, Schleim, Gelbgalle, Schwarzgalle.

Die neun Substanzen sind: Knochen, Mark, Nerven, Adern, Blut, Fleisch, Haut, Nägel, Haar.

Die zehn Stufen sind: Kopf, Hals, Brust, Bauch, die zwei Weichen, Unterleib, die zwei Schenkelpfannen, zwei Ober-, zwei Unterschenkel, die zwei Sohlen.

Die 248 Säulen sind die Knochen.

Die 720 Bänder sind die Ligamente.

Die elf Depots sind: Gehirn, Lunge, Herz, Leber, Milz, Galle, Magen, Eingeweide, 2 Nieren, 2 Hoden, 2 Röhren (die Luft- und Speiseröhre).

Die 360 Gänge und Wege sind die Schlagadern.

Die Dächer sind die Venen.

Die 12 Thore: 2 Ohren, 2 Augen, 2 Nasenlöcher, 2 Gänge (Geschlechtstheile), 2 Brüste, Mund und After.

Die 8 Werkleute sind die anziehende, haltende, reifmachende, scheidende, mehrende, zeugende, nährende, formbildende Kraft.

Die 5 Wächter sind Gehör, Gesicht, Geruch, Geschmack, Tastsinn.

Die beiden Säulen sind die beiden Füsse.

Die beiden Flügel aber die beiden Hände.

Die 6 Seiten: vorn, hinten, rechts, links, unten, oben.

Die 3 Schaaren der Seele sind ihre Kräfte, Anlagen, Thaten.

Die Begehrseele ist die Pflanzenseele; ihre Characterzüge und Thaten sind den Genien vergleichbar.

Die Thierseele ist die Zornseele mit ihren Sinnen; sie entspricht dem Menschengeschlecht.

Die Verstandseele, d. i. die Menschenseele, ist mit ihrer Unterscheidungsgabe und ihren Kenntnissen den Engeln vergleichbar, darüber steht der eine Herr, die Vernunft.

Der Körper gleicht dem Haus, die Seele dem Bewohner.

Die Betrachtung der von dem Körper abstrahirten Seele und die Vorstellung von ihrem Wesen, wenn sie ohne den Leib ist, ist selbst für Geübte sehr schwierig. Dennoch wird dieselbe leichter, wenn man die am Körper hervortretenden Thaten der Seele und den Wandel ihrer Zustände mit dem Körper ins Auge fasst, und wird dann auch die Existenz und Erhabenheit ihrer Substanz den Gedanken der Denker klar.

Um dies klarer darzustellen, wollen wir uns eines Gleichnisses bedienen. Der Körper dient dieser Seele wie ein Haus dem Bewohner. Der Bau dieses Hauses wird wohl bestimmt, die Räume vertheilt, die Depots vollendet, das Dach gedeckt, die Thore geöffnet und mit Vorhängen dann geschlossen, — auch wird es mit Teppichen, Gefässen, Geräthen versehen. So gleichen dann am Körper die beiden Füsse der Grundlage des Hauses und der Kopf an der Spitze des Körpers dem Söller im Obertheil des Hauses. Der Rücken ist die Kehrseite, der Vordertheil die Vorderseite des Gebäudes. Der Hals ist in seiner Länge dem Porticus, die Schlundöffnung und der Tonlauf dem Vorhof (zwischen Thür und Haus), die Brust in der Mitte des Leibes ist dem Binnenhof, die Gefässe und Höhlungen aber den Zimmern und Kammern (die an dem Binnenhof liegen) vergleichbar. Die Lunge ist mit ihrer Kühle das Sommerzimmer, und die Luftröhre der Ventilator desselben, während das Herz mit der natürlichen Wärme als das Wintergemach erscheint. Der Magen mit der Speisekochung gleicht der Küche und die Leber mit dem dahin gelangenden Blut

der Trinkstätte, der Venen- und Pulslauf, der ja bis zu allen
Gegenden des Körpers reicht, entspricht den Gängen des Hauses.
Die Niere mit den dahin gelangenden Bluthefen gleicht der Geräth-
kammer, die Galle mit ihrer Schärfe aber der Rüstkammer,
der Bauch mit seinen Geweben dem Frauengemach, die Eingeweide mit der Speise dem Privet, die Blase mit dem dahin
gelangenden Harn dem Brunnenbehälter. Die beiden Gänge
im Unterleib gleichen den Abzugscanälen. Die Knochen und
das Bestehen des Leibes darüber sind gleichsam die Mauern in
dem Hause, die über die Gelenke gezogenen Bänder aber die Bal-
kenzüge und die Querbalken über den Mauern; das Fleisch
zwischen den Knochen und Sehnen gleicht dem Mörtel, die
Rippen sind gleichsam die Säulen im Hause; die Höhlungen
im Innern der Knochen sind wie Kisten und Behälter in den
Kammern des Hauses; das Mark gleicht den darin aufgehobe-
nen Substanzen und Geräthen. — Die Oeffnungen im Kopf
entsprechen den Fenstern im Söller des Hauses, die Respiration
gleicht dem Rauchfang, das Mittelhirn dem Mittelsaal und die
beiden Seiten des Hirns den beiden Empfangzimmern, die Hüllen zwischen denselben aber den Vorhängen. — Der Mund
ist wie das Thor des Hauses, die Nase der Hausthürbogen,
die beiden Lippen die beiden Thürpfosten, die Zähne sind
gleichsam wie die Thürwächter, die Zunge der Kämmerherr.
Die Vernunft in der Mitte des Gehirns gleicht dem in der
Mitte des Gemachs sitzenden König, die fünf inneren Sinne
sind gleichsam die Genossen des Königs, die sichtbaren Sinne
dagegen den Soldaten vergleichbar. Die zwei Augen sind
gleichsam die zwei Wächter, die zwei Ohren die Botschafter,
die zwei Hände die Diener, die Finger die Werkleute; kurz,
es giebt kein Körperglied, es habe denn ein Gegenbild im
Hause, auch giebt es kein Thun der Seele im Leibe, es habe
denn ein Abbild an dem Thun der Hausbewohner. —

**Der Körper gleicht der Werkstatt und die Seele dem
darin wohnenden und schaffenden Werkmann.**

In andrer Beziehung steht der Körper zur Seele im Verhältniss des Ladens zum Werkmann. Alle Körperglieder die-

nen der Seele wie das Werkzeug dem Handwerker. Denn die
Seele thut durch jedes Körperglied verschiedene Werke und
Thaten kund, wie der Handwerker mit jedem Werkzeug verschiedene Thaten und Bewegungen verrichtet. — Der Tischler z. B. haut das Holz mit dem Beil und zersägt es mit der
Säge, bohrt mit dem Bohrer, kühlt es im Kühlschiff und höhlt
es aus mit dem Hohlbeil. Der Schmid facht mit dem Blase-
balg an, fasst mit der Zange und schlägt mit dem Hammer.
So arbeitet jeder Handwerker mit verschiedenen Geräthen und
in verschiedenen Bewegungen. Dasselbe gilt von der Seele
mit dem Leibe und dessen verschiedenen Gliedmassen. Mit
jedem Gliede thut die Seele eine andre That als mit dem anderen. So sieht die Seele mit dem Auge und hört mit dem
Ohre, sie riecht mit den Naselöchern, schmeckt mit der Zunge,
redet mit den Lippen und tastet mit den beiden Händen. Sie
verfertigt Dinge mit den Fingern, geht mit den Füssen und kniet
mit den Knieen, sitzt mit dem Gesäss und schläft auf den beiden Seiten, sie trägt Lasten auf beiden Schultern. Die Seele
denkt mit dem Mittelhirn über die Dinge nach, stellt sich das
sinnlich wahrgenommene mit dem Vorderhirn vor und bewahrt
die Wissensobjecte mit dem Hinterhirn. Sie schreit durch die
Kehle, athmet die Luft mit der Nase ein, zerbeisst die Speise
mit den Zähnen und bereitet sie in der Speiseröhre zur Nahrung und dergleichen mehr. Kurz, es giebt kein Glied, es sei
denn, die Seele übe eine vom anderen verschiedene Wirkung
und That mit demselben aus.

Der Körper gleicht der Stadt und seine Gelenke und Glieder sind wie die Märkte und Stadttheile. Die Seelenkräfte
wirken in ihm wie die sich tummelnden Handwerker in jenen.
Der von der Seele bewohnte Körper gleicht der von ihren
Bewohnern gepflegten Stadt. Die Zustände des Körpers entsprechen denen der Stadt und das Wirken der Seelenkräfte dem
der Stadtbewohner.

Die Zustände des Leibes sind denen der Stadt ähnlich
und der Wandel der verschiedenen Seelenkräfte darin ist dem
Wandel der verschiedenen Zustände bei den Stadtbewohnern
vergleichbar.

So hat dieser Leib Glieder und Theile, welche den einzelnen Stadttheilen vergleichbar sind. In den Gliedern und Körpertheilen sind dann Gefässe und Canäle, welche den einzelnen Wohnstätten der Stadt ähneln. In diesen Gefässen und Canälen giebt es dann Hüllen und Gewebe, welche den Häusern in den Stadttheilen, den Märkten in den Städten und den Läden auf den Märkten verglichen werden können. Glieder und Körpertheile, welche den Stadttheilen (Stadtvierteln) gleichen, sind der Kopf, die Brust, der Bauch mit ihrem Inhalt, auch die zwei Füsse und Hände. Die den Wohnsitzen in diesen Vierteln vergleichbaren Gefässe und Canäle sind Gehirn, Herz, Lunge, Leber, Milz, Galle, Magen, Eingeweide, Nieren, Adern. Die den Gemächern vergleichbaren Hüllen und Gewebe sind die Höhlungen im Gehirn, in der Lunge, im Herzen, in den Knochen und sonst.

Die verschiedenen Kräfte der Seele.

Ebenso wie die Handwerker auf den Märkten der Stadt übt auch die Seele durch die Glieder eines Körpers verschiedene Functionen aus. Die dem Körper als Insassen einwohnende Seele gebietet über die den Körpertheilen eingestreuten natürlichen Kräfte und angebornen Naturanlagen. Dieselben sind den Stämmen der Stadtbewohner und den in den Stadtvierteln hausenden Familien derselben vergleichbar. Diese Kräfte und Naturanlagen üben die den Gliedern zugetheilten Wirkungen und Bewegungen aus. Die Bewegung der Gelenke gleicht dem Wirken der Stadtbewohner in ihren Wohnsitzen, sowie dem Gang derselben auf ihren Wegen und ihrer Arbeit auf den Märkten. Die natürlichen Kräfte und angeborenen Anlagen, welche den Haupt- und Zweigstämmen gleichen, zerfallen in drei Gattungen:

a. Die Kraft der Pflanzenseele hat mit ihrer Sehnsucht, ihren Begierden, Vorzügen und Mängeln ihre Stätte in der Leber und reicht ihre Wirkung durch die Venen bis zu allen Enden des Leibes.

b. Die Kraft der Thierseele hat mit ihren Anlagen, Wahr-

nehmungen und Bewegungen ihren Sitz im Herzen und übt durch
die Pulsadern ihre Wirkung bis zu allen Enden des Leibes aus.

c. Die Kraft der Vernunftseele hat als Stätte für ihre Anlagen, Sinneswahrnehmungen, Bewegungen, für ihre Vorzüge
und Mängel, für ihre Unterscheidungen und Erkenntnisse das
Gehirn. — Durch die Nerven reicht ihre Kraft bis zu allen
Enden des Leibes. —

Diese drei Seelen sind nun aber nicht als einzelne von
einander getrennte zu betrachten, sie gleichen vielmehr den
durch eine Wurzel verbundenen Stämmchen, so sind auch sie
durch dasselbe Wesen mit einander vereint; sie gleichen auch
drei Aesten eines Baumes, von denen eine Anzahl Zweige und
von diesen wieder eine Menge Blätter und Früchte ausgehen.
Auch kann man die drei Seelen einer Quelle vergleichen, von
der drei Bäche ausgehen, ein jeder theilt sich dann in verschiedene Wasserläufe und Canäle. Oder man vergleiche
sie mit einem Hauptstamme, von dem verschiedene Unter-
stämme, von diesen Familien und von da verschiedene Zweig-
und Unterabtheilungen ausgehen. Oder aber man vergleicht
die Seele mit einem Mann, der drei Gewerke versteht, und
danach bald Schmid, bald Tischler, bald Maurer heisst, oder
einem Gebildeten, der lesen, schreiben und lehren kann und
danach bald Leser, Schreiber oder Lehrer heisst, je nachdem
er verschiedene Functionen ausübt. — So ist denn auch die
Seele dem Wesen nach eine und hat sie je nach ihren Wirkungen verschiedene Namen. Schafft sie im Körper Ernährung
und Wachsthum, heisst sie Pflanzenseele, bewirkt sie im Körper sinnliche Wahrnehmung, Bewegung, Wandel, heisst sie
Thierseele, und schafft sie Ueberlegung und Unterscheidung,
heisst sie Verstandseele. —

Die den einzelnen Gliedmassen speciell zukommenden Seelenkräfte.

Ein jedes Glied des Körpers hat eine ihm speciell zukommende Seelenkraft. Die Seele schafft durch diese Kraft
und dies Glied eine Wirkung, welche sie nimmer mit einem

andern Glied ond einer andern Kraft schaffen kann. Man nennt
nun diese Kraft die Specialseele jenes Gliedes. So heisst die
Sehkraft Seele des Auges, die Hörkraft Seele des Ohrs, die
Schmeckkraft Seele der Zunge, die Riechkraft Seele der Nase
und demgemäss die übrigen Glieder, durch welche die Seele
eine Function thut.

Diese drei Seelen entsprechen somit den Gattungen der
Seele, ihre Kräfte den Arten und die Wirkungen dieser Kräfte
den Unterarten (Species) der Seele. —
Der Kräfte, welche den Arten entsprechen, giebt es drei-
undzwanzig. Vier davon sind den Häuptlingen vergleichbar,
acht, die einander entgegengesetzt wirken, gleichen den Hand-
werkern, fünf, die einander gleich geartet sind, entsprechen
den Händlern, drei andere reichen sich einander zu, wie die
Diener, drei aber endlich befehlen wie Herren.

Der Wirkungen dieser Kräfte, welche den Species entsprechen würden, giebt es so viel, dass sie nicht gezählt werden können, doch sei hier einiges davon als Hinweis angeführt.
— Einige Wirkungen dieser Kräfte sind nämlich den Arbeiten der Stadterbauer, Erhabenen und Stadtvorsteher und
dergleichen ähnlich, andere dagegen entsprechen dem Thun
der Boshaften, Unbesonnenen und Thoren. Noch andere gleichen dem Thun der Kaufleute, Händler und Commissionaire,
noch andere dem der Richter, Gerichtspersonen und Friedens-
richter, andere wieder dem der Knaben, Sclaven, Frauen, Narren, andere dem der Vernünftigen, Reinen, Edlen, andere endlich dem der Gelehrten, Rechtskundigen, Lehrer und Theo-
logen.

Nähere Erklärung.

Die vier Einzelkräfte, die den Häuptlingen entsprechen
würden, sind die Kräfte der Pflanzenseele, Wärme, Kälte,
Feuchte, Trockniss. Auf ihnen beruhen die Zustände des Körpers in Gesundheit und Krankheit. Wenn nämlich die Wirkungen aller dieser vier Kräfte in den Gliedern des Körpers
gleichmässig und einander entsprechend sind, so besteht der
Körper in Wohlsein und Gesundheit; es gleicht ihr Wirken

dann dem Thun der Erbauer, der Erhabenen und Häuptlinge
als Stützen und Herren der Stadt. Wenn dann eine jede dieser Kräfte das ihr entsprechende
von der dem Leibe zugeführten Speise, so wie es sein muss,
anzieht, so gleicht ihr Thun dem Thun der rechtlichen Kaufleute im Geben und Empfangen; ist dem aber nicht so, so
gleicht dies dem Thun der streitenden und zankenden Betrüger.
Die scheidende Kraft, welche immer jedem Gliede die
ihm entsprechende Nahrung so zuführt, dass die Kräfte und
Mischungen im Bau des Körpers gleichmässig sind, gleicht
hierin dem Thun der Richter, Schiedsrichter und Friedensstif-
ter. Wenn dagegen die Kräfte in Aufregung und gegenseitiger
Feindschaft sind, so dass Krankheit und Seuche den Körper
ergreift, so gleichen sie in ihrem Thun den Aufrührern, Ver-
führern und Eiferern, die gegeneinander entbrannt, Spaltungen
und Streit hervorrufen, die Märkte verbrennen, Wohnstätten
verheeren, das Besitzthum rauben und Verderben in der Stadt
anrichten.
Wenn dann die Heilmittel den Ueberfluss der Kräfte aus
dem Körper entfernen, so gleicht ihr Wirken dem der Sultane
und Soldaten, welche jene Partheihäupter bekämpfen und sie
an Hand und Fuss verstümmelt aus dem Stadtkreis wegjagen.
Wenn dann diese Kräfte durch ihr Thun allen Ueberfluss der
Mischungen vom Körper fernhalten, die Krankheit heben und
den Zustand des Leibes nach der Krankheit wohl herstellen,
so ist ihr Thun dem Friedenerhaltenden, das Verwüstete wieder herstellenden Fürsten gar wohl vergleichbar. —
Die drei den Herren vergleichbaren Kräfte sind die Be-
gehr-, Zornes- und Verstandeskraft. Die von der Zorneskraft
nicht beherrschte Begehrkraft gleicht in ihrem Thun dem Handeln der Knaben, Weiber, Thoren und Sclaven, wenn sie von
ihren Vätern, Gatten und Herren nicht geleitet werden. —
Die von der Verstandkraft nicht geleitete Zornkraft ist in
ihrem Thun dem Handeln der Jünglinge, Boshaften, Narren
und Unverständigen ähnlich, im Fall die Vernünftigen sie nicht
hemmen, auch Scheiche, Grosse und Gelehrte ihnen nicht wehren.
Das Thun der von der Vernunft nicht zurückgehaltenen

Verstandeskraft gleicht dem Thun der gegeneinander ungerechten Gelehrten, Rechtskundigen und Lehrer, die in Religionssachen mit einander rechten und ihre verschiedenen Lehrweisen, Ansichten und Sectirungen begründen. Es fehlt hier der Imam, der als Stellvertreter des Propheten sie sicher leitet.

Die fünf den Aufkäufern und Spediteuren gleichenden Kräfte sind die fünf Sinne. Die Hörkraft erfasst die Laute und liegt ihr Leitungskanal in den beiden Ohren; die Sehkraft lässt Farben, Bläthen und Gestaltungen erfassen, ihre Leitung liegt in den beiden Augäpfeln; die Schmeckkraft lässt die Geschmäcke fühlen, ihre Leitung liegt in der Zunge; die Riechkraft führt mit der in den beiden Nasenlöchern liegenden Leitung uns die Düfte zu; die Tastkraft zeigt uns die Rauhheit und Glätte, Härte und Weiche, Hitze und Kälte, Feuchte und Trockniss, ihre Leitung liegt in den Nerven des ganzen Körpers. Diese Kräfte führen in ihrem Wirken die Formen des Sinnlich wahrgenommenen vom Aeussern des Körpers der im Vordertheil des Gehirns ruhenden Vorstellungskraft zu, ebenso wie die Aufkäufer Geräthe und Bedürfnisse aus den Districten in die Stadt führen und den Kaufleuten übermitteln. —

Die Vorstellungskraft ist, da sie die Grundzüge des Sinnlich wahrgenommenen von den Sinnen nimmt und der Denkkraft zutreibt, gleichsam der Makler der Kaufleute, wie solche in den Vorhallen der Märkte sich aufhalten.

Die Denkkraft gleicht, indem sie die Grundzüge der sinnlichen Wahrnehmung erfasst, sie gliedert, eine von der andern scheidet und dem Gedächtniss im Hinterhirn zuführt, dem Thun der Kaufleute, welche die Waaren kaufen und in die Speicher und Läden bringen.

Die Bewahrkraft gleicht dann darin, dass sie die Dinge von der Denkkraft hernimmt und bis zur Zeit des Sicherinnerns festhält, dem Thun der Gewölbevorsteher, der Stellvertreter und Speicheraufseher. —

Die acht mit einander ringenden Kräfte sind die anziehende, festhaltende, reifmachende, scheidende, nährende, formende, zeugende und Wachsthum verleihende. Von diesen stehen die Einen im Dienst der Anderen, wie die Schüler zu dem Lehrer, der

Krämer zu dem Kaufmann, sowie einige Handwerker den andern auf den Märkten beistehn, die Schmiede den Tischlern, die Tischler den Bauleuten, die Saamenabschläger den Baumwollenzupfern, diese den Spinnern und diese wieder den Webern und diese wieder den Schneidern vorarbeiten. Ebenso arbeitet der Müller dem Bäcker, und dem Müller der, welcher säet, Wurzeln rodet oder das Getreide würfelt, vor. Keiner kann der Kunst und der Hülfe des Anderen entbehren. Also verhält es sich mit dem Wirken dieser Kräfte in dem menschlichen Körper und ihrem gegenseitigen Beistand.

Die Anziehkraft muss Speis und Trank zum Magen und vom Magen den Speisesaft (Chylus) zur Leber, dann das Blut von der Leber zu den Adern und von den Adern nach allen Gegenden des Körpers hin ziehn.

Die Haltkraft muss das von den Mischungen, was zu den Gliedern niedersteigt, festhalten.

Die Reifungskraft muss diese Mischungen gar machen und für die Nährkraft zubereiten.

Die Scheidekraft muss von jedem Gliede die Mischungen, die für dasselbe nicht passen, anderen Gliedern zutreiben.

Die Nährkraft muss jedem Gliede die ihm entsprechenden Nahrungsstoffe anhaften lassen.

Die Wachskraft muss diese Stoffe erfassen und alle Seiten des Gliedes in Länge, Breite und Tiefe mehren.

Die Formkraft muss bei jedem Gliede das, was von diesem Stoff übrig ist, nehmen und diesem entsprechend formen.

Die Gebärkraft, welche speciell dem Mutterschooss eigen ist, muss die geformten Körper an das Licht bringen.

Diese acht Kräfte haben viele Wirkungen in den Gliedern des Körpers, in jedem Gliede verschiedene, in jedem eine andere als in dem anderen.

Sie gleichen hierin den Arbeiten der Handwerker auf den Märkten.

So gleicht der Zug von Speis und Trank dem Magen zu sowie das Festhalten, Kochen und Reifen derselben durch die natürliche Wärme dem Thun der Bäcker und Köche auf dem Markte.

Wenn dann die Kräfte, nachdem der Speisesaft gar geworden, diesen reinigen, die in Geschmack, Farbe, Geruch, in Süsse und Fettigkeit zarteren Theile auswählen und scheiden, solche der Leber zutheilen, die trüberen Theile aber den Eingeweiden zuwenden, so gleicht dies dem Thun der Saftbereiter, die Syrup aus Baumfrüchten, Oehl aus Pflanzenkernen, Butter und Sahne aus der Milch auf den Märkten darbieten.

Kocht dann die Leber den Speisesaft ein zweitesmal, reinigt sie ihn und lässt ihn reifen, bis er Blut wird; reinigt sie dies und treibt sie das Trübe der Niere, das Feine der Gelbgalle, das Dünne und Wässrige der Blase, die reinen, wohlgesichteten Theile dem Herzen zu, so gleicht darin ihr Thun der Arbeit jener, welche Süsstrank, Oxymel, Honigwasser auf den Märkten bereiten.

Wenn dann das Blut im Herzen zum drittenmal verfeinert und geläutert und danach durch die Adern getrieben wird, so gleicht das Thun des Herzens dem Thun derer, welche Rosenwasser machen, das Klare davon aufsteigen und die zarte Feuchtigkeit destilliren lassen, oder ähnliches auf den Märkten thun.

Wenn dann das Gehirn das zu ihm aufsteigende Blut so verfeinert und zu einer so zarten, geistigen Feuchtigkeit umwandelt, wie die ist, welche etwa in den Augen-, Ohren-, Nasen-, Zungennerven sich findet, oder zu Dünsten, aus denen die Vorstellung und Wahrnehmung hervorgeht, umschafft, so gleicht dies Geschäft dem Geschäft derer, welche feine Oele aus Veilchen- oder Rosenfettigkeit bereiten. —

Wenn dagegen die Kräfte das Schwere des Magensafts vom Magen den Dick- und Dünndärmen zutreiben und aus dem Körper ausscheiden, gleicht dies der Arbeit von Strassenfegern und Mistladern. — Lassen dieselben das Blut durch die Schlagadern allen Theilen des Körpers zutreiben, so gleicht ihr Thun dem Thun der Brunnen-, Bach- und Kanalgräber, die das Wasser durch die Wohnstätten der Stadt hindurchleiten. Lassen dann die Kräfte das Blut gerinnen und zu Fleisch, Fett und dergleichen werden, so gleicht ihr Thun demjenigen derer, welche Fruchtsäfte, Kuchen und Süssmehl bereiten. —

Wenn dann die Kräfte die Stoffe hohl und hart werden lassen, so dass sie trockene Knochen bilden, so gleicht dies dem Thun der Menschen, welche Backsteine, Töpfe, Geschirr und Glas bereiten. Beim gleichmässigen Herstellen von den Knochen im Ober- und Unterschenkel handeln diese Kräfte wie Tischler, welche Säulen oder Tischfüsse machen. Bei den Gliedern der Rücken- und Halswirbel und den Rippen handeln diese Kräfte wie Schiff- und Kahnbauer. Stellen sie dann die Beckenknochen ebenmässig her, gleicht ihr Thun dem der Gelbgiesser, wenn sie Becher und Waschbecken machen.

Beim Schaffen, Fügen und Reihen der Zähne gleichen sie dem Tischler, wenn er Wasserräder und dergleichen fabricirt. Beim Schaffen, Dehnen und Flechten der Nerven, die sie über die Gelenke legen, gleicht ihr Thun dem der Spinner, Seiler, Drahtzieher. Beim Schaffen der Haut sind sie den Flechtern und Webern ähnlich.

Heilen die Kräfte Wunden und Schindungen, gleichen sie darin den Flickschneidern, Nähern und Schustern; lassen sie Haare auf dem Kopf wachsen, ist dies dem Thun der Pflanzer und Säer ähnlich; schaffen sie Nägel, gleichen sie den Schaufel- und Besenmachern. Beim Schaffen des Magens, der Dick- und Dünndärme ist ihr Thun dem derer ähnlich, welche Decken, Dicktuch und grobe Kleider weben, wenn sie dann die Hüllen und Wände im Innern und um die Eingeweide machen, gleichen sie dagegen den Baumwollen- und Linnenspinnern.

Wenn die Kräfte das zarte Gewebe unter den Schädelknochen machen, gleichen sie den in feinen Stoffen arbeitenden Seidenwebern. Wenn sie aber die Augennerven und Augäpfel schaffen, gleichen sie den in den feinsten Stoffen arbeitenden Seidenwebern.

Beim Weissmachen der Knochen, beim Röthen des Fleisches, Gelben des Fettes und Schwärzen des Haares gleichen diese Kräfte dem Treiben der Färber, Vergolder und Oeler.

Wenn dann die Kräfte den Embryo im Mutterschooss, oder das Hühnchen im Ei schaffen und bilden, gleichen sie den Zeichnern, Punctirern und Spielverfertigern. —

Von den drei Hauptkräften, der Zorn-, Begehr- und Vernunftkraft, haben wir schon oben geredet. — Sagt nun ein Arzt oder Naturforscher, dies alles seien Thaten der Natur, so bedenke er den Ausspruch der Philosophen: die Natur sei ein Werk der Seele; die Religionslehrer aber erklären, dies alles seien Thaten des herrlichen Schöpfers und Bildners. Man muss aber bedenken, dass die Seele eine Schöpfung des Schöpfers sei. Auch erwähnten wir die Wirkungen der Kräfte und ihre Beziehung zur Seele nur deshalb, dass der Mensch beim Nachdenken über die Seele und deren bewundernswerthe Thaten vom Schlaf der Sorglosigkeit und Thorheit erwache, seine Seele und ihre wunderbare Wirkung erkenne; er muss dann wissen, dass der gute Meister am guten Werk erkannt werde, dies aber auf den allweisen Meister schliessen lässt. Dies bezeugt der Koran 51, 20. Auf der Erde giebt es Zeichen für die Kundigen und ebenso in euren Seelen, seht ihr dies etwa nicht ein? —

Kurz, es gleicht dieser Körper mit der Seele darin dass die Kräfte derselben in allen verborgenen und sichtbaren Gliedern ihre Wirkung kundthun und verschiedene Bewegungen durch die Kanäle der Glieder, sowie durch die Sitze der Sinne, in den Oeffnungen des Hauptes ausführen, einer von ihren Einwohnern bebauten und gepflegten Stadt, deren Märkte offen, deren Strassen belebt sind und deren Handel so gut geht, dass die Waare darin gefertigt wird, die Handwerker beschäftigt sind und die, welche sich ihren Lebensunterhalt erwerben, hin und her laufen, ihre Zugthiere nicht rasten und es von Reitern und Fussgängern dort summt. Dies gilt von ihm im wachen Zustand. Zur Zeit des Schlafs, da die Sinne unsicher sind und die Bewegungen rasten, gleicht dagegen der Körper jener Stadt bei Nacht, wenn die Märkte geschlossen, die Arbeiter müssig, die Strassen leer sind, die Leute schlafen und das Getön unklar wird.

Trennt sich die Seele von diesem Körper, so gleicht sie einer Stadt, deren Bewohner auswanderten; wenn sie dann keine Bewohner mehr hat und die Hausthiere verkommen sind, so wird eine solche Stadt zur Wüste und zum Aufenthalt wil-

der Thiere, wie Uhu und Geier. Ihre Mauern zerfallen, ihre
Dächer stürzen ein, die Häuser verwandeln sich zu Staubhügeln,
in denen man nur noch Steine, Ziegel und Quadern erkennt.
Ebenso verändert sich auch dieser Körper, wenn die Seele ihn
verlässt; er schwillt auf, sinkt und wird zur Stätte des Ge-
würms, der Fliegen und Ameisen. Der Körper wird ein Hau-
fen Staub, in dem man nur noch die Knochen unterscheidet,
welche wie Steine und Ziegeln in den Stadttrümmern hervor-
blicken.

Man vergleiche ferner die Seele dem Embryo, den Leib
dem Muttterschooss; oder die Seele dem Knäblein, den Leib
der Schule; die Seele dem Insassen, den Leib der Wohnstätte;
die Seele dem Reiter, den Leib dem Reitthier; die Seele dem
Schiffer, den Leib dem Schiff; die Seele dem König, den Leib
dem Unterthan; die Seele dem Handwerker, den Leib dem
Laden; die Seele dem Fertiger, den Leib dem Gefertigten;
die Seele dem Leiter, den Leib dem Geleiteten.

Die Seele gleicht dem König, ihre Kräfte den Soldaten
und Unterthanen. —

Wenn der Leib an Schwäche und Alter zunimmt, nimmt
dagegen die Seele in Frische und Tugendkraft zu.*) Man
überlege wohl den Bau dieser Wohnstätte, und betrachte den
Wandel der Seelenkräfte in ihr, sowie ihre wunderbaren Wirkungen und verschiedenen Bewegungen, dann erwacht man
vom Thorheitsschlummer und kann die Seele klar in ihrem
Wesen und ihrer Substanz erkennen. Man sieht die Welt der
Seele, ihren Anfang und Ausgang, ebenso wie man mit dem leiblichen Auge diese Wohnstätten und diese Stadt sehen kann.
Man erkenne die Erhabenheit jener Stätte der Seele, strebe ihr

---

*) Hier werden einige Verse Mutanabbi's, dessen Dichtungen offenbar sehr
rasch Eingang fanden, citirt:
Im Leibe liegt eine Seele, die altert mit ihm nicht.
O liesse doch das Alter keine Spur auf dem Antlitz.
Sie hat Nägel, wenn alle anderen Nägel stumpfen,
Und Zähne, wenn mein Mund deren nicht mehr hat.
Die Zeit ändert an mir, was sie will, nur nicht die Seele,
Und ich gelange zum Lebensende, während sie noch jung ist.
Vgl. Mutanabbi ed. Dieterici, pag. 681.

2

zu und entkomme dadurch dem Meer der Materie, sowie dem
Tiefgrund der mit den Distancen begabten Körper. Bevor diese
leibliche Stadt zerfällt, nehme man sich eine ewige Wohnstätte
in der geistigen, denn diese Stätte ist keine Stätte des Wei-
lens, sondern eine Stätte der Vergänglichkeit, des Entstehens
und Vergehens, der Verwandlung, eine Stätte für Hunger und
Durst, für Krankheit und Elend, Ermattung, Kummer und Unglück.

So sagt der Prophet: Einsichtig ist der, welcher sich selbst
kennt und für das, was nach dem Tode ist, wirkt. Verständig
ist der, welcher sein Herz der Welt entreisst, ehe der Leib
von der Welt scheidet. — Sehne dich nach der Stätte, wo
weder Kummer noch Gram, weder Hinschwinden, noch Krankheit, noch Dürftigkeit ist. Dort sind die Nachbarn nicht gegen
einander neidisch, die Brüder setzen sich auf ihren Sesseln
einander gegenüber und haben, was sie begehren. Das ist die
Stätte des Lebens. Dies ist das Himmelreich und die Weite
der Sphärenwelt, die ganz erfüllt ist mit Hauch, Duft; dort
ist das Paradies und Wohlgefallen.

Vielleicht gelingt dir der Anstieg und du erhältst den
Lohn der Gutthat, wie es heisst: Zu ihm steigt auf das gute
Wort und die brave That erhebt es; hüte dich aber, zu denen
zu gehören, von welchen es heisst: Ihnen sind die Thore des
Himmels nicht geöffnet, bis dass ein Kameel durch's Nadelöhr
gehe.

Dieser schwere, aus Fleisch, Blut, Knochen, Sehnen und
Nerven gebildete Leib kann nimmer zum Himmelreich aufsteigen. Alle Leiber sind ja veränderlich und dem Wechsel und
der Verwandlung unterworfen. Jene erhabene Stätte passt für
sie nicht. Dagegen passt dieselbe für die Seele. Denn von dort
stieg die Seele an dem Tage herab, da zu unserem Vater Adam
gesagt wurde (Kor. 2, 34): Steiget allesammt aus ihm (dem
Paradies) hinab, alle, einer dem anderen Feind, ihr habt auf
der Erde einen Standort und Niessbrauch auf eine Zeit.

Ferner heisst es: ihr lebt und sterbt auf der Erde, dann
geht ihr aus ihr am Tage der Heimsuchung hervor, wenn ihr
aus dem Schlummer der Thorheit und Sorglosigkeit erwacht.

Durch die Formen wird der Geist des Lebens euch eingehaucht, ihr lebt das Leben der Weisen und wandelt den Wandel der Glücklichen. Der Messias sagte zu seinen Jüngern: Fürwahr, ihr seid hier Fremdlinge, so strebt denn zum Himmelreich und wisset, dass dort hinauf nur der steigt, welcher von dort herabkam.

Der Weise sagt: Fürwahr, der Himmel ist unser Vater und die Erde unsere Mutter, zu ihr kehren wir zurück, aber von beiden lassen wir uns grossziehen.

Gott spricht: Gott liess euch als einen Spross von der Erde erspriessen, doch lässt die Erde nicht sprossen, sie sei denn vom Himmel mit Regen befeuchtet. So gehen aus beiden die Creaturen, welche doch zwischen Himmel und Erde entstehen, hervor. Somit ist die Erde unsere Stätte, sie wird uns zur Mutter, in ihr liegen unsere Gräber und gehen wir aus ihr hervor.

Schliesse dich an die Genossenschaft und erkenne ihre Lehre durch ihre Tractate, vielleicht entgehst du durch ihre Vermittelung und steigst zum Himmelreich, dem ewigen Glück, auf, bis du in ihre geistige Stadt, d. i. das Paradies, eingehst. Dazu steh Gott dir bei.

Die sinnliche Wahrnehmung.

Das menschliche Wissen erfasst ihr Object auf drei Weisen. Erstlich durch die fünf Sinne, das ist die hauptsächliche und beginnt dieselbe vom Anfang der Kindheit an; dieselbe ist allen Menschen gemeinsam und nehmen auch die meisten Thiere daran Theil.

Zweitens wird das Object des menschlichen Wissens vermittelst der Vernunft ergriffen. Die Erkenntniss vermöge der Vernunft findet bei den Menschen erst nach der frühen Kindheit, wenn er herangereift ist, statt.

Der dritte Erkenntnissweg ist der des Beweises. Dieser kommt einigen, den Gelehrten unter den anderen Menschen, allein zu. Sie können diesen Erkenntnissweg erst, nachdem sie die Vorwissenschaften, Mathematik und Logik betrieben haben, betreten.

Weshalb es drei Erkenntnisswege giebt, steht am Ende dieser Abhandlung: hier in diesem Abschnitt haben wir die Wege der fünf Sinne und die Art und Weise, wie die Sinneskräfte ihre Objecte erfassen, hervorzuheben.

Alles Sinnlich wahrnehmbare sind Accidensen der Körper. Durch dieselben wird eben ein Körper ein speciell bestimmbarer. Zunächst beschreiben wir nun die Art und Weise derselben, da dies deutlich und klar und leicht für das Verständniss der Schüler fassbar ist. Darauf reden wir von der Seele und ihren Sinneskräften. Dies letztere ist etwas geistiges, feines, verborgenes, was dem Verständniss derer, die in der wissenschaftlichen Betrachtung und den eigentlichen Erkenntnissen Anfänger sind, noch verhüllt bleibt.

Da alle sinnlich wahrnehmbaren Dinge Accidensen des
Körpers sind, die erst zu dem Körper, nachdem er Körper
geworden ist, hinzutreten, müssen wir hier zunächst den ab-
soluten Körper betrachten und von ihm angeben, wodurch allein er eben Körper ist. Dann heben wir die Accidensen hervor, welche zu ihm hinzutreten. Sie sind ja allesammt Eigenschaften, welche noch zu seinem Sein als Körper hinzukommen.

Körper ist eine nur von Materie und Form zusammengesetzte Substanz. Darauf führt der Ausspruch der Gelehrten:
Der Körper sei ein Ding, lang, breit, tief. Ding bedeutet Substanz, d. i. die Materie; Länge, Breite, Tiefe ist die Form, so
dass der Körper eben durch diese drei Eigenschaften erst zum
Körper wird. Nicht aber ist er vermöge seiner Existenz als
Substanz schon Körper, denn Seele und Vernunft sind ebenfalls zwei Substanzen, aber dieselben werden nicht durch
Länge, Breite, Tiefe beschrieben. Dies ist vielmehr gerade
ein Unterschied zwischen den leiblichen und geistigen Substanzen.

Alle Eigenschaften ausser Länge, Breite und Tiefe, durch
welche der Körper beschrieben wird, sind als ein Mehr zu ihm
nach seinem Körpersein noch hinzutretende, noch eindringende
Eigenschaften, solche heissen vollendende Form (Vollendungs-
form). Hierher gehört z. B. der Ausspruch der Gelehrten: Der
Körper höre nimmer auf, sich zu bewegen oder zu ruhen, er
vereinige sich mit anderen oder trenne sich von anderen, er
sei dunkel oder hell, durch- oder undurchsichtig, warm oder
kalt, feucht oder trocken, leicht oder schwer, hart oder weich,
rauh oder glatt, man könne ihn schmecken, seine Farbe sehen,
oder ihn riechen. Dergleichen Eigenschaften sind insgesammt
Accidensen, welche zu seinem Sein als Körper noch als ein
Mehr, nachdem er eben schon Körper war, als ihn vollendende,
hinzutreten.

Wir wollen hier diese Accidensen und Eigenschaften einzeln durchgehen.

Alle diese Accidensen und Eigenschaften sind den Körper vollendende und ihn dem vollendetsten Zustand zuführende
Formen. Doch stehen von denselben die Einen dem Körper

näher als die Andern. Ruhe steht dem Körper näher als Bewegung, die Vereinigung mit ihm (Zunahme) ist ihm näher als die Trennung von ihm (Abnahme), die Finsterniss ist ihm mehr eigen als das Licht, der Ort mehr als die Zeit.

Ruhe kommt dem Körper deshalb mehr als die Bewegung zu, weil der Körper ja sechs Seiten hat, doch kann er sich nicht mit einem Mal in allen Richtungen bewegen; auch kommt ihm die Bewegung nach einer Seite hin nicht mehr als nach einer andern hin zu, und somit ist ihm die Ruhe mehr eigen als die Bewegung.

Wenn nun aber einige Körper sich immerfort bewegen, wie die Sphären oder das Feuer, so geschieht dies wegen etwas Anderem, was noch zu dem Körper als solchem hinzutritt. —

In der Abhandlung von der Materie*) ist dargethan, dass die Bewegung eine geistige Form sei, welche zum Körper als eine denselben vollendende hinzutrete. Die Ruhe ist nun aber der Mangel, das Nichtsein dieser Form.

Die Vereinigung mit sich (Zunahme) und die Lostrennung von sich (Abnahme), von denen das Eine immer dem Körper zukommen muss, findet beim Körper nicht deshalb statt, weil er ein Körper ist, sondern weil er, nachdem er schon Körper war, auch ein Einzelding ward. — Beim Weltkörper aber in seiner Gesammtheit trennt sich nicht einer seiner Theile vom andern, noch verbindet sich das eine mit dem andern, denn es giebt ja nur eine Welt. - Vereinigung (Zunahme) und Trennung (Abnahme) findet dagegen nur bei den Einzeldingen, Thieren, Pflanzen, Mineralen und einigen Theilen (der Allmütter) d. i. Elementen unter dem Mondkreis statt. Sagt man aber von den Sternen, sie vereinten und sie trennten sich, so ist das nicht im wahren Sinn zu nehmen, denn ein jeder Stern haftet seiner Sphäre oder dem Grade, in welchem er steht, an. Vereinigung der Sterne heisst, dass der eine Stern mit dem andern eine Linie gemein habe, d. i. in einer Linie

---

*) In der Reihe die 14te, die erste in der Naturanschauung und Naturwissenschaft der Araber.

zusammentreffe; diese Linie ist aber die, welche von unserem Auge bis zum Umgebungskreis hin geht.

Heisst es, der Körper bedürfe stets des Raumes, so sagt man dies nur deswegen, weil bei den Sphären und den Allmüttern (Elementen) stets das Eine das Andere umgiebt und man von dem Umgebenden sagt, es sei der Raum für das von ihm Umgebene.

Ueber das, was Zeit und Raum sei, handelten wir in der Abhandlung über die Materie. Sagt man, der Körper sei stets der Zeit verbunden, so sagt man dies in Hinsicht der Bewegung, nicht in Hinsicht auf den Körper. Denn die Zeit ist nichts als die, in einem sich wiederholenden Umschwung sich befindende Bewegung des Allhimmels (vgl. die Abhandlung von der Materie). Sagt man ferner, der Körper muss Schatten oder Licht gebend sein, so ist das keine richtige Eintheilung, man muss vielmehr sagen, ein Theil der Körper ist Licht-, ein anderer Schattengebend, ein anderer Theil weder Licht- noch Schattengebend, noch durchsichtig. Dies darum, weil Schattengebend der Körper ist, welcher Schatten wirft, leuchtend aber der, welcher keinen Schatten wirft, durchsichtig aber der, welcher einmal Glanz, ein andermal Schatten annimmt.

In der Welt giebt es keinen Körper, der Schatten wirft, mit Ausnahme der Erde und des Mondes. Doch ist das Antlitz des Mondes glatt und wirft das Licht zurück; mit dem Antlitz der Erde verhält es sich aber umgekehrt. Die Wahrheit des Gesagten geht aus Almagisti hervor.

Die leuchtenden Körper in der Welt zerfallen in zwei Gattungen Gestirne und unser Feuer. Das Feuer unter dem Mondkreis, welches Aether heisst, ist aber nicht leuchtend. Denn wäre es also, würde es den Glanz der Sterne von uns abhalten, wie eine von zwei Fackeln den Glanz der anderen von uns abhält. Dasselbe gilt vom Feuer, es wehrt den Glanz der Sterne von unseren Blicken, wenn beide auf einer Linie, eine hinter dem andern stehn.

Durchsichtige Körper sind die Sphären, die Luft, das Wasser und einige irdische Körper, wie Christall, Glas und dergleichen.

Ein durchsichtiger Körper ist der, welcher keine natürliche Farbe hat; natürlich ist aber eine solche Farbe, welche
dem Körper inhärirt, so wie die Schwärze dem Pech, die Weisse
dem Schnee, das Gelb dem Safran, die Röthe dem Cnicus
(Farbestoff), das Grün den Pflanzen. Dagegen ist eine zufäl-
lige Färbung die Bläue des Himmels und die Tiefe der grossen Wasser.

Gott der Erhabene hat das Blau des Himmels und das
Grün der Pflanzen als ein Heil für die Blicke der Creatur
bestimmt. Denn diese beiden Farben stärken unsere Augen.
Die Thiere müssen fortwährend auf die Luft schauen, wenn
sie ihren Weg zu ihrer Nahrung, den Pflanzen, suchen.

Die Hitze entsteht in einigen Körpern, weil die Theile
der Materie durch die eigentliche Bewegung aufwallen und auf-
stossen. Die Kälte dagegen entsteht bei anderen dadurch, weil
diese Theile zur Ruhe gelangen und die Wallung erstarrt. Die
Feuchte entsteht in einzelnen Körpern, weil sich die bewegenden Theile mit den ruhenden vermischen, die Trockenheit aber,
weil diese Theile sich entweder alle bewegen oder alle ruhen.
Deshalb ist das Feuer heiss und trocken, denn die Theile der
Materie sind allesammt in ihm in Bewegung; die Erde aber
ist kalt und trocken, denn die Theile der Materie sind in ihr
alle ruhend. Das Wasser und die Luft sind beide feucht, denn
die Theile der Materie darin bewegen sich zum Theil und
ruhen zum Theil. Doch giebt es der ruhenden Theile im Wasser mehr und der sich bewegenden in der Luft mehr, deshalb
ist die Luft heiss feucht und das Wasser kalt feucht.

Schwere und Leichtigkeit entsteht in einigen Körpern,
weil einem jeden der Allkörper ein specieller Ort zukommt,
in dem er verharrt und aus dem er nicht, es sei denn wegen
eines mächtigen, ihn zwingenden Grundes, heraustritt. Wird
er davon frei, kehrt er nach seinem speciellen Ort wieder zurück. Tritt ihm ein Hinderniss entgegen, so entsteht zwischen
beiden ein Streit. Fällt der Kampf dem Erdmittelpunkt zu,
nennt man den Körper schwer, findet der Kampf dagegen dem
Umgebungskreis zu statt, so heisst der Körper leicht. — Vgl.

die Abhandlung über Himmel und Erde (die 15te der Reihenfolge, die zweite in der Naturanschauung der Araber).

Die Weichheit rührt bei dem einen Theil der Körper vom
Ueberwiegen der Wassertheile über die Erdtheile, die Festigkeit aber vom Ueberwiegen der Erdtheile über die Wassertheile her.

Rauh sind Körper, wenn die Theile auf der äusseren
Fläche von einander abweichen, dann stehen einige hoch, andere niedrig, so bei der Feile und dergleichen.

Andere Körper sind glatt, weil alle diese Theile in einer
Fläche liegen, wie beim Spiegel und dergleichen.

Soweit über die Naturkörper und die in ihnen sinnlich
wahrnehmbaren statthabenden Accidensen. Wir gehen jetzt
über zu den

**Werkzeugen der fünf körperlichen Sinne und den Stel-
len für die Gänge der sinnlichen und geistigen Kräfte
in denselben, ferner über die Art und Weise, wie sie
die Umrisse des Sinnlich wahrnehmbaren eines nach
dem andern erfassen.**

Zunächst handeln wir darüber:

Was die Sinne und was das Sinnlich wahrnehmbare, was die sinnlichen Kräfte seien,
und wie die sinnliche Wahrnehmung und das Gefühl derselben stattfinde.

Die sogenannten fünf Sinne sind körperliche Werkzeuge,
nämlich Auge, Ohr, Zunge, Nase, Hand, d. h. ein jeder der
Sinne liegt in einem Gliede des Körpers, wie wir später darthun. Sinnlich wahrgenommen sind die mit den Sinnen erfassten Dinge, d. h. Accidensen, welche an den Naturkörpern stattfinden, auf die Sinne einwirken und die Art und Weise ihrer
Mischung (d. i. Zusammensetzung) dadurch darthun.

Sinnlich wahrnehmen ist das sich Verändern der Mischung
in den Sinnen, wenn das von ihnen Wahrgenommene sich
denselben kundthut.

Fühlen ist das sich Innewerden der sinnlich wahrnehmbaren Kräfte, wenn die Art und Weise der Mischungen in den
Sinnen sich verändert.

Erklärung.

Die Sehkraft hat ihren Gang in den beiden Augen, d. i.
sie ruht in den im Augapfel geronnenen Flüssigkeiten des
Auges (d. i. Linse oder Krystall des Auges).

Die Hörkraft hat ihren Gang in den beiden Ohren, d. i.
sie ruht in den beiden Ohrhöhlen, die an die Lage des Hin-
terhirns angrenzen.

Die Riechkraft hat ihren Gang in den beiden Nasenlöchern,
sie ruht in den beiden Knorpeln, welche an die Lage des Vor-
derhirns grenzen.

Die Schmeckkraft hat ihren Gang im Munde, sie ruht in
der Feuchtigkeit der Zunge.

Die Tastkraft hat bei der mit zarter Haut begabten Creatur ihren Gang in der ganzen Oberfläche des Körpers. Bei
den Menschen tritt dieselbe am klarsten und besonders in den
beiden Händen hervor; sie läuft zwischen den beiden Haut-
lagen hin, von denen die eine die Aussenseite des Körpers
bildet, die andere das Fleisch begrenzt. —

Alles Sinnlich wahrnehmbare zerfällt demnach in fünf Gattungen.

Die Ersten werden vermöge des Tastsinns erfasst und
dies zerfällt in zehn Gattungen: Hitze, Kälte; Feuchte, Trockniss; Rauhheit, Glätte; Härte, Weichheit; Schwere, Leichtheit.

Die Zweiten werden vermöge der Schmeckkraft erreicht,
das sind die Geschmäcke; sie zerfallen in neun Arten: süss
und bitter, salzig, fettig, sauer, sehr salzig, lieblich, zusammen-
ziehend, herb.

Die Dritten sind die vermöge des Geruchs erfassten Düfte.
Dieselben zerfallen in zwei Arten, in zusagende und nicht zusagende. Zusagend ist der Dunst, welcher von den in guter Mischung sich befindenden Körpern aufsteigt. Nicht
zusagend dagegen ist die, von den in schlechter Mischung sich
befindenden Körpern in Dünsten aufsteigende Luft.

Die Vierten sind die Laute, welche vermöge des Gehörs
erfasst werden. Sie zerfallen in zwei Arten, in Thierische und
Nichtthierische. Die Nichtthierischen zerfallen wieder in zwei

Arten, natürliche und durch Werkzeuge hervorgerufene (künstliche). Ebenso zerfallen auch die thierischen Laute in zwei, in Articulirte (eigentlich Redeartige) und Unarticulirte. Die Articulirten wieder in zwei Klassen, in Sinngebende und nicht Sinngebende.

Die Fünften sind die Erblickten. Sie werden vermöge des Auges erfasst; es sind 10 Arten: Licht, Finsterniss, Farben, Flächen der Körper, die Körper selbst, ihre Gestaltung, Abstände, ihre Stellungen, ihre Bewegungen und Ruhen. —

Die Art und Weise der sinnlichen Wahrnehmung.

Der Tastsinn nimmt nur leiblich wahr und wird daher zuerst behandelt, wogegen die Sehkraft geistig wahrnimmt. Die Wahrnehmung des Tastsinns findet in Betreff der Wärme und Kälte dadurch statt, dass die Mischung einiger Thiere fortwährend in irgend einem Maass von Wärme oder Kälte besteht; trifft mit einem solchen nun ein anderer Körper zusammen, so muss derselbe entweder wärmer oder kälter oder ihm gleich in Wärme oder Kälte sein. Ist derselbe wärmer, lässt er jenen bei seiner Begegnung mit ihm an Hitze zunehmen, ist er kälter, so nimmt dagegen die Kälte auch in jenem zu; dann fühlt der Tastsinn diese Veränderung und Verwandlung und bringt die Kunde davon der Vorstellungskraft, die im Vorderhirn ihren Sitz hat, zu. Hat aber der begegnende Körper eine gleiche Mischung von Kälte und Wärme, so ändert er nichts und macht keinen Eindruck, auch fühlt die Kraft nichts.

Ebenso ist der begegnende Körper entweder rauher oder glatter, dann fühlt diese Kraft die Veränderung und Verwandlung; ist er aber in diesen beiden Eigenschaften jenem gleich, so ändert er nichts und findet keine Wahrnehmung in dieser Hinsicht statt.

Ebenso ist der zweite Körper entweder härter oder weicher als der erste, dann wirkt er auf jenen ein und nimmt die Kraft diese Veränderung wahr.

Es ist selten, dass ein Körper dem anderen in diesen

sechs Eigenschaften, Hitze, Kälte, Rauhheit, Glätte, Härte, Weichheit, ganz gleich komme.

Fragen wir nun, wie die Tastkraft Härte und Weiche erfaast, so ist die Antwort, dass, wenn mit dem Körper einer Creatur ein andrer zusammenstösst, der eine in den andern entweder eindringt oder nicht. Findet ein solches Eindringen in den Körper statt, so, wie wenn der Finger in den Teig eindringt, so fühlt die Kraft hierdurch die Weiche und bringt die Kunde davon der Vorstellungskraft zu; findet aber ein solches Berühren statt, wie wenn der Finger auf Eisen stosst, so fühlt die Tastkraft die Härte und bringt die Kunde davon der Vorstellungskraft zu.

Ueber die Art und Weise, wie diese Kraft die Rauhheit oder Glätte erfasst, gilt, dass, wenn bei den Theilen auf der äusseren Fläche der Körper die Stellung verschieden ist und ein Punkt höher als der andere und andere dagegen niedriger liegen, man den Körper rauh nennt, wenn derselbe zugleich hart ist; ist aber die Stellung aller Theile auf der Fläche ein und dieselbe, so ist der Körper glatt. Kommen zwei glatte Körper zusammen, so haften die beiden sich berührenden Flächen eine auf der andern, ohne dass Zwischenräume zwischen ihnen wären. Sind aber die beiden Körper nicht glatt oder nur der eine von beiden, so haften sie nicht aneinander, denn es bleiben zwischen beiden Zwischenräume. Begegnet ein harter rauher Körper dem Körper einer Creatur, so treiben einige hervorstehenden Theile desselben einige Theile jenes Körpers nach innen. Dann wird die Fläche des Körpers rauh. Diese Veränderung fühlt jene Kraft und bringt die Kunde davon der Vorstellungskraft zu. Begegnet nun ein glatter Körper jenem thierischen, so werden die Theile des Körpers, welche hervorstehend waren, nach innen getrieben und so wird die Körperfläche glatt. Diese Veränderung nimmt die Kraft dann wahr.

Je nach der verschiedenen Mischung der Gliedmassen findet hier nun ein Unterschied statt.

Wenn der Mensch seine Hand auf ein Gewand legt und dasselbe als glatt befindet, dann aber damit seine Wange streicht, so findet er dasselbe rauh; denn die Wange des Menschen ist sanfter anzufühlen als die Hand. Wenn man dagegen seine Hand auf ein Wischtuch legt, befindet man dasselbe rauh; streicht man aber mit demselben den Fuss, so erscheint es glatt, denn der Fuss ist rauher als die Hand. Dasselbe gilt, wenn ein Mensch in ein Bad geht, während er abgekühlt ist; er findet dann das erste Gemach schon warm, kommt er aber später aus dem heissen Raum hierher zurück, so findet er dies Gemach kalt, da die Mischung sich geändert.

Somit ist klar, dass der Tastsinn das sinnlich wahrgenommene je nach der durch Hitze, Kälte, Rauhe, Glätte, Härte, Weiche verschiedenen Mischung im wahrnehmenden oder je nach den verschiedenen Zuständen des Wahrgenommenen wahrnimmt, nicht aber, weil die Kraft in ihrem Wesen und ihrer Substanz in sich verschieden ist.

Feuchtigkeit und Trockenheit erfasst diese Kraft in der Weise, dass, wenn dem Leib ein trockener Körper begegnet, dieser die Feuchtigkeit und Nässe des Leibes auftrocknet. Diese Veränderung nimmt dann der Tastsinn war. Begegnet ihm dagegen ein feuchter Körper, so lässt er den Leib an Feuchtigkeit und Nässe zunehmen.

Schwere und Leichtigkeit erfasst dagegen dieser Körper beim Heben, Ziehen, Tragen, dadurch dass es beide wahrnimmt, da das schwere und leichte im Verhältniss der Kraft des Körpers verschieden ist. Es giebt Creaturen, welche das mehrfache Gewicht ihres Körpergewichts tragen, so die Ameise; dagegen können andere nicht ein Zehntel ihres Körpergewichts tragen. Den Grund davon heben wir in der Abhandlung über die Thiere hervor.*)

Die Schmeckkraft erfasst ihr Object, d. i. die Geschmäcke, allein, es giebt deren neun:

1. Die Süsse, die der Mischung der Zunge entspricht.
2. Die Gallbitterkeit ist die, welche die Zungenmischung scheut.

---

*) Die Hälfte der ganzen Reihe, die 8te in der Naturanschauung der Araber.

3. Die Salzigkeit.
4. Die Fettigkeit.
5. Die Säure.
6. Die Herbe.
7. Die Schärfe.
8. Die Lieblichkeit.
9. Der zusammenziehende Geschmack.

Die Erfassung der Geschmäcke findet so statt, dass sich die Feuchtigkeit dieser Geschmäcke mit der Zungenfeuchtigkeit vermischt; dadurch ändert sich die letztere dem Geschmack entsprechend, ist er süss, so wird sie süss, ist er bitter, so wird sie bitter. Dasselbe gilt vom Salz-, Sauer- oder sonstigen Geschmack, es geschieht dem entsprechend.

Sinnliche Wahrnehmung ist nichts mehr, als dass die Mischung des Sinnes dem Sinnlich wahrgenommenen in der Qualität gleich werde und die Seele von der Aenderung dieser Mischungen wisse.

Der Geruch erfasst seine sinnliche Wahrnehmung, d. i. die Düfte, die in zwei Arten, Aroma und Gestank, zerfallen, also: Die mit Duft begabten Körper geben stets einen feinen Dunst von sich. Dieser vermischt sich in einer feinen geistigen Weise mit der Luft und wird die Luft in ihrer Qualität jenem gleich. Ist der Duft lieblich, so ist auch sie lieblich, ist er stinkig, wird sie es auch sein. Die mit einer Lunge begabte Creatur zieht fortwährend die Luft, um die im Herzen befindliche Hitze zu kühlen, ein, und dringt diese Luft in die Nasenhöhlen und wird die dort befindliche Luft jenem Duft in der Art und Weise gleich. Dann nimmt die Riechkraft diese Veränderung wahr und bringt die Kunde davon der Vorstellungskraft zu. Ist der Duft lieblich, so wird die Natur dadurch ergötzt, ist er stinkend, ist er der Natur zuwider und scheut dieselbe davor zurück. Die Creaturen sind darin verschieden, dass ihnen die Düfte angenehm oder zuwider sind. So finden einige der Thiere den Duft des Mistes und der Leichen angenehm, wie die Schweine, Milben, Fliegen und dergleichen, andere verabscheuen den lieblichen Geruch, so wird ein Käfer (Chanafis), wenn er in eine Rose gesteckt wird, so ohnmächtig, dass er sich nicht bewegen kann. Legt man ihn dann in einen Stinkwind, lebt er auf und bewegt er sich.

Auch unter den Menschen giebt es derartige, so die Mistleute, und wird erzählt, dass ein solcher bei einem Parfumeur vorüberging und ohnmächtig umfiel, so dass man glaubte, er sei gestorben. Da kam sein Bruder, sah ihn und wusste die Ursache. Er ging, brachte trocknen Mist, den zerstiess er und that ihn demselben in die Nase; da nieste jener und kam sogleich wieder zu sich.

Unter den Kranken giebt es manche derselben Art. So wird oft dem Gallkranken beim Moschusgeruch übel, während er den Geruch des Schmutzes angenehm findet. Dieser Unterschied ist dem bei ihm überwiegenden Temperament entsprechend.

Die drei Kräfte, Tastsinn, Schmeck-, Riechkraft, erfassen ihre Wahrnehmung in leiblicher Weise durch Berührung, aber die Hör- und Sehkraft erfassen ihre Wahrnehmung in geistiger Erfassung.

Die Hörkraft erfasst als ihre Wahrnehmungen die Töne. Dieselben zerfallen in zwei Arten, in thierische und nichtthierische. Die Nichtthierischen zerfallen in zwei Arten, in natürliche und instrumentale. Natürliche sind zum Beispiel der Schall der Stimme, des Eisens, des Holzes, des Donners, Windes und aller Körper, welche keinen Hauch haben, wie die (concreten) Dinge. Instrumental sind dagegen solche, wie der Schall der Trommel, Trompete, des Dudelsacks, der Saiten und dergl. Die thierischen zerfallen in zwei Arten, Redeartig und nicht Redeartig, letzteres sind die Töne aller unvernünftigen Thiere.

Redeartig sind dagegen die Töne des Menschen. Diese zerfallen wieder in zwei Arten, in Sinngebende und nicht Sinngebende. Nicht Sinngebende sind etwa Lachen und Weinen, Geschrei, kurz jeder unarticulirte Laut. Sinngebend sind die Rede und die Aussprüche mit articulirten Lauten. Alle diese Töne sind nur ein Stoss, welcher dadurch in der Luft entsteht, dass Körper die Luft zwischen sich zusammenstossen und drängen, dann kommt die Luft ins Wogen und wogt nach allen Seiten hin. Aus ihrer Bewegung entsteht eine runde Gestaltung, die sich ebenso erweitert, wie sich eine Flasche durch den Hauch des Glasbläsers in dieselbe dehnt. Sobald diese Gestalt sich erweitert, wird die Bewegung schwach und wogt, bis sie ruhig wird und verhallt. Ist nun ein Mensch oder ein mit Ohren begabtes Thier in der Nähe, so dringt die wogende Luft in beide Ohren, sie gelangt zu den Ohrhöhlen auf Hinterhirn. Die in diesen Ohrhöhlen befindliche Luft kommt bei dieser Bewegung mit ins Gewoge und so nimmt die Hörkraft diese Bewegung und Veränderung wahr.

Jeder Ton hat eine geistige Weise, Haltung und Eigenschaft, die denen eines anderen Tons entgegengesetzt sind. Denn die Luft trägt wegen ihrer erhabenen Substanz und der Feinheit ihrer Naturanlage jeden Ton in seiner Haltung und Eigenschaft. Sie bewahrt denselben, damit sich nicht ein Ton mit dem anderen vermische und so die Haltung desselben verderbe, bis er in der äussersten Vollkommenheit zur Hörkraft gelange und diese ihn der Vorstellungskraft zukommen lasse. Dies ist die herrliche, weise Vorherbestimmung, die euch Gehör und Augen und Geist verlieh, dass ihr vielleicht dankbar seid.

Die Sehkraft hat zehn Gegenstände ihrer Wahrnehmung: 1. Licht, 2. Finsterniss, 3. Farben, 4 Körperflächen, 5. die Körper selbst, 6. ihre Gestaltung, 7. ihre Dimensionen, 8. ihre Bewegungen, 9. ihre Ruhen, 10. ihre Stellung. Von diesen zehn werden eigentlich und im Wesen nur zwei, Licht und Finsterniss, von ihr erfasst. Dabei gilt der Unterschied, dass die Finsterniss etwas, das gesehen wird, ist, doch sieht man in derselben nichts anderes. Das Licht dagegen ist das, was gesehen wird, zugleich werden aber andere Dinge in ihm bemerkt. Beim Licht sieht man Farben, doch finden sich diese nur auf den Flächen der Körper, so werden die Flächen durch das Licht geschaut. Da aber die Flächen sich nur am Körper vorfinden, sind die Körper vermittelst ihrer Flächen sichtbar. Da dann ebenso die Körper Gestaltung, Stellung, Dimensionen, Bewegungen und Ruhe haben müssen, so wird dies Alles durch das Accidens, doch nicht im Wesen erfasst. Licht und Finsterniss sind zwei geistige Farben, Weiss und Schwarz dagegen zwei leibliche. Das Licht entspricht dem Weiss und die Finsterniss dem Schwarz. Denn aus dem Weiss leuchten alle Farben hervor, wie auch im Licht alle Farben gesehen werden; aber aus dem Schwarz treten nicht die Farben hervor, wie man auch in der Finsterniss nichts sieht.

Licht und Finsterniss durchdringen den durchsichtigen Körper, wie der Geist den Körper; beide fliessen von demselben zeit- und raumlos aus. Wenn jedoch der Strahl in die durchsichtigen Körper eindringt, bringt er die Farben des dort Gegenwärtigen in geistiger Weise mit sich und ebenso bringen diese Farben die Gestaltung von den Flächen dieser Körper und ihre vorher erwähnten Eigenschaften in geistiger Weise mit sich; auch erhalten sie dieselben in ihrer Haltung, damit nicht eine mit der andern sich vermenge und ihre Haltung verdorben werde. Dies geschieht ebenso, wie die Luft die Töne in ihrer Haltung weiter trägt, bis sie zu ihrem fernsten Ziel, zur Hörkraft, dringen, so werden auch jene der Sehkraft, welche in der Feuchtigkeit der beiden Augen in den beiden Augäpfeln hingebreitet ist, zugetragen.

Die beiden Augäpfel gehören zu den durchsichtigen Körpern, sie sind die zwei Spiegel des Leibes. Es sind nämlich nur zwei reine, sinnlich wahrnehmbare Punkte von Wasser, die in zwei durchsichtigen Hülsen liegen, als ob sie zwei Kerne der Weinbeere wären. Dringt nun der Strahl in die durchsichtigen Körper, bringt er die Farben der vorhandenen Gegenstände mit sich und verbindet sich so den Augen der sehenden Creatur. Dann dringt er in sie ein, wie in alle durchsichtigen Körper. Es färben sich die beiden Augäpfel mit diesen Farben, wie sich die Luft mit den Strahlen färbt. Es nimmt hierbei die Sehkraft diese Veränderung wahr und bringt die Kunde davon der Vorstellungskraft zu, ebenso wie die übrigen Sinneskräfte die Kunde von dem Sinnlich wahrgenommenen uns zutragen.

Wundert sich nun jemand über unsere Ansicht, dass die Farben die Gestalten der Dinge in übersinnlicher Weise tragen und dass die Luft den Schall und die Strahlen ebenso mit sich bringe, so darf er doch deshalb, dass er sich beides nicht vorstellen kann, dem nicht widersprechen, denn dass die Sinneskräfte die Formen des Sinnlich wahrnehmbaren tragen, ist noch wunderbarer und übersinnlicher, und ebenso ist es noch wunderbarer und übersinnlicher, dass die Vorstellungskraft (die Grundzüge) das Bild des Sinnlich wahrgenommenen erfasst. — Vgl. die Vernunft und ihr Object (Abhandlung 84).

Manche Gelehrte meinen, der Blick erfasse das Erblickte dadurch, dass zwei Strahlen von den beiden Augen ausgingen, die Luft durchbohrten, in die durchsichtigen Körper drängen und so das Erblickte erfassten. Das ist aber nur eine Meinung von solchen, die sowohl in den übersinnlichen als sinnlichen Dingen aller Uebung entbehren, hätten sie darin Uebung, würde ihnen die Wahrheit unserer Aussprüche klar sein.

Die Sinneskräfte sind aber nicht Theile der Seele, wie man von den Sinnen (d. i. deren Organen) sagen kann, dass sie Körperglieder oder ein Theil desselben seien, vielmehr ist eine jede einzelne derselben die Seele selbst. Die verschiedenen Namen kommen ihnen nur vermöge ihrer verschiedenen Wirkungen zu. Führt die Seele das Sehen aus, heisst sie sehend, beim Hören nennt man sie hörend, beim Schmecken schmeckend, so heisst auch die Seele, wenn sie im Körper das Wachsen bewirkt, wachsend. Bei der sinnlichen Wahrnehmung und Bewegung heisst die Seele thierisch, beim Denken und Unterscheiden heisst sie vernünftig und ebenso verhält es sich mit den übrigen Namen, welche je nach den verschiedenen Gliedern, die dabei Anwendung finden, ihr zugelegt werden. Dasselbe gilt von der Handthierung der Handwerker, die je nach der Verschiedenheit der Geräthe verschieden ist. Der Tischler z. B. haut mit dem Beil das Holz zurecht, er zersägt es mit der Säge, durchbohrt es mit dem Bohrer; der Schmid dagegen hämmert das Metall mit dem Hammer und kühlt es in dem Kühlschiff, und ebenso üben die übrigen Handwerker in ihren Handthierungen verschiedene Wirkungen aus. —

Wie das Bild des Sinnlich wahrgenommenen der Vorstellungskraft im Vorderhirn zukomme.

Vom Vorderhirn breiten sich feine Nerven aus, diese verbinden sich mit den Sinnen, d. i. den Organen, sie zertheilen sich dort und bilden hinter denselben ein Gewebe wie das Gespinnst der Spinne. Gelangt nun die Qualität des Wahrgenommenen zu den im (normalen) Mischungszustand befindlichen Sinnen, und ändert es dieselbe in ihrer Qualität, so gelangt diese Aenderung von diesen Nerven aus zum Vorderhirn. Weil nun alle Sinne ihre Empfindung hierher senden, sammeln sich alle Bilder des sinnlich wahrgenommenen bei der Vorstellungskraft, so wie die Sendschriften der Berichterstatter bei dem Bureauvorsteher eingehen. Wie dann ferner der Bureauvorsteher diese Briefe dem König präsentirt, dieser sie liest, ihren Sinn versteht und dieselben dem Archiv übergiebt, um sie bis zur Zeit, da er ihrer bedarf, aufzuheben, ebenso verhält es sich mit der Vorstellungskraft. Haben sich bei ihr die Bilder des sinnlich wahrgenommenen, die ja ihr die Sinneskräfte zubrachten, gesammelt, übergiebt sie dieselben der Denkkraft, deren Sitz im Mittelhirn ist, um dieselben zu betrachten, ihren Sinn zu erfassen, ihre Eigenthümlichkeiten, eigentliche Eigenschaft, ihren Nutzen und Schaden zu erkennen, dieselben der bewahrenden Kraft zuzustellen und sie dann bis zur Zeit der Erinnerung aufzubewahren.

Das sinnlich Wahrnehmbare wird zum Theil in seinem Wesen, zum Theil in seinem Accidens erfasst.

Sieht ein Mensch von ferne eine Frucht, so weiss er sogleich, ob sie süss oder bitter, ob sie von gutem oder stinkendem Geruch, ob sie rauh oder glatt, ob sie hart oder weich, ob sie warm oder kalt, ob sie feucht oder trocken sei. Seine Erkenntniss von allen diesen Eigenschaften findet nicht vermittelst des Sehens, sondern durch die Denkkraft, Ueberlegung, Erfahrung und Gewohnheit statt. Ebenso geschieht, wenn er in einem dieser Dingen irrt, der Fehler nicht von der Sehkraft, sondern von der Denkkraft dadurch nämlich, dass er ohne Ueberlegung und rechten Schluss verfuhr. Wenn z. B. der Mensch die Wüstenspiegelung sieht und glaubt, es sei Wasser, so ist es nicht seine Sehkraft, sondern seine Denkkraft, die den Fehler beging. Denn die Sehkraft erfasst eben nur die Farben, und träfe sie in ihrer Anschauung auf die Wüstenspiegelung, erfasst sie dieselbe richtig; denn die Farbe derselben ist der des Wassers gleich. Aber die Denkkraft urtheilt, dass das so gefärbte mit Tastsinn und Geschmack erfasst, ein flüssiger, feuchter Körper sei. Kommt dann der Mensch dahin und findet er dasselbe nicht mit dieser Eigenschaft behaftet, so wird ihm der Fehler klar. .

Die Weise der Denkkraft ist nun aber folgende. Bringt ihr die Vorstellungskraft den Eindruck (das Bild) eines Sinnes zu, darf dieselbe noch nicht urtheilen, sondern muss sie noch einen andern Sinn um Rath fragen; wenn derselbe den anderen als wahr bezeugt, so urtheilt sie, dass es so und so sei. Wenn z. B. die Sehkraft einen aus Kampfer gemachten und mit Apfelfarbe gefärbten Apfel sieht, so trägt sie die Kunde davon der Vorstellungskraft zu und diese übermittelt sie an die Denkkraft. Diese letztere darf dann nicht urtheilen, der Geschmack, Duft und das Gefühl desselben sei eben der des Apfels, jener Frucht, sondern sie fragt Schmeck-, Riech- und Tastsinn. Wenn dann ein jeder derselben in dem, was ihn anlangt, kund thut, dass die Sehkraft recht gethan, so urtheilt demnach die Denkkraft, dass es so und so sein müsse, bis dass ihr Urtheil richtig und ohne Fehl ist.

Aus diesem Grund verbietet denn auch die Kraft der Vernunft, über irgend eine sinnliche Wahrnehmung nach der Aussage kleiner Kinder zu urtheilen. Denn da die Denkkraft nicht sicher ist über den wahren Werth derselben, kann sie auch nicht wohl darüber entscheiden. — Wenn aber die Jahre der Ernährung vorüber sind, der Mond die Leitung dem Merkur überlassen hat und dieser als Herr der Logik und Unterscheidung die Zunge des Kindes so gelöst hat, dass es zur Aussage und Darlegung des Inhalts seiner Wahrnehmung, die ja vom Sinn der Denkkraft zukam, fähig ist, so kann man ihm wohl trauen.

Was Lust und Schmerz, Ermüdung und Ruhe sei und wie die Sinne dieselben erfassen.

Die Creatur hört nimmer auf, Lust und Schmerz, Ermüdung und Ruhe zu empfinden. Dies kommt daher, dass die Leiber der Creatur aus vier Mischungen, aus Blut, Schleim und den beiden Gallen zusammengesetzt sind. Dieselben sind von einander entgegengesetzter Natur, in Hitze, Kälte, Feuchte und Trocknisse. Sie sind allesammt in Veränderung und Verwandlung, in Zu- und Abnahme begriffen. Einmal treten sie aus dem Gleichmass heraus, ein andermal in dasselbe ein. Schmerz ist Heraustreten aus dem Gleichmass zum Mehr in einer der Mischungen und Naturen, oder ein Heraustreten zum Weniger in einer derselben. Lust dagegen ist Rückkehr der Mischung zum Gleichmass, nachdem dieselbe aus dem Gleichmass herausgetreten war. Deshalb fühlt der Mensch nur nach vorangegangenem Schmerz Lust. Jedes Wahrgenommene bringt die Mischung aus dem Gleichmass, denn der Sinn ist zunächst unwillig zur Wahrnehmung und man empfindet dadurch Schmerz aber jedes Wahrgenommene bringt auch die Mischung wieder zum Gleichmass, denn der Sinn liebt es und man empfindet dadurch Lust.

Ruhe ist Feststehn in Richtigkeit und Gleichmass, Ermüdung ist das hin und her gestossen sein zwischen Schmerz und Lust.

Bei der richtigen Auffassung dieses Tractats und der Betrachtung von der Art und Weise der Wirkung der Sinne und des Wahrgenommenen wird klar, dass alles Wahrgenommene körperliche Accidensen sind, es sind ja nur Formen in der Materie. Die Seele erfasst dieselben durch die fünf Kräfte ihrer Sinne. Die Sinne sind Werkzeuge des Leibes und sinnliche Wahrnehmung ist nichts als Aenderung in der Mischung dieser Sinne, wenn das sinnlich Wahrgenommene ihnen zukommt. Sinnlich wahrnehmen heisst die Kenntnissnahme der Sinneskräfte von dieser Mischungsänderung.

Die fünf übersinnlichen Kräfte.

Die Seele hat fünf sinnliche (leibliche) und fünf andere übersinnliche Kräfte, deren Gang ein andrer ist als jener. Dies sind die vorstellende, denkende, redende, behaltende und bildende Kraft. Das Erfassen des Bildes von dem Erkannten ist ein übersinnliches, wogegen die leiblichen Kräfte das sinnlich Wahrnehmbare nur in der Materie ergreifen und erfassen somit die geistigen Kräfte das Bild des Erkannten eines von dem andern gesondert in einer andern als der sinnlichen Weise.

Von den sinnlichen Kräften erfasst jede einzelne speciell eine Gattung des sinnlich Wahrnehmbaren, wie wir oben darthaten. Die Sehkraft erfasst weder den Schall, noch den Geschmack, noch Geruch, noch Tastbares, sondern nur Farben u. s. f.

Die fünf Geisteskräfte sind bei der Erfassung vom Bild des Erkannten sich gleichsam entgegengesetzt. Wenn nämlich die Vorstellungskraft das Bild des sinnlich Wahrnehmbaren ganz erfasst, so ist es ihr eigen, dass sogleich auch die Denkkraft es ganz ergreift. Schwindet dann das sinnlich Wahrnehmbare von der Bezeugung der Sinne, so bleibt dies Bild dem Wesen der Denkkraft eingeprägt, so wie die Zeichnung des Siegels im Siegelwachs in einer übersinnlichen von der Materie abstrahirten Form verbleibt. Diese Form dient der Denkkraft zur Materie, wogegen sio für die Vorstellungskraft als Form besteht. Dann ist es ferner Sache der Denkkraft, dass sie auf das Wesen des Wahrgenommenen blicke, es in seiner Eigenthümlichkeit, in seinem Nutzen und Schaden erfasse, der Bewahrkraft es zuführe, damit diese es bis zur Zeit der Erinnerung aufbewahre. Dann ist es Sache der Sprechkraft, deren Sitz die Zunge ist, dass sie, wenn sie von demselben aussagen, seinen Sinn verkünden und den Fragenden über das Gewusste Auskunft geben will, Worte aus den Buchstaben des Alphabets zusammenfüge und dieselben als Zeichen von Bedeutungen der Hörkraft der Anwesenden übermittele. Da nun diese Laute nur so lange in der Luft weilen, bis der Hörer ihre Grundlinien erfasste und dann schwinden, so wählte die göttliche Weisheit den Weg, die Bedeutung dieser Worte durch die Schreibkunst zu binden. Es war dann Sache der bildenden Kunst, diese Grundzüge mit dem Schreibrohr als Figuren darzustellen und solche den Flächen der Tafeln und den Seiten der Blätter, dem Menschen zum Frommen, anzuvertrauen. So sagt Gott im Koran: „Lies, Gott aber ist allgnädig, er lehrte mit dem Schreibrohr dem Menschen die Wissenschaft, so er nicht kannte." (96, 4, 5.)

Warum der Mensch das Gewusste in drei Weisen ergreife.

Da der Mensch aus einem leiblichen Leibe und einer geistigen Seele eine Gesammtheit bildet, erfasst er mit dieser das Gewusste, wie er mit jenem seine Handthierung schafft. Die Seele aber steht auf der Mittelstufe alles Vorhandenen. Vgl. die Abhandlung über die Anfänge (Abhdl. 31). Es giebt Dinge, die erhabener sind als die Seelensubstanz, so die Vernunft, die von dem Schöpfer ausging, und die von der Materie abstrahirten Formen, welche die Engel Gottes, die Nahgestellten, sind. Andere stehen dagegen unter der Seelensubstanz, wie die Materie, die Natur und alle Körper. Die Erkenntniss der Dinge, welche in Erhabenheit unter der Seele stehn, geschieht vermittelst der Sinne, in Verkündung, Vermischung, Vermengung und Umfassung. Die Erkenntniss des Erhabeneren und Höheren dagegen geschieht vermittelst des Beweises, welcher die Vernunft zur Bestätigung zwingt, ohne das Object zu umfassen und ohne Verkündung. Die Erkenntniss desselben findet somit durch das Wesen und die Substanz der Seele vermittelst der Vernunft statt. Denn die Vernunft steht zur Seele in derselben Beziehung, wie der Strahl zu dem Blick auf denselben oder wie der Spiegel zu dem Beschauer. Wie nun der Blick nichts sieht, es sei denn durch den Strahl, so erblickt auch der Mensch sein Antlitz nur in dem Spiegel mit klarem Auge, wenn solches sich öffnet. Das sehende Auge aber öffnet sich, wenn es vom Schlaf der Sorglosigkeit und dem Schlummer der Thorheit erwacht. Man blickt mit dem leiblichen Auge auf das sinnlich Wahrnehmbare, denkt über

den Sinn desselben nach, überlegt die Zustände desselben, bis
man es recht eigentlich erkennt. Deshalb steht auch die Abhandlung von der sinnlichen Wahrnehmung vor der über das
geistig Fassbare (No. 23 und 34).

Die Form der Dinge wird im Wesen und die Bedeutung
alles Vorhandenen wird uns in der Substanz der Seele klar.
Sie ist die Fundgrube der Wissenschaft und die Stätte der
Formen, wie Plato sagt, dass alle Wissenschaft in der Seele
der Kraft nach sei; wenn du über ihr Wesen nachdenkst und
es erkennst, so sind alle Wissenschaften in ihr durch die
Vernunft.

Der Mensch als eine kleine Welt (Mikrokosmos. *)

Die alten Weisen betrachteten mit ihrem Auge diese Körperwelt und erfassten mit ihren Sinnen die Aussenerscheinung derselben; dann dachten sie mit ihrer Vernunft hierüber nach, sie durchforschten den Wandel der Allkörper mit ihren Blicken und beschauten überlegend die verschiedenen Theilkörper, aber sie fanden unter allen Theilkörpern keinen, der von vollendeterem Bau und vollkommener Form wäre, als den des Menschen, so dass er im allgemeinen zur Vergleichung mit dem Allkörper am besten passe. Dies kommt daher, dass der Mensch eine aus dem sinnlichen Körper und der geistigen Seele zusammengefasste Gesammtheit ist. Demgemäss findet man für alles was in der sinnlichen Welt vorhanden ist, wie für die wunderbare Fügung der Sphären, die Eintheilung der Sternburgen, die Bewegung ihrer Sterne, die Ordnung der Elemente als Urmütter, die verschiedenen Substanzen der Minerale, die verschiedenen Gestaltungen der Pflanzen, den wunderbaren Bau der Creaturen, ebenso wie für die verschiedenen geistigen Schöpfungen wie Engel, Genien, Satane, für die Seelen der Creatur, und ihren Wandel in dieser Welt Gleichnisse und Aehnlichkeiten in den

---

*) Eine andere Abhandlung betrachtet die Welt als einen grossen Menschen (Makrokosmos). Der Mikrokosmos ist die 25ste, der Makrokosmos die 33ste unter den 51 Abhandlungen. Nichtsdestoweniger heisst es hier im Mikrokosmos, die andere der Makrokosmos sei vorangegangen. Dieser Ausdruck erklärt sich wohl dadurch, dass man eine gleichzeitige Entstehung der Artikel aus der Hand dieser Encyclopädisten anzunehmen hat, die Zusammenstellung aber erst später erfolgte.

Zuständen der Menschenseele, die den Körper mit ihren Kräften durchdringt. — Deshalb nannten die Weisen, da sie dies in der Form des Menschen auffanden, den Menschen eine kleine Welt. Es sei einiges hervorgehoben

Vergleiche über den Körper und die Seele.

Alles Vorhandene besteht aus Substanzen oder Accidensen oder ist aus beiden eine Gesammtheit, es ist Materie, Form oder aus beiden zusammengesetzt (vgl. Abhandlung: die Materie No. 14). Alle Substanzen und Accidensen sind körperlich oder geistig (vgl. Vernunft und ihr Object No. 34). Der Mensch ist eine aus zwei Substanzen verbundene Gesammtheit, die eine von beiden ist dieser leibliche, lange, breite, tiefe Körper, der mit den fünf Sinnen erfasst wird, der andere die geistige, wissende, schaffende nur vermittelst der Vernunft erfassbare Seele.

Der Körper ist aus verschiedengestalteten Gliedern wie Hände, Füsse, Kopf, Nacken, Rücken, Schenkel, Kinn zusammengesetzt, jedes dieser Glieder ist aus verschiedengestalteten mit ähnlichen Bestandtheilen versehenen Theilen, wie Knochen, Sehnen, Adern, Fleisch, Haut und dergleichen gefügt (vgl. Zusammensetzung des Leibes No. 22). Diese Theile sind aus den vier Mischungen Blut, Schleim und den beiden Gallen geschaffen; diese sind dann wieder ein Product des Speisesafts, der Speisesaft aber kommt von den Pflanzen, die Pflanzen gehen aus den vier Elementen, d. i. Feuer, Luft, Wasser, Erde hervor, und diese Elemente sind aus je zwei von vier Naturen, d. i. Hitze, Kälte, Feuchte, Trockniss hervorgegangen (vgl. Entstehen und Vergehen No. 16). Jede einzelne dieser Stufen ist je eine vollendende oder eine herstellende Form für den anderen Naturkörper (vgl. Form und Materie No. 14).

Ebenso sind nun aber Form und Materie zwei einfache geistige von der Vernunft fassbare und erdachte und nach dem Willen des Schöpfers ohne Eigenschaft zeit- und raumlos durch das Wort, sei und es war, geschaffene Substanzen (vgl. die ideellen Anfänge No. 31).

Nun ist, wie wir sahen, der Mensch eine aus einem kör-

perlichen Leibe und einer geistigen Seele zusammengesetzte
Gesammtheit. — Sieht man auf die wunderbare Zusammenfügung seiner Glieder, die Zusammensetzung seiner Gelenke,
so ist's, als ob er die Wohnung für seinen Insassen wäre, sieht
man dagegen auf den wunderbaren Wandel der Seele, wie sie
mit ihren Kräften alle Glieder des Leibes durchdringt, so ist's
als wäre sie der Insasse mit seinen Dienern, seiner Familie und
Kindern. — Ebenso kann man bei dem Leibe mit vielgestalteten
Gliedern und vielfacher Fügung der Gelenke den Leib mit der
Werkstatt und die Seele mit dem Meister im Laden mit Gesellen
und Burschen vergleichen. Vgl. die praktische Kunst No. 8.

Auch kann man den Körper in seinen verschiedenen Fü-
gungen, den Stufen des Baus, den wunderbar gefügten Gelenken und den vielfach gestalteten Gliedern mit den bis zum
Ende der Glieder sich erstreckenden vielgeästeten Adern, die ja
nun verschiedenen Lagern ausgehn und den ihr beherrschenden
Seelenkräften einer Stadt vergleichen, deren Märkte voll Werkmeister sind. Betrachtet man die Herrschaft und Leitung der
Seele, die mit ihren Kräften den Körper durchdringt und frei
über ihn schaltet, so gleicht sie dem König dieser Stadt mit
seinen Soldaten, Dienern und Unterthanen. - Betrachtet man
ferner dann wie die Seele im Körper entsteht und mit ihm
wächst, so ist es als ob der Körper der Mutterschoos, die
Seele aber der Embryo wäre, vgl. die Theilseelen No. 26. Wenn
die Seele dann von der Kraft zur That vorschreitet, so erscheint
uns der Körper wie das Schiff, die Seele wie der Schiffer, die
Handlungen wie die Waaren, die Welt wie das Meer, der Tod
wie das Gestade, die andere Welt wie des Händlers Heimath,
wo eben Gott Vergeltung übt.

Auch kann man den Körper dem Reitthier, die Seele dem
Reiter, die Welt der Rennbahn und die Weisen den Siegern
der Rennbahn vergleichen. Die Seele ist auch dem Acker-
mann, der Körper dem Saatfeld, die Handlungen den Körnern
und Früchten, der Tod dem Schnitter, die andere Welt der
Tenne ähnlich, vgl. die Abhandlung vom Tod No. 28. — Betrachtet
man den wunderbaren Bau des Körpers, wie wir dies in der
Anatomie thaten, ferner die vielfachen Kenntnisse die die Seele,

dadurch dass sie mit dem Körper verbunden ist, erwirkt, so
gleicht der Körper wohl einer Schule und ist die Seele der
Schüler in derselben, vgl. sinnliche Wahrnehmung No. 20.

Da der menschliche Körper bei seiner Zusammensetzung
von den Seelenkräften durchdrungen ist und die Zustände der
Seele sich in ihm wandeln, ist der Körper gleichsam ein Band
voller Wissenschaft, auch sagt man:

Der Mensch sei ein Abriss von der wohlbewahrten Tafel Gottes.

Man erzählt ein weiser mächtiger König hatte kleine von
ihm geliebte und geschätzte Kinder, die wollte er in seiner
Liebe wohl erziehen, üben und zu sich heranziehen, bevor er sie in die Gesellschaft brächte. Denn für die Gesellschaft beim König passen nur wohlgebildete, wissenschaftlich
geschulte, tadellose Leute von gutem Character. Er erachtete
es nun für eine sichere und weise Massregel ihnen ein Schloss
bester Art zu bauen und jedem der Kinder ein Gemach darin
anzuweisen. Er wollte nun, dass alle Wissenschaft und alle
Bildung auf die Wände dieses Gemachs geschrieben und jeder
in seinem ihm bereiteten Zimmer von Dienern, Burschen und
Mägden bedient werde. — Er befahl dann seinen Kindern das
für sie dort Gezeichnete und Geschriebene wohl zu betrachten,
es sich klar zu machen und zu überlegen. Dann würden sie
weise und vortrefflich werden, so dass er sie in seinen Rath
bringen, zu seinen Genossen erwählen, und sie stets bei
ihm bleiben könnten. In diesen Zimmern war nun Folgendes
aufgeschrieben und vorgezeichnet. —

An der Ober-Kuppel war die Form der Sphären, die Art
und Weise ihres Aufschwunges, waren die Sternzeichen mit
ihren Aufgängen, die Sterne in ihren Bewegungen gemalt, auch
war die Bedeutung derselben (Astrologie) angegeben. Dann
war im Innern des Gemachs die Form der Erde mit ihren
Klimaten, den Gebirgszügen und Meeren gezeichnet, das trockene
Land mit seinen Flüssen, und auch die Districte mit ihren
Städten und Strassen abgebildet. An der Vorderseite dieses

Zimmers war dann die Arzneikunde, waren die Naturen, die Pflan-
zen-, Thier- und Mineralformen, in Gattungen, Arten und verschiedenen Unterarten vorgeführt, auch ihre Eigenthümlichkeit,
ihr Nutzen und Schaden angegeben. An einer anderen Seite
war die Kunde von Kunst und Gewerk, ihre Art und Weise
aufgezeichnet und ebenso wie Agricultur und Züchtung zu be-
treiben sei, beschrieben. Dann waren wieder Städte und
Märkte gezeichnet, das Recht beim Kauf und Verkauf, Gewinn
und Handel dargestellt. —

Die Gottes Gelahrtheit, Gesetz und Brauch, Erlaubniss
und Verbot, Bestimmungen und Entscheide waren auf einer anderen Seite verzeichnet. So wie wieder an einer anderen über
Regierungskunde und königliches Regime gehandelt ward; da
war denn angegeben, wie man Zölle erhebe, Ministerien bilde,
Heere verpflege, die Unterthanen schütze, die Grenzen mit
Soldaten und Hülfstruppen vertheidige und bewahre. —

Dies wären somit sechs Gattungen von Wissenschaft und
Bildung, worin die Kinder der Könige geübt wurden. Das
Ganze aber ist ein von den Weisen gemachtes Gleichniss. Jener
weise König ist Gott, die kleinen Kinder die Menschenseelen,
das erbaute Schloss die Allwelt in ihrer Gesammtheit, die wohl-
gefügten Zimmer wären die Menschenform, die gezeichneten
Bildungen wären die wunderbare Fügung des Körpers, die verzeichneten Wissenschaften aber die Kräfte und Erkenntnisse
der Seele. Das werden wir nun einzeln durchgehen.

Die Vorzüge der Seelensubstanzen.

Die Seelensubstanzen haben bei Gott eine Stelle und Würde
welche den Körpersubstanzen deshalb nicht gebührt, weil jene
zum herrlichen Schöpfer in einer nahen Beziehung stehen, während die Körpersubstanzen nur eine fernere Beziehung zu Gott
haben. Die Seelensubstanzen sind schon in ihrem Wesen lebendig, kundig, handelnd; die Körpersubstanzen dagegen todt,
unkundig, leidend. In der Abhandlung über die Anfänge No. 31
ist dargestellt, dass alles Vorhandene zum Schöpfer in derselben
Beziehung stehe wie die Zahl zur Eins. Der Erhabene gleicht

der Eins unter den Zahlen, die Vernunft der Zwei, die Seele der Drei, die Materie (Urstoff) der Vier, die Natur der Fünf, der Körper der Sechs, der Allhimmel der Sieben, die Elemente der Acht, die Producte aber der Neun.

Auch kann man das Verhältniss der Vernunft zum Schöpfer mit dem Verhältniss des Sonnenlichts zur Sonne vergleichen, das der Seele zur Vernunft aber mit dem des Mondstrahls zum Sonnenlicht, denn wie der Mond sich vom Strahl der Sonne mit einem Licht anfüllt, das dem Strahl des Sonnenlichts gleicht, so gleichen auch die Thaten der Seele, wenn sie den Erguss der Vernunft annimmt, und sich damit zu vervollkommnen sucht, den Thaten der Vernunft. Dies kann die Seele aber nur dann, wenn sie ihr Wesen und die wahre Beschaffenheit ihrer Substanz erkennt. Die Güte ihrer Substanz wird aber der Seele erst dann klar, wenn sie die Zustände ihrer Welt, d. i. die Menschenform wohl überlegt. Gott aber schuf den Menschen in der besten Haltung und vollendetsten Form. Er machte die Form desselben zum Spiegel seiner Seele, dass sie in ihr die Form der grossen Welt erschaue.

Da der Schöpfer nämlich wollte, dass die Menschenseele die ihr eigenthümlichen Wissenschaften beherrschen und die Welt in ihrer Gesammtheit bezeugen sollte; er auch wohl wusste, dass die Welt weit und gross sei, dass es nicht in der Macht des Menschen liege, sie zu umkreisen und alles zu bezeugen, denn sein Leben ist kurz, das der Welt aber lang, so erachtete er es in seiner Weisheit für gut, in der Menschenseele eine kleine Welt wie einen Abriss der grossen zu bilden. So formte Gott denn in dieser kleinen Welt alles was in der grossen war, stellte dies vor den Menschen als Gleichniss hin und machte ihn zum Zeugen über sich selbst. Bin ich nicht euer Herr? sie sprachen ja, wir bezeugen. Wer nun kundig und einsichtig den eigentlichen Werth derselben bezeugt, dessen Zeugniss ist wahr, wer aber thöricht ist, dessen Zeugniss wird zurückgewiesen.

Alle Wissenschaft beginnt damit, dass der Mensch sich selbst erkenne. Der Mensch erkennt aber sich selbst auf drei Weisen:

— 47 —

a. er betrachtet die Zustände seines Körpers, die Zusammensetzung des Baues und die damit verbundenen Eigenschaften frei von der Seele,

b. er betrachtet die Zustände der Seele mit ihren Eigenschaften frei von dem Leibe,

c. er betrachtet den Zustand beider die eng mit einander verbunden sind und überlegt die mit der Vereinigung beider zusammenhängenden Eigenschaften.

In der Abhandlung von der Zusammensetzung des Körpers ist schon einiges davon hervorgehoben, hier gedenken wir einer anderen Seite davon.

Analogien zwischen den Zuständen des Menschen und denen des Allhimmels.

In der Zusammenfügung des menschlichen Körpers liegen Gleichnisse und Hindeutungen auf die Zusammenfügung des Himmels mit ihren Sternzeichen und Sphären. Dann wie die Seelenkräfte die Theile des Leibes und deren verschiedene Glieder durchdringen, so durchdringen auch die Kräfte der Engelgattungen, der Genienschaaren, der menschlischen Wesen und der Satane die Himmels- und Erdstufen von den höchsten Höhen bis zu den tiefsten Tiefen. — Die Fügung des menschlichen Körpers ist aber der Fügung der Sphären ähnlich. Denn wie die Sphären neun wohlgefügte Stufen bilden, die Eine immer in der Anderen, so ist auch der Mensch aus neun Substanzen gefügt, von denen die Eine sich im Innern der Anderen befindet, oder die Eine um die Andere gewickelt ist, ganz so wie dies bei den Sphären der Fall ist.

Die Knochen haben in ihrem Innern Mark, dann sind darüber Sehnen, Adern, Blut, Fleisch, Haut, Haar, Nägel. Das Mark ist im Innern der Knochen für die Zeit des Bedürfnisses aufbewahrt, die Sehnen sind dann um die Gelenke und Knochen gezogen dieselben zu halten, dass sie sich nicht loslösen. Der Zwischenraum derselben ist mit Fleisch ausgefüllt, um sie zu schützen und mitten durch das Fleisch laufen, dann die niedersteigenden Schlagadern; dies ist also, damit die letzteren

geschützt und bewahrt bleiben. Das Ganze ist dann mit Haut
umkleidet, um es zu umhüllen und zu verschönen, und wuchsen
dann darauf aus dem Ueberfluss des Stoffs Haare und Nägel.
Somit stimmt die Zusammenfügung des Körpers mit der der Sphären in der Zahl und Art und Weise überein. Jene bilden neun
Stufen und diese neun Substanzen eine immer in der anderen,
das Eine dem Andern ähnlich. Wie ferner der Himmel in
zwölf Sternzeichen getheilt ist, so findet man auch im Körperbau zwölf Oeffnungen jenen entsprechend zwei Augen, zwei
Ohren, zwei Nasenlöcher, zwei Abfuhrcanäle, die zwei Brust-
warzen, Mund und Nabel. Von den zwölf Sternzeichen sind
sechs südlich, sechs nördlich und ebenso finden sich von den
zwölf Oeffnungen sechs auf der rechten und sechs auf der linken Seite in Zahl, Art und Weise jenen durchaus entsprechend. Im Himmel giebt es dann sieben Wandelsterne, durch
welche die Entscheide des Himmels über das Seiende stattfinden und ebenso findet man im Körper sieben schaffende Kräfte,
durch welche das Wohl des Leibes begründet ist. Das wären
die anziehende, anhaltende, reifende, abstossende, nährende, formende, Wachsthum gewährende Kraft.

Diese Sterne haben Seele und Körper, sie üben körperliche Wirkung auf die Körper, aber geistige Wirkung auf die
Seelen aus. Die sieben körperlichen Kräfte im Leibe haben
wir aufgezählt, doch giebt es auch sieben geistige Kräfte in
demselben, nämlich die der fünf Sinne: sehen, hören, schmecken,
riechen, tasten, dann Denk- endlich Vernunftkraft. Jene fünf
wahrnehmende Kräfte entsprechen den fünf Irrsternen, die
Denkkraft dem Monde, die Vernunftkraft der Sonne. Jeder
jener fünf Sterne (Mars, Mercur, Venus, Jupiter, Saturn) hat
zwei Häuser, eins auf der Seite des Mondes und eins auf der
der Sonne, aber die beiden Lichter haben je nur eins (vgl. die
Astronomie No. 3). Ebenso hat im Bau des Körpers jede der
fünf Sinneskräfte zwei Gänge, die beiden Augen, Ohren, Nasen,
die Tastkraft hat die beiden Hände, die Schmeck- und Wol-
lustkraft hat zwei Gänge, den einen im Munde der rechten Seite, und den Geschlechtstheil der linken Seite vergleichbar. Die Redekraft hat ihren Gang von der Kehle zur Zunge

und die Vernunftkraft hat das Mittelhirn als ihren Sitz. Die Beziehung der Redekraft zur Vernunftkraft ist wie das Verhältniss des Mondes zur Sonne.

Der Mond nimmt sein Licht von der Sonne, wenn er durch die 28 Stationen geht. Dasselbe gilt von der Redekraft, sie nimmt von der Vernunft den Sinn der Worte, in dem sie die Kehle durchläuft und thut dieselben kund in 28 Buchstaben. So stehen die 28 Buchstaben zur Redekraft in demselben Verhältniss, wie die 28 Stationen zum Monde.

Das Himmelsrund hat zwei Knoten, den Kopf und Schweif (des Drachen), beide sind in ihrem Wesen verborgen, in ihrer Wirkung aber sichtbar. Auf ihnen beruht der Glücks- und Unglücksstand der Sterne. Ebenso findet man im Körper des Menschen zwei in ihrem Wesen verborgene, doch in ihrer Wirkung sichtbare Dinge und wie auf jenen zwei Knoten der Glück- und Unglücksstand der Menschen beruht, so beruht auch auf diesen beiden Dingen die Güte und Schlechtigkeit der Seelenwirkung, das ist die gesunde und schlechte Mischung. Wenn nämlich die Mischung des Leibes die richtige ist, so sind Glieder und Gliedmassen gesund und besteht die Wirkung der Seele wohl, sie geht den natürlichen Gang. Ist aber die Mischung verdorben, so ist der Bau erschüttert und die Wirkung der Seele nicht die richtige. Dann tritt Schaden ein, so wie der Unglücksstand der beiden Knoten auf die beiden Lichter einwirkt, denn diese beiden Knoten sind die Hauptursache für die Verfinsterung (den Defect) beider. Ebenso bringt die schlechte Mischung der Rede- und Vernunftkraft Schaden, denn sie hält beide von ihren meisten Wirkungen zurück.

Die beiden Augen im Körper entsprechen den beiden Häusern des Jupiter im Himmel, das ist der Bogen und der Fisch. Die beiden Ohren den beiden Häusern des Mercur, das sind Orion (die Zwillinge) und die Aehre Die beiden Nasenlöcher den beiden Häusern des Mars, nämlich dem Widder und Scorpion. Die beiden Brüste den beiden Häusern der Venus, nämlich dem Stier und der Wage. Die beiden Abzugsgänge im Körper entsprechen den beiden Häusern des Saturn, dem Steinbock und dem Wasserträger. Der Mond entspricht dem

4

Haus der Sonne, d. i. dem Löwen, und der Nabel dem Haus
des Mondes, d. i. der Krebs. Der Nabel ist die Nahrungsstätte im Mutterschooss vor der Geburt, der Mund aber die
Nahrungsstätte in dieser Welt. Die beiden Abzugsgänge stehen
ihnen entsprechend gegenüber, so wie die beiden Häuser den
beiden Lichtern gegenüberstehen.

Wie es im Himmel Sternzeichen giebt und in diesen Anfang, Ende und Grade, diese aber alle von verschiedener Beschaffenheit sind, so hat auch der Körper verschiedengestaltete
und geartete Glieder und Gliedmassen, Adern und Sehnen,
deren Beschreibung zu weit führen würde, ebenso ist hier nicht
auszuführen, wie solche den Theilen des Himmelsrundes
entsprechen.

Die Zusammensetzung des menschlichen Körpers ent-
spricht den vier Elementen

Es giebt unter der Mondsphäre vier Elemente als Allmütter, Feuer, Luft, Wasser, Erde. Auf ihnen beruht das Bestehen aller Dinge die producirt sind, Thier, Pflanze, Mineral.

Ebenso giebt es auch im Körper vier Hauptglieder, die den
gesammten Körper umfassen erstlich den Kopf, dann die Brust,
dann den Bauch, endlich den Unterkörper bis zum Ende der
beiden Sohlen. Diese vier Haupttheile des Körpers entsprechen jenen Vieren. Das Haupt entspricht dem Feuerelement
wegen der Strahlen des Blicks und seiner Bewegung, die Brust
entspricht dem Element der Luft wegen der Athmung und
Luftausstossung, der Bauch entspricht dem Element des Wassers, weil so viel Feuchtigkeit darin, der Untertheil dem Element der Erde, weil die drei übrigen Elemente auf der Erde
ihre Grundlage finden, wie auf diesem die drei Theile des Leibes beruhen. Von den vier Elementen lösen sich Dünste und
werden zu Winden, Wolken, Regen, zu Thier, Pflanze und
Mineral. Ebenso lösen sich von den vier Hauptgliedern Dünste
im Leibe des Menschen, so geht aus den Nasen der Schleim,
aus den Augen die Thräne, vom Munde der Speichel aus.

Dieselbe gilt von Winden, die im Innern entstehen und den Feuchtigkeiten, im Harn, den Excrementen u. dergl.

Der Körperbau des Menschen gleicht der Erde, die Knochen den Bergen, das Mark dem Mineral. Das Innere ist gleich dem Meer, die Eingeweide wie die Flüsse, die Adern gleichen den Bächen, die Haut der Erdkrume und das Haar den Pflanzen — Die Stätten wo das Haar wächst ist wie gutes Land, und das wo kein Haar wächst gleicht dem schlechten Land, der vordere Theil ist den Culturstätten, der Rücken der Wüste ähnlich, das vordere Antlitz gleicht dem Osten, die Kehrseite dem Westen. Sein Rechts gleicht dem Süden, Sein Links dem Norden. Die Athmung des Menschen entspricht den Winden, seine Rede dem Donner, sein Schrein dem Donnergekrach, sein Lachen ist dem Tagesglanz, sein Weinen dem Regen ähnlich, seine Traurigkeit und sein Finstersehen gleicht der Finsterniss der Nacht. Der Schlaf ist wie der Tod und das Erwachen wie das Leben. Die Tage der Jugend entsprechen denen des Frühlings, die Tage der Jünglingskraft den Sommertagen, die Tage der Manneskraft denen des Herbstes und die Tage des Greisenalters denen des Winters. Die Bewegungen und Thaten des Menschen gleichen den Bewegungen der Sterne und ihrem Umschwung. Die Geburt und das Erscheinen des Menschen ist wie der Aufgang, sein Tod und Verschwinden desselben wie der Untergang.

Der gute Stand der Zustände und Geschäfte bei den Menschen gleicht dem graden Gang der Gestirne, das Verkehrtgehen und der Rückschritt derselben gleicht der retrograden Bewegung derselben.

Die Krankheiten und das Siechthum desselben gleichen der Sternverbrennung (Sternschnuppen). Der Stillstand des Geschäfts und dessen Verwirrung ist wie der Stillstand der Gestirne.*) Das Steigen und die Erhebung des Menschen gleicht dem Aufstieg in die obere Abscisse. Das Herabkommen und Fallen des Menschen gleicht dem Sinken zur unteren

*) Die Araber kannten von den Griechen her den in Epicykeln sich bewegenden Lauf der Gestirne.

4*

Abscisse; die Vereinigung mit dem Weibe gleicht der Stern-
conjunction, die Genossenschaft der Menschen ist den Stern-
verbindungen und die Trennung der Sternabwendung vergleichbar. Die Winke des Menschen entsprechen den Andeutungen
der Gestirne.

Die Sonne ist das Haupt der Gestirne und ihr Herrscher,
ihr sind die Könige und Häuptlinge vergleichbar. Wie sich
die Sterne mit der Sonne verbinden und dann einer mit dem
Andern, so sind auch die Verbindungen der Menschen mit den
Königen. Wie dann die Sterne von der Sonne in Kraft- und
Lichtmehrung ausgehn, so kehren die Menschen von den Königen mit Lehnen, Ehrenkleidern und Stellen begabt zurück.
Wie der Mars zur Sonne steht, so steht der Heerführer
zum König; das Verhältniss des Mercur zur Sonne gleicht dem
der Vezire und Schreiber zum König. Der Saturn hat zur
Sonne dieselbe Stellung wie die Wächter und Kammerherrn zum
Herrscher, und der Jupiter steht zur Sonne wie die Vortrefflichen, die Richter und Gelehrten zum König. Die Venus hat
zur Sonne dasselbe Verhältniss, welches die Mädchen und Sän-
gerinnen zum König haben. Der Mond steht dann zur Sonne
wie die Gegenkönige zum König, denn der Mond nimmt von
der Sonne vom Anfang an bis er ihr gerade gegenübersteht,
und ihr im Lichte gleicht, er wird ihr ähnlich in seiner Haltung. Also stehen auch die Gegenkönige zuerst im Dienst
der Könige, dann aber versagen sie den Gehorsam und treten dagegen auf. Die Zustände des Mondes gleichen auch sonst
den Zuständen der weltlichen Dinge, denen der Thiere und
Pflanzen. Denn der Mond beginnt vom Anfang seines Erschei-
nens an an Licht und Vollkommenheit zuzunehmen, bis er in
der Mitte des Monats vollständig ist, dann aber beginnt er abzunehmen, zu verdunkeln und abzunehmen bis zum Ende des
Monats. Dasselbe gilt von den Zuständen der Bewohner dieser Welt, sie nehmen zu, wachsen, werden grösser, bis zur
Fülle und Vollständigkeit, dann fangen sie an zusammenzufal-
len, geringer zu werden und hinzuschwinden bis sie zu Nichts
werden.

Die Zahl der Seelenkräfte.

Dieser Körper ist wegen der wunderbaren Zusammensetzung seiner Glieder und der vielfachen Fügung seiner Gelenke einer Stadt zu vergleichen. Die Seele ist gleichsam der König dieser Stadt, ihre verschiedenen Kräfte gleichen den Soldaten und Hülfstruppen, sie wirken auf die Glieder des Leibes, die in ihren offenbaren Bewegungen den Unterthanen und Dienern ähnlich sind.

Die Menschenseele hat so viele Kräfte, dass nur Gott sie kennt. Dann hat eine jede Kraft einen Gang in einem Gliede als da sind die Sehnen des Körpers, jede Kraft hat einen anderen Lauf als die andere, auch hat jede Kraft zur Seele eine andere Beziehung als die andere. Es sei hier etwas davon hervorgehoben.

Die Seele hat fünf Sinneskräfte, dies sind gleichsam die Nachrichtbringenden Boten. Die Seele hat einem jeden derselben einen Theil ihres Reichs übertragen, dass sie ihr von dorther Botschaft bringe, ohne dass eine andere Kraft daran Theil hätte.

Der Hörkraft, deren Gang in den beiden Ohren liegt, ist von der Seele die Erfassung alles hörbaren anvertraut, aber auch nur dies, es sind dies die Töne, die in zwei Arten in die thierischen und nichtthierischen zerfallen. Nichtthierisch ist der Schall des Donners, das Sausen des Windes, Gesäusel des Baumes, der Schall des Eisens, der Pauke, Flöte, Zither und dergleichen. Die thierischen Laute zerfallen in vernünftige und unvernünftige. Unvernünftig ist das Wiehern des Pferdes, Geschrei des Esels, Brüllen des Stiers und dergleichen, kurz die Töne aller unvernünftigen Creatur. Die Vernünftigen zerfallen in zwei Arten in Sinngebende und keinen Sinn gebende. Diese letzteren sind Melodie, Lachen, Weinen, Geschrei, Geseufz. Sinngebend sind solche, welche sich in bestimmten Buchstaben aussprechen lassen, diese führen auf Bedeutungen, welche in den Gedanken der Seele enthalten sind, (vgl. Logik 10—13). Jede dieser Arten hat noch andere unter sich, und diese haben wieder Einzelerscheinungen, deren Zahl nur Gott der Erha-

bone kennt. Die Hörkraft ist nun beauftragt die Töne zu erfassen
und hat die Macht die Nachricht davon der Vorstellungskraft,
deren Stätte das Vorderhirn ist, zuzutragen. Es verhält sich
bei der Erfassung des Getöns und der Berichterstattung jene
zu dieser wie der Botschafter zum König, denn der kommt auch
zu diesem mit Nachrichten von irgend einer Gegend des Kö-
nigreichs her. Die Sehkraft hat die beiden Augen zu ihrem
Gang, die Seele beauftragte diese Kraft alles Schaubare zu erfassen. Dies letztere zerfällt in verschiedene Arten so das
Licht, das Dunkel, ferner die Farben wie schwarz, weiss, roth,
gelb, grün und die anderen durch Zusammensetzung entstehenden Farben.

Zu dem Schaubaren gehören auch die Maasse und die
mit Dimension versehenen Gestalten und Formen, auch Ruhe
und Bewegung.

Jede dieser Arten hat Unterarten und diese wieder Einzelerscheinungen. — Diese stehen alle unter der Erfassung
durch die Sehkraft und letztere beherrscht jene. Die Sehkraft
steht zur Seele in demselben Verhältniss wie der Wächter
oder Polizeipräfekt zum Könige, sie bringt ihm Nachricht zu.

Die Riechkraft hat als ihren Gang die beiden Nasenlöcher.
Die Seele beauftragt sie mit der Erfassung der Gerüche; diese
Kunst schaltet damit frei und unterscheidet sie. Dieselben zerfallen in angenehme und widerliche. Der angenehme heisst
Wohlgeruch, der unangenehme Gestank. Jede dieser Arten
hat Unterarten, zwar haben sie nicht besondere Namen, wie
die anderen Arten des Sinnlichwahrnehmbaren, doch bezieht die
Kraft der Vernunft einen jeden derselben auf ihren Träger von
dem sie ausgehn; man redet von einem Moschus-, Kampfer-,
Aloe-, Narcissgeruch, oder sonst wovon er immer ausduftet:
das sind so viel, dass Gott allein sie kennt. Die Riechkraft
ist nun beauftragt solche zu erfassen, damit zu schalten und
die Nachricht davon der Vorstellungskraft zuzubringen. Sie
steht zur Seele in demselben Verhältniss wie ein Berichterstatter zum König, ganz ähnlich wie bei der Seh- und Hörkraft.
Die Schmeckkraft hat ihren Gang in der Zunge. Die Seele
hat sie mit dem Geschmack und dessen Erfassung beauftragt

frei damit zu schalten und den einen von dem anderen zu unterscheiden. Es giebt davon neun Arten: 1) den Lieblichen, d. i. der mit der menschlichen Natur harmonirende, 2) den bittern, d. i. der mit der menschlichen Natur nicht harmonirende, dann die dazwischen liegenden den sauren, salzigen, fettigen, scharfen, herben, süssen, adstringirenden Geschmack. Ein jeder derselben hat Unterarten und diese wieder Einzelheiten, so dass nur Gott ihre Zahl kennt.

Die Tastkraft hat ihren Gang in den beiden Händen, sie steht der Seele näher, denn diese übertrug ihr alles Fühlbare. Dasselbe zerfällt in zehn Arten: heiss, kalt, feucht, trocken, glatt, rauh, hart, weich, schwer, leicht. Jede dieser Arten hat vielean deren unter sich und unter diesen Arten sind wieder Einzelerscheinungen, deren Zahl nur Gott kennt. Die in den beiden Händen liegende Tastkraft beherrscht und erfasst alles Fühlbare, sie schaltet damit, unterscheidet eins von dem anderen und bringt dann die Kunde davon der Vorstellungskraft zu, sie steht zur Seele in demselben Verhältnisse wie ihre vorher erwähnten Schwesterkräfte.

Somit kann man die fünf Kräfte der sinnlichen Wahrnehmung, mit ihren verschiedenen Wegen auf das Wahrnehmbare, den Arten unter einer jeden dieser Gattungen und den unter diesen Arten verschieden geformten und vielfach gestalteten Einzelerscheinungen, den fünf Hauptpropheten unter den Sendboten Gottes vergleichen, deren Absender nur einer ist. Die Religionsgesetze derselben sind verschieden, jedes Religionsgesetz hat verschiedene Gebote, besondere Bestimmungen und von einander abweichende Gebräuche. Unter ihrer Herrschaft stehen die verschiedenen Gemeinden, deren Zahl Gott nur kennt. Wie nun alle diese Gemeinden einst zu Gott zurückkehren, dass er über ihre Verschiedenheiten richte, so ist es mit allen wahrnehmbaren Dingen, sie wenden sich alle an die vernünftige Seele, dass sie eine jede Wahrnehmung von der anderen unterscheide, jede einzelne recht eigentlich erkenne, über sie entscheide und ihr die rechte Stelle anweise.

Die Menschenseele hat dann fünf andere Kräfte, welche zur Seele in einem anderen Verhältniss stehen als die vorher

erwähnten. Ferner durchdringen diese die Körpertheile anders
als jene, auch gleichen ihre Thaten denen Jener nicht. Diese
fünf Kräfte sind gleichsam Genossen die sich einander beiste-
hen, so dass einer vom Andern die Formen des Gewussten
erfasst. Drei von diesen Kräften stehen zur Seele wie die in
das Zimmer des Herrschers eintretenden, seine Geheimnisse
theilenden und ihm bei seinen besonderen Handlungen beiste-
henden Rathgeber. Wir meinen erstlich die Vorstellungskraft
deren Gang im Vorderhirn, zweitens die Denkkraft deren Gang
im Mittelhirn, drittens die Gedächtnisskraft deren Gang im
Hinterhirn liegt. Die vierte dieser Kräfte steht zur Seele wie
ein Kammerherr und Dolmetsch zum König, das ist die Redekraft, die von der Seele aussagt und die Bedeutungen von dem
was an Wissenschaft und Bedeutungen in ihren Gedanken liegt,
angiebt. Der Gang dieser Kraft liegt in Kehle und Zunge.
Die fünfte dieser Kräfte steht zur Seele im Verhältniss des
Vezirs zum König, der dem Herrscher in der Anordnung und
Leitung seines Reichs beisteht, dies ist die Kraft, durch welche
die Seele die Schrift und alle Kunst hervorbringt. Der Gang
derselben liegt in den beiden Händen und den Fingern. Diese
fünf Kräfte sind gleichsam Helfer, um die Formen des Gewussten zu erfassen.

Erklärung.

Die Vorstellungskraft fasst, wenn sie von den sinnlichen
Kräften, das was diese an Wahrnehmungen erfasst haben, aufgenommen hat, alles dies zusammen und bringt es der Denkkraft, deren Gang im Mittelhirn liegt, zu, diese muss die Eine
von der Andern unterscheiden, das richtige vom unrichtigen, das
wahre von dem falschen, das nützliche von dem schädlichen
erkennen und dies der Bewahrkraft, deren Gang im Hinterhirn
liegt, zubringen, auf dass sie solches bis zur Zeit des Bedürfnisses und der Erinnerung bewahre. Dann ergreift die logische
Redekraft die bewahrten Grundzüge und sagt von ihnen klar
der Hörkraft der gerade Gegenwärtigen aus. Da nun aber
die Töne nur so lange in der Luft verweilen, bis das Gehör
sie erfasst und bewahrt, dann aber verschwinden, so musste

die göttliche Weisheit durch die Schreibkunst diese Worte fesseln. Denn die Kunstkraft fesselt durch Formen von Linien durch das Schreibrohr die Bedeutungen und legt solche auf Tafeln oder in Büchern nieder, auf dass die Wissenschaft gebunden bleibe, vom Vorgänger den Nachfolgern Nutzen bringe, als eine Spur von den Früheren für die Späteren, eine Art Rede der Abwesenden an die Gegenwärtigen.

Dies ist ein Werk der grossen Gnade Gottes an die Menschen wie Gott im Koran spricht: Dein allgnädiger Herr ist's der mit dem Schreibrohr dem Menschen eine Wissenschaft, die er nicht kannte, lehrte 96, 45.

Wenn der vernünftige Mensch über die hier erwähnten Kräfte nachdenkt und erkennt, wie solche die einzelnen Theile des Körpers durchdringen und frei das Sinnlichwahrnehmbare erfassen, die Züge des Gewussten (der Seele) einbilden und diese alles in allen Zuständen wohl erkennen lassen, so ist das ein Zeugniss für die eigene Seele und ein Hinweis auf das Wesen des Menschen.

Die Allseele hat ebenso viele Kräfte, welche die Weite der Sphären, die Stockwerke der Himmel und die Elemente, die Allmütter, durchdringend, in Thier und Pflanze ausgestreut sind. Dieselben sind damit betraut die Natur zu erhalten und das Wohl der Geschöpfe anzuordnen. Dieses sind nun die sonst so genannten Engel, die reinen Diener Gottes, die Auswahl der Creaturen. Dieselben widerstreben Gott in seinen Befehlen nie und thun was ihnen geboten ist, ohne dass er zu ihnen rede oder sie anspräche. Ebenso schalten diese Kräfte in Betreff der Seelenbedürfnisse, ohne dass diese zu ihnen rede oder sie anspräche. Es ist klar, dass Gott die Geheimnisse aller Welten und ihre Zustände gar wohl kenne, auch nicht eines Körnleins Gewicht ist ihm davon verborgen, ebenso wie die Seele des Menschen, alles was die Sinne wahrnehmen und ihre Kräfte wissen, wohl kennt. Sie lassen sich von ihrem (der Seele) Befehl leiten, indem sie ihr die Berichte von dem Sinnlichwahrgenommenen, ohne dass diese sie dazu auffordere, bringen.

Der Mensch und das unter dem Mondkreis Vorhandene.

Das unter dem Mondkreis Vorhandene zerfällt in zwei Arten: in Einfaches und Zusammengesetztes. Einfach sind die vier Elemente Feuer, Luft, Wasser, Erde. Zusammengesetzt sind die Produkte Thier, Pflanze, Mineral. Das Mineral war früher im Sein als die Pflanze, nach derselben folgt das Thier, dann der Mensch. Jede dieser Arten hat eine Eigenthümlichkeit, die ihr vor den anderen allein zukommt. Die Eigenthümlichkeit der vier Elemente sind Hitze, Kälte, Feuchte, Trockniss, so wie die Verwandlung des Einen in das Andere. — Die Eigenthümlichkeit des Minerals ist Entstehen und Vergehen, die der Pflanze das sich nähren und wachsen, die Eigenthümlichkeit der Thiere ist die sinnliche Wahrnehmung und Bewegung, die des Menschen die vernünftige Rede und der Beweis. Aber die Eigenthümlichkeit der Engel ist die, dass sie nur mit der Zulassung Gottes sterben. Der Mensch nimmt an den Eigenthümlichkeiten aller dieser Arten Theil. Er hat vier Naturen und nimmt Verwandlung und Veränderung an, wie die vier Elemente. Er entsteht und vergeht wie die Minerale, er nimmt Nahrung zu sich und wächst wie die Pflanze, er nimmt sinnlich wahr und bewegt sich wie das Thier. Es ist auch möglich, dass er nicht sterbe wie die Engel, vgl. die Abhandlung von der Heimsuchung und der Auferstehung 87.

Die Thiere zerfallen in viele Arten, doch hat eine jede derselben eine besondere Eigenthümlichkeit, welche die andere nicht hat. Der Mensch aber theilt dieselben mit ihnen. Zwei Eigenthümlichkeiten haben aber allesammt. Alle suchen den Nutzen und fliehen den Schaden. Die Einen suchen ihren Vortheil durch Kunst wie die Spinne, andere durch Gewalt. Dies beides findet auch bei den Menschen statt. Könige und Herrscher suchen ihren Vortheil durch die Ueberwindung eines anderen, die Elenden suchen dagegen durch Bitten und Unterwürfigkeit Vortheil, die Handwerker und Kaufleute durch Geschick und Gewandtheit; Allesammt fliehen vor dem Schaden. Alle haben Feinde, aber die Einen suchen demselben durch

Kampf und Sieg zu entgehen, wie die Raubthiere, andere entgehen ihm durch die Flucht, so der Hase und die Vögel, andere sind durch Rüstung und Panzer geschützt, wie der Igel und die Schildkröte, noch andere verschanzen sich in der Erde wie die Maus, die Schlangen und die Würmer. Man findet dies alles auch bei den Menschen. Der Eine wehrt Unheil von sich ab durch Uebermacht und Ueberwindung, fürchtet er einen Feind, zieht er sich die Rüstung an. Kann er demselben nicht widerstehen flieht er, kann er nicht fliehen, verschanzt er sich. Häufig wehrt der Mensch den Feind durch List von sich so ab wie der Rabe den Uhu, wie dies aus dem Buch Kalilah von Dimnah zu ersehen.

Die Theilnahme des Menschen an den Dingen in ihren Eigenthümlichkeiten.

Jede Art Thiere hat eine Eigenthümlichkeit die ihr als characteristisch aufgedrückt ist. Alle diese Eigenthümlichkeiten finden sich im Menschen. Man findet Menschen tapfer wie Löwen, andere forchtsam wie Hasen. Die Einen sind freigebig wie der Hahn, andere habgierig wie der Hund. Die Einen sind keusch wie die Turteltauben, andere unkeusch wie der Adler. Einige sind wild wie Tiger, andere zahm wie die Taube. Die Einen sind listig wie der Fuchs, andere unschuldig wie das Weidevieh. Die Menschen sind theils schnell wie die Gaselle, theils langsam wie der Bär; theils gewaltig wie der Elephant, theils unterwürfig wie das Kameel. Sie sind theils spitzbübisch wie die Elster, theils stolz wie der Pfau, rechtleitend wie der Katha, oder irrführend wie der Strauss, theils ist der Mensch gütig, spendend wie die Biene, theils bös wie das grosse Wasserthier (Crocodil). Theils ist der Mensch verächtlich wie die Spinne, theils neidisch wie das Kameel, theils ist er arbeitsam wie der Stier, theils widerspenstisch wie der Maulesel, theils stumm wie der Fisch, theils beredt wie die Nachtigall, theils unverschämt wie der Wolf oder gierig wie das Schwein, theils geduldig wie der Esel. Ein Theil der Menschen ist Heilbringend wie die Möwe, andere Unheilbringend wie der Uhu, er ist nützlich wie die Biene, oder schädlich wie die Maus.

Kurz es giebt weder ein Thier, noch eine Pflanze, noch ein Mineral, es giebt kein Element, keine Sphäre, keinen Stern, kein Sternzeichen, auch nichts Vorhandenes, es habe denn eine Eigenthümlichkeit, die sich nicht in gleicher oder doch ähnlicher Weise im Menschen finde. Dagegen findet sich das am Menschen befindliche bei keiner Art des auf der Welt ausser dem Menschen Vorhandenen, deshalb sagen die Weisen der Mensch zählt für eine Vielheit, wie Gott statt aller Dinge gerechnet wird. Somit nennt man den Menschen wegen der von uns angeführten wunderbaren Zusammenfügung seines Körpers, der seltenen Wandlung seiner Seele, wegen der aus diesem Gesammtbau hervorgehenden Künste und Wissenschaften, wegen seiner Charaktere, Ansichten, Lehrweisen und Handlungen, wegen der Aussprüche und Thaten, wegen seiner Zustände und leiblichen wie geistigen Einwirkungen eine kleine Welt.

Man betrachte den so weise gefügten Bau des Menschen als ein von Wissenschaft volles Buch, als den zwischen Himmel und Hölle gezogenen Pfad, dann weiss man wohlgeschickt darüber zu gehen. Beobachte wohl die ebenmässig aufgestellte Wage vielleicht erkennst du, was wohl- und übelgethan, weisst du aber nicht wie dies Buch zu lesen oder die Rechnung zu machen, so wende dich an die Gemeinschaft der aufrichtigen Freunde, sie lehren wonach man trachten muss und worüber kein Zweifel herrscht, indem sie die Zeugnisse dafür aus deiner Seele bernehmen. Dann blickst du klaren Augs, gehst den rechten Weg, nimmst den Charakter der Engel an, erfassest die wahre Kenntniss, lebst im Geist des ewigen Lebens als ein Glücklicher, begnadigt und von reiner Seele.

Die göttliche Weisheit bildete jedes Glied der Creatur, dem ganzen Körper desselben entsprechend, vgl. die Abhandlung, das treffliche Verhältniss (5). Doch sei hier etwas davon erwähnt, um zu zeigen, dass diese kleine Welt der grossen entspreche.

Der Mensch ist das vollkommenste unter den Vorhandenen und das vollendetste von allem was unter der Mondsphäre ist. Sein Leib ist ein Theil vom Körper der Gesammtwelt und gleicht die Art wie seine Seelenkräfte den Körperbau durchdringen und auf ihn einwirken, der Weise wie die Kräfte der himmlischen Allseele die ganze Welt durchdringen.

Gott setzte in den Himmel, d. i. der Gesammtwelt sieben vorzügliche sich bewegende Einzelkörper. Jeder derselben hat einen Leib mit einem Geist, den man Seele nennt.

Ebenso ist im Bau des Menschen der Gliederbau dem ganzen Leib, und ein Glied dem andern entsprechend. Ein jedes Glied hat dann eine ihm speciell zukommende Kraft, damit das Wirken desselben auf den Körperbau und auf alle Theile hervortrete. Die Wirkung derselben ist der übersinnlichen Wirkung der sieben Sterne entsprechend. Das Herz steht zum Körper wie die Sonne zur Gesammtwelt. Der Mittelpunkt des Sonnenkörpers steht gerade in der Mitte der Sphären (vgl. Astronomie No. 3), ebenso steht auch das Herz in der Mitte des Körpers.

Der Sonnenkörper streut das Licht der Strahlen durch die ganze Welt und dringen mit diesen ihre übersinnlichen Kräfte in alle Theile derselben, durch sie ersteht Leben und Wohl. Ebenso wird vom Herzenskörper die Wärme ausgestreut und dringt solche durch die Schlagadern zu allen Theilen des Baus, durch sie ersteht Leben und Wohl im Körper.

Die Milz, hat im Körper dieselbe Stellung wie der Saturn in der Welt. Denn der Saturn streut mit seinen Strahlen übersinnliche Kräfte aus, welche alle Theile der Welt durchdringen. Durch diese haften und bleiben die Formen an der Materie. Ebenso geht von der Milz die Kraft der Schwarzgalle, die kalt und trocken ist, aus und läuft dieselbe mit dem Blut durch die Adern in alle Theile des Körpers, durch sie gerinnt die Feuchtigkeit des Bluts und haften die Theile aneinander. Die der Arzneikunst wohl kundigen erkennen die Wahrheit dieses Ausspruchs an.

Die Leber hat im Körper dieselbe Stellung wie der Jupiter zur Welt. Mit den Strahlen geht von seinem Körper eine übersinnliche Kraft aus, die alle Theile der Welt durchdringt. Durch dieselbe findet die Reibung der Welt, die Anordnung ihrer Theile, die Ebenmässigkeit ihrer Ele-

mente statt, und ebenso geht das Verhältniss der in der
Welt Vorhandenen, welches im vortrefflichsten Zustand und
vollendetster Eigenschaft dasteht, aus diesen Kräften hervor.
Die Philosophen und Weisen, die Propheten und die Chalifen,
welche zu den Imamen gehören bestätigen dies.

Die Gelbgalle hat im Körper die gleiche Stellung wie der
Mars zur Welt. Mit seinen Strahlen gehen übersinnliche alle
Theile der Welt durchdringende Kräfte von ihm aus. Durch
dieselben kommt der feste Entschluss dem Vorhandenen zu und
erreichen sie dadurch das höchste Ziel, also geht von der Galle
die Mischung der Gelbgalle aus, sie läuft mit dem Blut allen
Theilen des Leibes zu, sie verfeinert die Mischungen und lässt
solche zur höchsten Vollendung gelangen.

Der Magen hat zum Körper dasselbe Verhältniss wie die
Venus zur Welt. Von dieser gehen mit ihren Strahlen alle
Theile des Körpers durchdringende übersinnliche Kräfte aus,
und ist es ihr Wesen, dass sie alle leiblichen und geistigen
Anlagen läutert, vergnügt und erheitert. Durch dieselben er-
steht der Schmuck des Vorhandenen und die Schönheit des
Seienden in beiden Welten, d. i. die der Sphären und die der
Elemente insgesammt.

Ebenso geht vom Magen die begehrliche nach Speise ver-
langende Kraft aus; Speise ist aber Stoff des Leibes und die
Materie der Mischungen. Auf ihr beruht das Leben des Leibes, die Freude des Lebens und der Bestand des Körpers.

Das Gehirn hat zum Körper dasselbe Verhältniss wie der
Merkur zur Welt. Von ihm gehn mit seinen Strahlen übersinnliche alle Theile der Welt durchdringende Kräfte aus, durch
welche die sinnliche Wahrnehmung, das Wissen und Erkennen
in allen Creaturen der Welten, bei den Engeln, Genien, Menschen, bei den Satanen und allen Thieren stattfindet. Ebenso
geht aus dem Mittelhirn eine Kraft aus, durch welche sinnliche
Wahrnehmung, Wissen, Scharfsinn, Ueberlegung, Anschauung,
Unterscheidung, kurz alles Erkennen stattfindet.

Die Lunge steht zum Körper in demselben Verhältniss wie der
Mond zur Welt. Von ihm ergiesst sich mit den Strahlen eine
geistige Kraft, welche bald die Welt der Elemente, bald die

der Sphären durchdringt. Dies ist klar, da vom Mondkörper
die eine Hälfte stets voll von Licht, die andere aber finster ist.
Einmal wendet er die lichtvolle Seite der Elementenwelt zu
und das ist im Anfang des Monats, ein andermal aber der
Sphärenwelt und zwar von der Mitte des Monats an. Die im
Almagist Bewanderten können die Wahrheit unserer Aussage
bestätigen. Ebenso geht von der Lunge eine die Luft anziehende
Kraft aus, dieselbe zieht einmal die Luft von Ausserhalb des
Körpers ein, sie sendet dieselbe dem Herzen zu, und dringt
von ihm die Luft durch die Schlagadern bis zu allen Enden
des Körpers, das nennt man das Pulsiren, wodurch das Leben
des Körpers statt hat; ein andermal stösst sie diese Luft von
Innen aus, dadurch entsteht das Athmen, Tönen, Reden und
Singen.

Embryologie. Astrologie.

Wir handeln über den Einfall des Saamentropfens, die Art und Weise der Verbindung der Seele mit demselben, den Wandel seiner Zustände Monat für Monat, die Einwirkung der Gestirne auf den Bau des Körpers in Mischung und Fügung. Dies findet in den vier ersten Monden, in welchem die Sonne durch ein Drittheil des Himmels wandelt und der Embryo die Natur der zwölf Sternzeichen, der Feuer-, Staub-, Luft-, Wasserartigen annimmt, statt.

Darauf wirken die Gestirne noch vier folgende Monat auf die Seele und wird in dieser die Annahme von Character, Thatkraft, Sitte und Kenntniss für das nach der Geburt im neunten Monat erstehende Leben vorbereitet, da dann die Sonne in das neunte Zeichen von der Stelle aus eintritt, an welcher sie das vom Tage der Empfängniss beginnende Leben vorbereitet hat.

Dabei ist die Absicht die Zustände der einfachen (Ur)seele, ehe sie sich in den einzelnen Theil-Körpern individualisirte, anzugeben. Der Same aber weilte so lange im Mutterschooss, um den Bau zu vollenden, die Form zu vervollkommnen, die Seele an den Körper zu binden und die Verbindung beider möglich zu machen.

Die göttliche Weisheit bestimmte, dass alles was in das Sein eintritt, eine bestimmte Zeit bestehen solle, in diesem Zeitmaass schütten die Himmelskörper, ein jeder je nachdem die Individuen unter dem Mondkreis es annehmen können, ihre Kräfte auf dasselbe aus. Nur Gott kennt das Einzelne hiervon.

Der Embryo weilt im Mutterschooss von der Zeit da der Saamentropfen einfällt, bis das Kind bei der Geburt hervortritt, 240 Tage oder 8 Monate, dies ist die natürliche Dauer, ein Mehr oder Weniger findet aus verschiedenen Gründen und Ursachen statt.

Wir geben den Einfluss der sieben Planeten auf Empfängniss und Geburt einzeln und nach den verschiedenen Monaten an. Dies diene als Norm über alles Geborene, Entstehende und Seiende. Vorher ist aber des Zustandes der sieben Planeten kurz zu gedenken, denn dies sind die die Verschiedenheit der Verhältnisse bei dem Seienden bewirkenden Ursachen.

Jeder Planet hat in seiner Umschwungssphäre vier Zustände, und von der Sonne her ebenfalls vier. Die Umschwungssphäre des Planeten steht zu der tragenden, d. h. Umgebungssphäre in vier, zu der Sternzeichensphäre ebenfalls in vier Zuständen. Das macht zusammen sechszehn gattungsartige Zustände, diese mit sich multiplicirt ergeben 256 Artzustände und diese wieder mit 360 Grad multiplicirt ergeben 92160 Zustände individueller Art.

In seiner Umschwungssphäre steigt der Planet einmal zur Höhe, d. h. von der unteren zur oberen Abscisse auf, oder er sinkt von dort nieder, er ist rückkehrend oder gradausgehend.

Seine Zustände zur Sonne sind ebenfalls vier, er ist ihr verbunden oder gegenüberstehend, er steht ihr im Osten oder im Westen.

Die Umschwungssphären stehen zu den tragenden, d. i. Umgebungssphären so, dass ihre Mitten einmal in der oberen oder unteren Abscisse liegen, dass sie von der unteren zur oberen Abscisse aufsteigen oder von da zur unteren niedersinken. In Betreff der Sternzeichensphäre stehen die Planeten entweder östlich oder westlich, in geneigter oder gerader Linie.

Diese ihre Ab- oder Zuwendung findet im Süden oder Norden statt, oder es ist ihre Zuwendung im Süden ihre Abwendung dagegen im Norden oder umgekehrt. Alle diese Umstände üben je nach Zeit und Ort verschiedene Einflüsse auf das Seiende. In Gattung und Art giebt es so verschiedene, dass nur Gott ihre Zahl kennt. Es sei hier etwas davon erwähnt.

Alles unter dem Mondkreis Vorhandene zerfällt in drei Gattungen Pflanze, Thier und Mineral, dies sind die Wurzeln (Urdinge), deren Formen in der Materie bewahrt sind.

Die Arten sind die sich von ihnen abzweigenden Theile. Die Individuen sind die Einzelwesen derselben, welche fortwährend im Entstehen und Vergehen und im Fluss sind.

Die Materie aller Dinge sind die vier Elemente Feuer, Luft, Wasser, Erde, der auf sie wirkende Schaffer ist die himmlische Allseele, welche den Umkreis der Sphären mit Gottes Zulassung durchdringt, die Sterne sind gleichsam die Werkzeuge Gottes, Gott aber ist aller Dinge mächtig.

Ueber die Art und Weise wie man sich die Wirkungen der Natur auf die vier Elemente und die Einwirkung der Theilseelen auf die unter dem Mondkreis befindlichen Producte vorstellen kann.

Tritt man auf einen Markt und sieht dort die Handwerker ihre Arbeit an den für sie bestimmten Stoffen verrichten, so muss man hierbei an die Kräfte der Natur. d. i. an die von der alles durchdringenden himmlischen Allseele auf die ihnen als Stoff gesetzten vier Elemente ausgehenden Theilseelen denken. Betrachtet man ferner die einzelnen Thiere, Pflanzen, Minerale, die ja die Producte jener Allseele und dann die Sterne, welche gleichsam die Werkzeuge derselben sind, so erkennt man vielleicht bei klarer Vernunft und der reinen Seelensubstanz wie dieselbe in ihnen, durch sie und von ihnen aus, wirkt. Man erkennt dabei seine Seele, denn sie ist eine der Theilseelen.

Die vier Elemente im Innern des Himmelsrundes sind wie die Milch im Gefäss, die Bewegung der Sterne in den umgebenden Sphären ist wie das Läutern derselben (Buttern) und das Seiende ist die aus ihren feinen Bestandtheilen gesammelte Creme. Wenn die Elemente sich durch die Bewegung der himmlischen Körper läutern und aus den feinen Theilen ihrer Creme ein Ding oder eine Person sich zusammenfügt, und sich von den Urdingen scheidet, so wird sogleich eine von den

Kräften der himmlischen Allseele demselben verbunden, es sei auf dem Lande, im Meer, in der Luft oder im Feuer; an welchem Ort und zu welcher Zeit dies immer stattfinde. Dann wird diese Kraft eine individuelle und trennt sich als solche von den übrigen Kräften, weil sie sich an diese Creme hängt und sie dieser Menge speciell zukommt. Hierbei nennt man diese Kraft „Theilseele" und hat dann für diese Gesammtheit, diese Menge, die Bezeichnung, es sei ein Neuentstehendes, Seiendes, sei's Thier, Pflanze oder Mineral.

Nothwendig muss um diese selbe Zeit und Stunde ein aufsteigender Grad des Himmels durch den Horizont dieses Flekken Landes, in welchem diese Creme zum Neuding wird, gehen. Dann ist die Gestaltung des Himmels und sind die Oerter der Sterne in irgend einer Haltung wie solche die Astrologen auf ihren Nativitäts-Tabellen verzeichneten, hierbei werden nun mit jener Kraft (d. i. der Theilseele) die geistigen Kräfte aller Sterne verbunden und erstehen damit für diese Creme, die jenen (Sternen) entsprechenden Stoffe.

Es nimmt dieselbe die Wirkungen, Anlagen und Eigenthümlichkeiten, welche in der Natur der Individuen und Arten dieser Gattung liegen, in irgend einem Maasse an, es sei Thier, Pflanze oder Stein.

Dem analog verbindet sich dem Saamentropfen des Mannes, d. i. der Creme vom Blut des Mannes, die sich bei der Bewegung des Beischlafes in dem vorderen Theil des männlichen Gliedes, nachdem sie vorher in den Theilen des Bluts ausgestreut und zwischen dem Fleisch zerstreut war, sammelt, dann von da aus sich in den Mutterschooss ergiesst und dort zart wird, in irgend einer Zeit und Stunde eine von den Seelenkräften der Pflanzennatur, die ja alle in der Welt befindlichen Körper durchdringt (vgl. den Makrokosmos). Dieselbe durchdringt nämlich alle zunehmenden Körper, denn Wachsthum ist ja auch eine von den Seelenkräften der die Elemente durchdringenden Natur.

Die Pflanzenseele hat sieben schaffende Kräfte, die anziehende, haltende, reifende, (aus)treibende, nährende, wachsende, formbildende. Die erste That (der Natur) ist, wenn der Saa-

mentropfen in der Gebärmutter fest weilt, dass sie das Blut
der Menstruation zur Gebärmutter zieht, es dort festhält und
zur Reife bringt.

Wenn diese Kraft das Blut dort hinzieht, so hält sie es
um den Saamentropfen fest und umgiebt denselben damit, so
wie das Weisse des Eis das Gelbe umschliesst, somit ist dann
der Saamentropfen wie das Gelbe und das Menstruationsblut
herum wie das Weisse, dann kommt die Wärme des Saamentropfens und wärmt die Blutfeuchtigkeit und lässt sie reifen,
dasselbe wird dick, zieht sich zusammen und wird geronnen
Blut, so wie die süsse Milch durch den Labmagen gerinnt.

Hierbei wird die Leibesfrucht von den übersinnlichen Kräften des Saturn beherrscht. Derselbe verharrt bei der Herrschaft über dieselbe in Gemeinschaft der übersinnlichen Kräfte
der andern Gestirne einen Monat = 30 Tage = 720 Stunden; so
führen es die Bücher über Astrologie weiter aus, hiervon sei
etwas als Beweis und Bestätigung für das Folgende beigebracht.

Die erste Anordnung für den Saamentropfen geht deshalb
von dem Saturn aus, weil er der oberste der Wandelsterne ist,
und seine Sphäre der der Fixsterne, d. i. der Stätte der erhabenen Substanzen nahe liegt, dieselbe ist ja auch der Erguss-
ort der übersinnlichen Kräfte, die Fundgrube der heiligen Seelen, der Weilort für die guten Geister, die Anfangsstätte für
die Vernunftkräfte, die der wissenden denkenden Engel und der
durchsichtigen Lichtkörper. Von da steigen die Engel nieder
mit Offenbarung und geistiger Stärkung, mit der prophetischen
Kunde und den Segnungen. Dahin auch steigen auf die Geister der Gläubigen, die Seelen der Guten. Auch der Anfang deiner Seele stammt von dort her, sie stieg in diese Welt nieder
und dahin geht auch ihre Rückkehr. Vgl. die Abhandlung:
Heimsuchung und Auferstehung und die von den Elementen
und Sphären No. 37 u. 15.

Die Herrschaft über den Tropfen verbleibt dem Saturn
bis zum Ende des ersten Monats, 30 Tage. Der Tropfen verbleibt in seinem Zustand als unvermischtes, unvermengtes Wasser, er ist fest, in sich zusammenhaltend und zieht die Stoffe

an sich. Dies geschieht vermöge des Uebergewichts der Kühle
und Ruhe im Saturn und bei dem Schwergewicht seiner Natur
bis der zweite Monat beginnt.

Dann gebührt die Leitung dem Jupiter, dessen Sphäre der
des Saturn folgt.

Es kommen die übersinnlichen Kräfte des Jupiter über
den Tropfen und schaffen in ihm die Wärme. Derselbe wird
warm, die Mischung gleichmässig, es vermischen sich die beiden
Feuchtigkeiten und beide Mengungen so, dass sie ein Blutkloss
werden. Diesem kommt eine Bewegung zu, wie ein Zittern
und Beben, ein Kochen und Reifen. Dieser Zustand hört bis
zum Ende des zweiten Monats, so lange der Jupiter die Herrschaft ausübt, nicht auf.

Dann beginnt der dritte Monat und fällt die Anordnung
dem Mars zu, dessen Sphäre der des Jupiter folgt. Der
Mars lässt über diesen Blutkloss übersinnliche Kräfte walten.
Die Zuckungen und Erbebungen desselben werden stark, ein
Uebermaass von Wärme und Hitze kommt ihm zu und wird
diese Masse zu einem rothen Stück Fleisch. Bei der Reifung
derselben und dem gemeinsamen Einfluss der übersinnlichen
Kräfte der anderen Planeten mit dem Mars verwandelt sich
somit dasselbe immerfort bis zum Ende des dritten Monats.

Dann beginnt der vierte Monat und hat die Sonne, das
Haupt der Gestirne, der König des Himmels, das Herz der
Welt, die Leitung. Dann kommen über das Fleischstück die
übersinnlichen Kräfte der Sonne und haucht sie in dasselbe den
Lebenshauch ein, die creatürliche Seele durchdringt es jetzt.
Dies weil die Sonne die Königin der Planeten und ihre Seele
der Lebenshauch (Geist) der Welt ist. Sie steht da wie das
Herz im Leibe, wogegen die anderen Gestirne und Sphären
gleichsam nur Gliedmassen und Körperglieder des Weltalls
sind. Die Kräfte der Sonne durchdringen die Welt, wie die
vom Herzen in die Glieder ausgestreute Wärme, wogegen die
anderen Planeten nur als Helfer, Unterstützer und Diener hierbei auftreten.

Die Sonne geht bei ihrem Wandel durch die Gebiete der
Gestirne in den Sternburgen; ihre mächtige Licht-Ausstrahlung

und das Eindringen ihrer übersinnlichen Kraft findet von jeder Linie des Himmelsrundes aus auf die Welt des Entstehens und Vergehens unter dem Mondkreis statt. Sie führt die übersinnlichen Kräfte der Sterne, Sphären und Sternzeichen an jedem Tage und jeder Stunde, von jedem Grade und jeder Minute eine Zeitlang mit sich und hat stets eine andere Herrschaft und Einwirkung als an einem anderen Tage und in einer anderen Stunde. Der Mensch kann dies nicht wirklich ganz erfassen. Einiges diene hier als Norm für das Ganze.

Fällt der Tropfen in den Mutterleib, so muss die Sonne in dieser Zeit in irgend einem Grade und einer Minute eines der Sternzeichen stehen. Hat sie dann in ihrem Lauf vier Monat von jenem Augenblick bis zum Ende der vierten Sternburg vollendet, so hat sie vom Himmelsrund ein Drittheil der Kreise durchschnitten. Dies ist in der Distanz (ihres Laufs) das Mass zwischen ihrem Hochpunct bis zu ihrem Hause. Dann hat die Sonne vollständig die Naturen der Sternburgen, der dreifachen (d. i. je drei für ein Element), d. h. der Feuer-, Erd-, Luft- und Wasserartigen ganz gespendet und sind dabei die Naturen der vier Elemente der Zusammenfügung im Bau des Embryo eingemengt; es ist die Mischung gleichmässig geworden, die Form eingezeichnet, die Zeichnung klar hervorgetreten; die Gestaltung der Knochen und Fügung der Gelenke deutlich und das Gebilde ebenmässig in einander passend. Die Sehnen spinnen sich um die Gelenke und ziehen sich die Adern durch das Fleisch, so erscheint der Embryo als geschaffen und noch nicht geschaffen.

Der Zustand des Embryo im fünften Monat. Steht die Sonne im fünften Sternzeichen, so heisst dies das Haus des Kindes. Dasselbe entspricht dem Sternzeichen unter dem der Einfall des Saamentropfens stattfand. Dann gebührt die Leitung der Venus, dem kleinen Glück, sie ist Besitzerin der Umrisse und Zeichnungen. Die übersinnlichen Kräfte dieses Planeten gewinnen über das Entstehende Gewalt, es vollendet sich die Anlage und wird der Bau vollkommen. So tritt die Form der Glieder hervor, es werden die Grundzüge der beiden Augen klar, die Nasenlöcher gespalten, die Mundöffnung entsteht,

Nase, Ohren und die beiden Gänge werden eingebohrt, die Gelenke treten klar hervor. Der Embryo ist aber noch eine feste
compacte Masse, als ob er in einem Sack gepackt wäre. Seine
beiden Knien sind zur Brust gezogen und die beiden Ellbogen
fest an die beiden Weichen gedrückt, sein Haupt ist gebückt,
und liegt sein Kinn auf den beiden Knieen; die beiden Händchen
sind an den Backen, es ist als ob er schliefe und traurig wäre.
Säh man einen solchen, man würde ihn wegen der Enge des
Orts und Schwäche seiner Zustände bemitleiden Doch derselbe fühlt die Lage, in welcher er sich befindet, nicht; dies
ist aus Güte von Gott.

Der Nabel des Embryo ist verbunden mit dem seiner Mutter und saugt er von derselben die Nahrung bis zum Tage der
Geburt ein. Ist der Embryo männlich, liegt sein Gesicht dicht
an dem Rücken der Mutter, ist er weiblich, verhält er sich
umgekehrt.

Wenn man solches bedenkt, erwacht man aus dem Thorheitsschlummer und erkennt den weisen Schöpfer, wie man mit
dem leiblichen Auge dessen Werke erfasst.

Viele Thiere gebähren in diesem Zeitraum, so das Klein-
vieh, die Gasellen und einige wilden Thiere, das sind solche
Thiere, welche zur Arbeit und Mühe des Tragens nicht fähig
sind. Andere Thiere gebären erst nach vollen 6, 7, 10 oder
12 Monden. Dies geschieht wegen Accidensen, die z. Th. in der
Abhandlung über die Thiere (No. 21) behandelt sind, z. Th.
sollen sie in dieser noch behandelt werden, nämlich in der
Frage, warum der Mensch erst nach vollen acht Monaten gebären kann und der Embryo im Mutterleib bis zum neunten Monat weilt.

Ueber die Beschaffenheit des Embryo im sechsten Monat.
Im sechsten Monat gebührt die Leitung dem Mercur, der schüt-
tet seine übersinnlichen Kräfte auf den Embryo aus. Dabei bewegt sich der Embryo im Mutterleib und tanzt auf beiden Füssen, er streckt seine Hände aus, reckt seine Glieder, wird hin
und her bewegt und nimmt sinnlich den Ort wahr, er öffnet
seinen Mund, bewegt beide Lippen, haucht aus seiner Nase,
bewegt die Zunge im Munde, er bewegt sich bald, bald ruht

er sich, er schläft und wacht und bleibt also bis der sechste Monat voll ist.

Im siebenten Monat gebührt dem Mond die Leitung, auch er spendet dem Embryo seine übersinnliche Kraft. Einmal wird der Embryo (leicht) mager, ein andermal fett. Sein Körper wächst, seine Gestalt wird grad, seine Glieder ebenmässig, seine Gelenke werden fest, seine Bewegung stark, er fühlt die Enge seiner Stelle und strebt davon und hinauszukommen, wenn das Geschick dies aus Gründen, deren Ausführung hier zu weit ginge, gestattet, so ist der Embryo vollkommen und lebt nach Gotteswillen bei Sorge und Pflege.

Bleibt aber derselbe bis im achten Monat im Mutterschooss und tritt die Sonne dann ein in das Haus des Todes, so kommt wieder von Neuem die Herrschaft dem Saturn zu, der auf ihn seine übersinnlichen Kräfte ausschüttet. Dem Embryo kommt dann Schwere und Ruhe zu, die Kälte und Trocknis gewinnt Gewalt über ihn, so auch Schlaf und die Bewegungslosigkeit.

Kommt das Kind in diesem Monat zur Welt, so wächst es gar langsam, ist von schwerer Bewegung und geringem Leben, oft auch kommt es todt zur Welt.

Beginnt aber der neunte Monat und geht die Sonne über zur neunten Sternburg, dem Haus der Uebertragung und Reisen, so kehrt die Leitung zum Jupiter, dem grossen Glück, zurück, der ihm seine Kräfte spendet.

Dann ist die Mischung und sind die Kräfte des Lebensgeistes wohl bereitet, es treten die Wirkungen der Thierseele am Leibe hervor, denn die Sonne hat vollkommen die Naturen der dreifachen Sternzeichen, die feurige, luftartige, wasser- und erdartige zum zweiten Mal in diesen acht Monden durchmessen, und steht im Himmel der Sternzeichen im 240 Grad. Diese Distance ist gerade das Maass zwischen dem Haus derselben bis zu ihrer Culmination, welche ja die neunte Stufe von demselben ist und in einer Natur mit ihr übereinstimmt. Auch hat die Natur des Embryo die übersinnlichen Kräfte, die sich zweimal vom Himmelsrund im Lauf der Sonne durch die dreifachen Sternzeichen niedersenken, angenommen. Dies geschah einmal bei dem fünften und einmal bei dem neunten Sternzeichen, wie dies vorher erwähnt ward und bleibt somit nur noch einmal ein solcher Niederstieg übrig, wie dies später gezeigt werden wird.

Der Sonne verbleiben also bis sie wieder zu dem Grade worin sie zur Zeit des Einfalls jenes Samentropfens zurückkehrt vier Sternzeichen und 120 Grad bis zum vollendeten Lauf.

Geht der Embryo nach acht Monaten hervor, beginnt das Leben in der Welt für jeden der übrig bleibenden Grade ein Jahr; denn dies ist das natürliche Leben und das Maass, welches der Sonne bis zur Rückkehr zu dem Grad in welchem der Tropfen einfiel, übrig blieb.

Also geschieht es, auf dass in dem Menschen die Naturen der Sternzeichen ein drittes Mal bis zur vollständigen Vollkommenheit verbleiben.

Dass das Leben aber länger oder kürzer dauert, geschieht aus Ursachen, welche in den Büchern der Astrologie, über das Weilen des Embryo und Leben der Gebornen weiter ausgeführt ist, auch ist in unserer Abhandlung von Ursach und Wirkung (39) etwas angegeben und sei hier einiges wenige als Beweis des Gesagten hervorgehoben.

Alles was unter dem Mondkreis existirt, beginnt vom dürftigsten und niedrigsten und erhebt sich zu dem vollkommensten Zustand. Dies geschieht aber nur im Verlauf von Tagen und Zeiten, denn die Natur desselben nimmt den Erguss der Himmelskörper nicht auf einmal, sondern nur allmählig und stufenweise so an, wie der Schüler die Belehrung des scharfsinnigen Lehrers.

Die Ergüsse der Gestirne gehen zwar vom Umgebungskreis fortwährend zur Erde, jedoch sind dieselben verschieden geartet und gestaltet, je nachdem die Gestirne an verschiedenen Stellen in ihren Sphären an den den Sternzeichen entsprechenden Orten und den Grenzen derselben stehen.

Die göttliche Weisheit setzte allem was unter dem Mondkreis existirt ein ganz bestimmtes Maass von Existenz und Dauer, und entspricht dies dem Maass der Umschwünge eines der himmlischen Einzelkörper. Darüber haben wir zum Theil schon in der Abhandlung über das Wesen der Natur (19) gehandelt, doch sei hier einiges in Beziehung auf die menschlichen Individuen beigebracht. Nämlich: Wenn der Saamentropfen in den Mutterschooss einfällt, so ist seine natürliche Dauer bis er die menschliche Form annimmt vier Monat, d. i. die Dauer bis die Sonne vier Sternzeichen, d. i. 120 Grad durchmessen hat. Sie hat bei ihrem Lauf die Natur der dreifach vorhandenen Sternzeichen einmal ganz gespendet.

Danach bleibt der Embryo bis zum Tag der Geburt vier andere Monat und das ist die Zeitdauer bis die Sonne vier andere Sternzeichen 120 Grad durchlaufen und zum zweiten Mal die Naturen der Sternzeichen ganz gespendet.

Es bleiben dann der Sonne, bis sie zu dem Tag des Saameneinfalls wieder gelangt, 120 Grad und so spendet sie dem Gebornen als das natürliche Leben dieser Welt 120 Grad für einen jeden der Sonne verbleibenden Grad ein Jahr

Das Thun der Gestirne und Einwirken ihrer übersinnlichen Kräfte ist in den ersten vier Monaten darauf gewandt, den Bau des Körpers zu begründen, die verschiedenen Glieder entstehen zu lassen und die Kräfte der Pflanzenseele, d i. des Wachsthums sie durchdringen zu lassen. Einem jeden Körpertheile wie Herz, Leber, Hirn, Magen, Lunge, Milz, den Eingeweiden, Adern, Nerven, Knochen, Muskeln, Mark, Haut u. dgl. kommt eine von dem andern Gliede entgegengesetzte Formung zu, jede dieser Formungen bedarf der Zusammensetzung. Die Zusammensetzung verlangt eine Mengung, diese Mengung bedarf einer Mischung und diese Mischung muss wiederum die im Wieviel und Wie verschiedenen Naturen in Hitze Kälte, Feuchte und Trockniss haben, alles dies verschieden von dem andern Körpertheil. Also erwähnt dies Gott in seinem weisen Buch, auch wird dies in den Büchern über die Anatomie sowie in denen über die Natur der Nahrungsmittel weiter behandelt, und die Stufenfolge ihrer Kräfte angeführt. Einiges davon ist in unserer Botanik (20) mitgetheilt. Auch hat die Pflanzenseele auf jedes Glied eine andere Wirkung als auf das andere, vgl. die Abhandlung vom Hervorgehen der Theilseelen 26.

Der Bau des Körpers und die Fügung seiner Glieder wird

in diesen vier Monaten vollendet, denn die Sonne, die ja der
Geist der Welt ist, sendet in dieser Zeit bei ihrem Wandel
durch die vier dreifachen Sternzeichen die Naturen dieser
Sternzeichen (Erde, Wasser, Luft, Feuer) von dem Umgebungskreis zu der Welt des Entstehens und Vergehens unter dem
Mondkreis nieder. So durchdringen die übersinnlichen Kräfte
der Sterne über der Sonne den Bau des Körpers und bilden
den (Mittelpunkt) Kern desselben, vgl. die Abhandlung von
den übersinnlichen Einwirkungen (17).

Ein anderer Grund ist nun noch der. Es werden in diesen vier Monaten die Stoffe gesammelt, deren die schaffende
Natur bedarf, denn am Tage da der Saamentropfen einfiel, waren diese Stoffe dort nicht versammelt. Die Natur stiess sie
vielmehr in den Tagen der Menstruation nach aussen. Als
aber der Saamentropfen im Mutterschoose fest blieb, zog er
diese Stoffe an sich, sowie das Licht das Oel durch den
Docht an sich zieht, oder wie der Magnetstein das Eisen her-
anzieht.

Gelangt denn dies Blut zum Mutterschoose, so gerinnt es
rings um den Saamentropfen, sowie das Weisse des Eis und
das Gelbe gerinnt, dann erwärmt die Hitze des Saamentropfens
das Blut, sie macht es dick und lässt es wieder gerinnen, sowie der Labmagen die frische Milch gerinnen lässt. Dies ist
die erste That, die von den übersinnlichen Kräften des Saturn
ausgeht. Der Saamentropfen wird eingeschlossen, denn es gehört zur Eigenthümlichkeit der Einwirkungen des Saturn, dass
er die Formen in der Materie festhält, sie zur Ruhe und Festigkeit bringt.

Die Einwirkungen der Gestirne in den Sternzeichen ist
in den übrigen vier Monaten auf die Vollendung des Körperbaus sowie darauf gerichtet, die Formen der Glieder so zu bestimmen, dass die übersinnlichen Seelenkräfte darin eindringen
und ihre Wirkungen an ihnen deutlich können hervortreten
lassen. Denn die Sonne sendet, wenn sie wieder vier der dreifachen Sternzeichen durchwandelt, diese Kräfte ein zweites Mal
auf den Embryo nieder. Ist der Bau vollendet und die Formung vollkommen, so dringen die Kräfte der Thierseele auf

ihn ein und befördern diese Masse aus dem Mutterschooss in
den Raum dieser Welt.

Es beginnt nun eine andere Ordnung für vier Jahre, auf
dass der Bau ganz vollendet, die Form wohl gefügt werde und
es möglich sei, dass die Kräfte der Denkseele auf ihn einwirken und ihre Einwirkung an ihm offenbar machen. — Die
übersinnlichen Kräfte (der Sterne) richten zunächst ihre Einwirkung darauf, das Geborne heranwachsen zu lassen und seine
Sinne dazu zu bestimmen, das Sinnlichwahrnehmbare aufzufassen. Darauf tritt die Denkseele in dasselbe ein und die Zunge
des Kindes wird frei. Sie thut den Sinn des Wahrgenommenen
kund und unterscheidet dasselbe.

Die Sterne können diese Thaten und Einwirkungen weder
in einem, noch in zwei, noch in drei Monaten, sondern nur so
wie wir es jetzt darstellten, verrichten.

Es sei hier ein sinnlich wahrnehmbares Beispiel aus den
Verhältnissen des Menschen gegeben sich davon das Thun der
Natur vorzustellen. Will der Baumeister ein Haus bauen, wendet er sein Denken und Trachten zuerst eine Weile der Begrün-
dung des Baues. der Errichtung der Mauern, der Herstellung
der Säulen zu, wie er die Paare (der Säulen) verbinde, den Bau
überdache, Mauern ziehe und Gemächer bilde, damit zuerst der
Grund des Hauses klar daliege; die Gemächer, die Uebergänge
und Cabinette unterschieden würden. Dies dauert so lange,
bis das Gebäude entsteht und in die Existenz tritt. Dann wendet er seine Sorge und Anordnung der Vollendung des Baues
zu, er hängt Thüren ein, bestreicht Wände und Decken mit
Lehm oder Kalk, vergoldet die Dächer, zeichnet Figuren ein,
und thut dergleichen was zur Vollendung des Baues gehört.

Dann bleibt noch die Vervollkommnung desselben übrig,
er legt Decken, hängt Vorhänge auf, füllt die Kammern mit
Zurüstung und Geräth, dass der Herr des Hauses es bewohne
und eine Zeitlang geniesse.

Ebenso ist's mit der Zusammensetzung des Körpers und
der Verbindung der Seele mit demselben von dem Tage an, da
der Saamentropfen einfiel, und die Verbindung der Seele damit
bis zum Tag des Todes stattfand, an diesem verlässt die Seele

den Körper und wird der Körper in Staub begraben. Diese
Dauer entspricht gerade einem Umschwung dieser himmlischen
Sterngebilde, vgl. die Abhandlung von den Umschwüngen und
Kreisläufen (16 u. 35).

Man wähne aber nicht, dass die Sphären, Sterne und
Sternzeichen mit ihrem Thun und Einwirken auf den Körperbau des Menschen Werkzeuge und Geräthe des himmlischen
Schöpfers selbst seien, wodurch jener die Menschen schaffe,
sie sind vielmehr nur Werkzeuge und Geräthe für die himmlische Allseele. Denn diese Allseele ist der gehorsame Diener
für den Schöpfer, Gott liess dieselbe durch die Allvernunft, welche
einer der nahgestellten Engel, welche den Thron tragen, den
Herrn preisen und für die Creatur auf Erden um Gnade bitten,
ist, erstehen. Dies Wesen der Allvernunft kann man aber nur
mit erweckter Seele, am Tage der Auferstehung erkennen.

Nachdem die Einwirkung der Gestirne auf den Saamentropfen im Allgemeinen dargestellt, soll jetzt die monatliche
Einwirkung derselben, wenn ein jedes in den Häusern und
Grenzen des Andern weilt, hervorgehoben werden. Die einzelnen Himmelskörper haben auf das unter dem Mondkreis
Vorhandene auf Thier, Pflanze, Mineral, auf jede Gattung derselben verschiedene Einwirkung, je nachdem eine jede Art derselben annimmt. Auch haben sie auf jede Art dieser Gattungen
je nach ihren verschiedenen Oertern verschiedene Einwirkungen. Endlich haben sie auf jedes Individuum dieser Arten
eine andere Einwirkung je nachdem dasselbe zu verschiedenen
Zeiten, während seines Lebens verschieden dieselben annimmt.
Ganz seinem Wesen nach erkennt dies der Mensch nicht, doch
sei hier beispielsweise etwas als Norm für das Andere erwähnt.

Die Einwirkungen der Gestirne vom Tag der Empfäng-
niss bis zum Tag der Geburt. Neun Monate hindurch.

Die Einwirkungen der Gestirne auf das Seiende sind von
verschiedenen Seiten her verschieden, dies rührt von verschiedenen Gründen her.

1. Weil die Zustände der Sterne in ihren Sphären verschieden sind. Sie steigen zur oberen Abscisse auf, oder von da zur unteren nieder.

2. Sie gehen grad oder neigend gen Süden oder Norden.

3. Sie stehen in verschiedener Beziehung zur Sonne im Auf- oder Niedergang, im Rückgang, Gradgang, Stillstand.

4. Sie stehen in entsprechenden Häusern das Eine zum Andern.

5. Sie haben verschiedene Zenit für die Erdstriche, auch beugen sie in den Cardinalpuncten mehr oder weniger ab.

6. Sind die Zustände der Gestirne im Winter, Sommer, Frühling, Herbst bei Nacht und Tag und deren Stunden, im Anfang und Ende der Monate verschieden.

Diese verschiedenen Umstände kennen die im Almagisti bewanderten wohl, die Astrologen haben dieselben bei den Nativitäten zu berücksichtigen. Wie aber die Kräfte dieser Himmelskörper zu den Einzelkörpern der unteren Welt gelangen, das wissen nur die Psychologen und ist in der Abhandlung von den übersinnlichen Kräften darüber gehandelt.

Die Art und Weise der Sterneinwirkungen.

Die Sterne stehen zu einander in einem harmonischen, musikalischen Verhältnis

a. in Betreff ihres Gewichts des Einen zum Andern,

b. in Betreff des Abstands ihrer Mittelpuncte des Einen vom Anderen und von den 4 Elementen,

c. in Betreff der Anzahl ihrer Bewegungen (Schwingungen) in Schnelle und Langsamkeit.

Diese ihre Verhältnisse zu einander werden nach den im vorigen Abschnitt erwähnten möglichen Zufällen verschieden. Demgemäss werden auch ihre Einwirkungen auf die vorhandenen Dinge verschieden, sowie je nach der Länge oder Kürze, der Feinheit oder Dicke der Saiten, je nach der Schnelle oder Langsamkeit ihrer Bewegungen die Töne der Musik verschieden sind. Dazu sind die Wirkungen der Musik auf die Seele der Hörer je nach deren verschiedenen Natur, Ansicht

und Anlage verschieden, vgl. darüber die Abhandlung über die
Musik (5).

Alles unter dem Mondkreis Vorhandene ist dazu bestimmt
die Einwirkungen der Gestirne anzunehmen. Da aber die Substanzen desselben verschieden sind, ist auch die Annahme dieser Einwirkungen und zwar so sehr verschieden, dass nur Gott
alle diese Arten kennt.

Danach zerfallen alle die Verschiedenheiten der Substanzen
in zwei Gattungen

a. leibliche Substanzen, das sind die Körper der vier Elemente und deren Producte Mineral, Pflanze, Creatur und

b. geistige Substanzen, d. i. die Seele aller Creaturen.

Die Annahme der Sterneinwirkung bei diesen Körpern ist
so vielfach, dass nur Gott sie kennt, und ist davon schon in
der Abhandlung über das Wesen der Natur (19), über die Minerale (18, über die Pflanzen (20), über die Thiere (21) und
über die Umschwünge (35) gehandelt, hier sei nur etwas von den
den Menschen speciell treffenden Einwirkungen hervorgehoben.
Sei es, dass solche in dem Bau des Körpers oder in den verschiedenen Seelenanlagen beruhen. Wie die Einwirkungen geschehen, aus welchem Grund dieselben differiren und besonders
warum sie selbst in ihren Anlagen so verschieden sind, dies
gehört zur höchsten und feinsten Wissenschaft.

Die Verschiedenheit der Gestirne.

Einen jeden der Sterne setzte Gott aus irgend einem Grund
— und schuf ihn wegen eines hohen Ziels.

Der Saturn ist Stern der Ruhe und des Stillstands. Von
ihm gehen übersinnliche Kräfte aus und durchdringen die vorhandenen Dinge. Sie dienen dazu, die Formen in der Materie
so festzuhalten, dass sie darin dauern und verharren. Wäre
der Saturn nicht im Himmelsrund, würde nie eine Form in
der Materie haften, noch die Schöpfung eines Stoffs einen Augenblick Bestand haben. Alles würde zerfliessen und zergo-
hen und hinschwinden. Bei dem Kundigen steht dies fest.

Der Saturn ist der Führer des ersten Monats vom Einfall

des Saamentropfens an. Ist derselbe frei von Mängeln und tadelnswerthen Zuständen, ist auch der Saamentropfen von allen zustossenden Uebeln nach Gottes Willen befreit. Dasselbe gilt von den Trägern desselben. Im entgegengesetzten Falle steht es umgekehrt.

Ist also der Saturn aufsteigend in seiner Zone, gradgehend in seinem eigenen Gebiet in Sternburg und Grad, so steht der Saamentropfen hoch im Mutterleib und wird es der Mutter leicht, ihn zu tragen. Dieselbe ist frei von Schmerz und Krankheit.

Ist ferner der Saturn im Gebiet des Jupiter, freut sich die Mutter ihrer Leibesfrucht, ist guten Glaubens auf ihren Herrn und erwartet sicher die gute Vollendung. Ist der Saturn im Gebiet des Mars ist die Mutter lebendig in ihrem Thun und rasch in ihren Angelegenheiten. Steht der Saturn im Gebiet der Venus ist das Weib erfreut über ihre Leibesfrucht und froh der Geburt. Steht derselbe im Gebiet des Mercur, so kennt sie die Zeit ihrer Entbindung berechnend nach Tagen und Monden.

Ist dagegen der Saturn niedersteigend in seiner Zone, rückkehrend in seinem Lauf, tadelnswerth in seinen Zuständen, so verhält es sich gerade dem vorhererwähnten entgegengesetzt.

Tritt der zweite Monat ein, gebührt die Leitung dem Jupiter. Er ist das Gestirn des Gleichmaasses, die Ursache der rechten Mischung in dem Seienden und Grund der Reihung und Ordnung aller vorhandenen Dinge. Auch ist er der Herr der Vernunft bei den Menschen, der Einsicht, Unterscheidung, der Wissenschaft, Anschauung, Enthaltsamkeit, des Rechts und der Religion, der Keuschheit und des Gottvertrauens, aller Billigkeit, Gerechtigkeit und der religiösen lobenswerthen Eigenschaften. Kurz er beherrscht alle Eigenschaften deren ein Anhänger des Urgesetzes, der Religion und des Brauchs bedarf und wie sie den Nachfolgern und Helfern, Chalifen, Imamen, Gelehrten, Richtern, Schiedsrichtern, Dienern, Mönchen kurz allen Dienern des Urgesetzes ziemen.

Ist der Jupiter in seiner Sphäre aufsteigend, gradaus in seinem Gang, ist er lobenswerth in seinen Verhältnissen, so verdickt sich hierbei die im Mutterschooss gesammelte Masse und nimmt sie in dieser Mischung den Character an, auch wird der Grundnatur die Annahme aller dieser Eigenschaften eingepflanzt, wenn Gott solches zur Vollendung und Vollkommenheit gelangen lassen will.

Ist der Jupiter in dem eigenen Gebiet in Sternzeichen und Graden, sind alle diese Eigenschaften oder doch die meisten derselben mit ganzer Sorgfalt auf die Religion und das Urgesetz gerichtet. Die Seele wird von Gott oder einem der Engel inspirirt und spricht in Weisheit wie die Propheten, sie ruft die Menschen zu Gott und dem künftigen Leben.

Ist der Jupiter im Gebiet des Saturn, so ist das Kind tiefen Geistes, eindringender Gedanken, es bringt Zeichen und Wunder hervor.

Steht der Jupiter im Gebiet des Mars, ist das Kind der Gewalt, Ueberwindung und dem Zwang zugethan. Steht er aber im Gebiet der Venus, ist dasselbe zur Milde und Sanftmuth und guter Ermahnung geneigt.

Steht er im Gebiet des Mercur, so ist das Kind der Rede, dem Beweis, dem Wortstreit zugethan.

Diese Eigenschaften sind nun ganz oder doch zum grössten Theil wahr und zutreffend in gradem guten Zuge, wenn der Jupiter vom Herrn seines Hauses, in Graden, Minuten, Secunden desselben oder von einem Stern der mit ihm gleiche Eintheilung der Zeiten hat, aufgenommen ist (d. i. in Verbindung steht).

Steht aber der Jupiter nicht auf dieser Stelle zu dem Herrn seines Glücks, so schlagen diese Eigenschaften alle oder zumeist in List, Trug, Heuchelei, Zauberei, Wundertäuscherei um, wie dies die Astrologen bezeugen.

Steigt der Jupiter im zweiten Monat des Embryo in der Sphäre nieder, ist er rückkehrend im Lauf, tadelhaft in seinen Zuständen, ist das Kind langsamer Fassungskraft, geringer Einsicht, schwerfällig. Es kennt weder die Dinge, noch denkt es darüber nach, das ausgenommen, was es sieht und hört, oder woran es durch seine Sinne Freude hat. Es gleicht darin dem Thier, das nur an Essen, Trinken, Begattung und das Weltliche denkt.

Jenes Kind sorgt nicht um die andere Welt, es sei denn, so
wie es ihm durch Autorität und Glaubenssatz zukommt.

Im dritten Monat hat der Mars die Leitung. Der Mars
bewirkt in den Dingen Wärme, Hitze, Siedung, er weist auf
Tapferkeit, Kühnheit, Lebendigkeit und Vorsicht also auf die
Eigenschaften, deren die Heerführer und Kämpfer bedürfen,
hin. Steigt nun der Mars in seiner Sphäre in die Höhe, ist
er gradeaus in seinem Lauf und lobenswerth in seinem Thun,
so wird dies dem Stoffe eingemengt und nimmt er in dieser
Mischung die Characterzüge an. Es wird dieser Grundanlage
die Bereitschaft zu und Annahme dieser Eigenschaften eingepflanzt, die er dann auch so Gott es will zur Vollendung
bringt.

Ist der Mars in seinem eigenen Gebiet in Sternzeichen
und Grad, sind diese Eigenschaften Thaten und Characterzüge,
durch das Streben der Seele dem Kampf und Krieg, der Ueberwindung der Gegner, dem Siege durch Gewalt zugewandt und
lassen solche sich weder durch andere leiten, noch fügen sie
sich.

Steht der Mars im Gebiet des Saturn, vereint sich ihm
die Kraft desselben und wird die Mischung jenes damit vermengt, so treten die Anlagen des Mars hervor, es ist Festigkeit, Gelassenheit, Geduld, Ausharren und Ueberlegung beim
Hass, Zorn, bei der List und dem Hinterhalt. Ein solcher
flieht nicht.

Ist der Mars im Gebiet des Jupiter, vermengt sich die
Mischung beider und wird ihre Kraft zu eins. Dann treten die
Wirkungen dieser Kräfte hervor, die Characterzüge und Anlagen in Vernunft, Einsicht und Erkenntniss an den Stellen wo
es Kühnheit, Gerechtigkeit, Billigkeit, Enthaltsamkeit von Trug
und Ungerechtigkeit gilt.

Ist der Mars im Gebiet der Venus, mengen sich die Mischungen beider, beider Kräfte vereinen sich und tritt dies dann
hervor in Begier, Umgang mit Weibern, Wuth, Stolz, Hoch-
muth, so dass man sich dem Tode preisgiebt.

Ist der Mars im Gebiet des Merkur, mengen sich die Mischungen beider, beider Kraft wird zu Eins und tritt diese

ihre Kraft und Anlage in Klugheit, Bildung, Einsicht, List,
Leichtigkeit, Schnelle, Beweglichkeit und Zielberechnung hervor.

Steigt aber der Mars in seiner Sphäre nieder, ist er rückkehrend in seinem Lauf, in defectem Zustand, ist das Kind
furchtsam, verächtlich, niedriger Seele, von geringer Unternehm-
mung und der Erbärmlichkeit zugethan, so wie Weiber und
Weichlinge.

Der vierte Monat beginnt und gebührt dann die Leitung
der Sonne. Die Sonne ist die grösste Leuchte, das Herz des
Allhimmels, die Quelle des Lichts, Glanz und Strahlen aus-
giessend, die Stätte des Weltgeistes, sie strömt aus ihrem Körper die Kräfte der himmlischen Allseele aus und dringen solche
in alle vorhandene Dinge. Sie weist hin auf Königthum und
Führerschaft unter den Menschen, auf Grösse der Seele, hohes
Streben, Macht, Herrschaft, Herrlichkeit, Gewalt und Kraft zur
Leitung. Kurz auf alle solche Eigenschaften deren die Könige
und Häuptlinge sowie deren Anhang bei der Herrschaft und
Leitung bedürfen.

Ist die Sonne aufsteigend in ihrer Sphäre, ist sie in ihrem
Hause, steht sie hoch, und in der Oberabscisse, ist sie dabei
frei von Unglück und tadelhaften Zuständen, so wird die Masse
also verdickt und solche Mischung, d. i. Temperament in derselben ausgeprägt. Es wird ein solcher Character in der Grundanlage ausgeprägt und mit Gottes Bestimmung zur Vollendung,
zur Herrscherliebe, Hochsinnigkeit, Hochherzigkeit entwickelt.

Steht die Sonne im Gebiet des Saturn, in Grad und Sternzeichen, so wird beider Natur vermengt und ihre Kräfte zu
eins, das Kind wird dann hoher Seele, starken Baus, erhabenen
Strebens, festen Vorsatzes, geduldig in den Geschäften, von tie-
fer Einsicht, festhaltend, was er besitzt und bewahrend, was es
weiss. Es ist fester Ansicht, durchgreifend und hat dergleichen Characterzüge.

Steht die Sonne dann im Gebiet des Jupiter werden beider Naturen gemengt und beider Kraft wird zu Eins. — Wenn
es Gott dann also bestimmt, gelangt das Kind in dieser Richtung zur Vollendung und ist seine Seele wohl bereit König-
liche und Prophetische Anlagen zusammen anzunehmen. Das

ist Ja die höchste Erhabenheit, die der Mensch erreichen kann, königlicher Character, herrliche Wissenschaft und göttliche Erkenntniss.

Trifft es sich dann, dass die Geburt in einem Sternzeichen, in dem zwei Planeten in Verbindung stehen, beim Erscheinen einer solchen Conjunction, oder in einem der Cardinalpuncte von beiden beim Anfang einer der Zeitläufte stattfindet, so wird das Kind ein an diese Schöpfung ausgesandter Prophet, ein Imam der Menschen in dieser Zeit. — Wie nun aber die Aussendung desselben, seine Zeichen und Wunder, seine Schriften, in welcher Sprache sie stattfinden und zu welchem Volke er gesendet werde, wie die Entscheide seines Religionsgesetzes, die Sätze seines Brauchs, der Wandel seines Volks unter den verschiedenen Umständen sein werde, dies auszuführen würde hier zu weit führen.

Davon findet sich etwas in den Büchern von den grossen Conjunctionen, den Zeitläuften und den Jahrtausenden.

Steht die Sonne im Gebiet des Mars vermischen sich die Naturen beider und werden ihre Kräfte zu Eins. Der Character des Kindes und die Anlagen seiner Seele sind aus den Naturen beider gemischt, auch ist dasselbe wohl bereit die Einwirkung beider in den Tagen seines Lebens und so lange es währt aufzunehmen. Dasselbe gilt wenn die Sonne im Gebiet der Venus oder des Mercur ist, beider Naturen werden vermischt und beider Kräfte vereint. Die Seele des Kindes ist wohl bereit beider Einwirkung anzunehmen und sind die Anlagen desselben zusammengesetzt und gemischt aus beider Natur.

Die Erklärung des Einzelnen würde hier zu weit führen und ist einiges in den Büchern der Astrologie und in denen über die Zustände der Uebertragungen dargestellt. Steht dagegen die Sonne entgegengesetzt von dem wie wir es beschrieben im Himmelsrund, steht sie in der niedrigen Beziehung, so ist das Kind kleinmüthig, niedriger Seele und kann es die menschlichen Vorzüge nur schlecht annehmen.

Dann beginnt der fünfte Monat und gebührt die Leitung der Venus, sie leitet auf Zeichnung, Formung, Gestaltung,

Schönheit, Schmuck und Lieblichkeit, auf Begierde, Lust und
Freude, kurz jede Eigenschaft und jeden Vorzug um dessen
willen Leben und Dauer hier und jenseits erstrebt wird.

Ist die Venus aufsteigend in ihrem Himmel, gradaus in
ihrem Gang, lobenswerth in ihrem Thun, so verdicken sich die
Stoffe demgemäss, es werden dieselben in dieser Mischung
ausgeprägt, und die Liebe zu diesen Eigenschaften wird den
Grundnaturen eingeprägt, die Begehr nach ihnen ist auf der
höchsten Stufe. Steht die Venus in ihrer Oberabscisse in
Sternzeichen und Grad, ist die Gestalt des Körpers weisslich
mit röthlicher und gelblicher Mischung, starkhaarig, schön an-
zusehen mit schönen, lieblichen Anlagen, reizendem Antlitz,
zierlich und scharfen Blicks.

Das Schwarze im Auge desselben ist grösser als das
Weisse, das Kind hat ein vollendetes Antlitz, kleine Lider,
einen runden Kopf, zarte Lippen, schönen Körper, mit fleischigen
Ober-Schenkeln, kurzen Fingern, vollen Waden, eine (vier-
eckige) starke Gestalt, zarte Haut, schwarzgrünliche Augen,
schwarze Augenränder.

Ist die Venus in ihrem Gebiet, so nimmt das Kind die
Schönheiten an, es ist leichten Geistes, von schönen Anlagen,
guter Natur, lieblichen Umgangs und angenehmen Verkehrs.

Steht die Venus gegenüber dem Saturn in Sternzeichen
und Grad, so ist die Gestalt des Körpers roth, mit dicken Lippen und dicken Augen, starkem Haar, verschiedenen Zähnen,
hässlichen Füssen, starkem Bau, ist furchtbaren Anblicks. Eins
der Augen ist an Kleinheit und Grösse, an Farbe, Bewegung
und Gestalt anders als das andere.

Steht die Venus im Gebiet des Saturn, in Sternburg und
Grad, so ist das Kind gewaltig in Liebe, Zuneigung, Güte,
Versprechen und Treue haltend, ohne Trug und Täuschung,
fest an sich haltend, geduldig.

Steht die Venus im Anfang des Jupiter, in Sternburg
und Grad, ist der Körperbau des Kindes von normaler Mischung, entsprechenden Gliedmassen, lieblichen Anlagen, die
Farbe desselben ist weiss zum Roth sich neigend. Es hat
grosse Augen, doch kleine Pupillen, ist von starkem Haar und

Bart, schöner Gestalt, vorstehenden Kinnbacken, dicken Ge-
schlechtstheilen, sonst mässig im Fleisch, Schnitt und Haltung.
Es ist von reiner Haut und glänzendem Gesicht.

Steht die Venus in dem Gebiet des Jupiter, in Sternburg
und Grad, so mischt sich die Natur der Venus und des Jupiter,
beider Kräfte werden zu Eins und wird das Kind gut im Character, von schöner Anlage, löblichen Eigenschaften, ist guten
Wandels, liebreich, gerecht im Handel, aufrichtig in der Freundschaft, enthaltsam, fromm, rechten Glaubens und guter Lehre,
wie solche Characterzüge den Königen gebühren.

Ist dagegen die Venus niedersteigend in ihrer Sphäre oder
rückkehrend im Lauf, in verschiedenen Zuständen, so mangeln
diese Eigenschaften, Vorzüge und Lehrweisen, ihr Erguss und
die Annahme derselben ist mangelhaft, je nachdem ihre Zustände verschieden sind, es mangelt das Glück.

Solches ist weiter beschrieben in den Entscheiden über
Geburt und Wechsel.

Darauf beginnt der sechste Monat. Die Leitung gebührt
dann dem Mercur, dem Herrn der Wissenschaft, Kenntnisse
und Bildung, der Weisheit, Kunst, Logik und Beredtsamkeit,
der Unterscheidung und Einsicht, der Lesekunst, Melodie und
Uebung. Dieser ist der kleine Bruder des Jupiter, wie die
Venus Schwester des Mars, der Mond Bruder des Saturn und
die Sonne der Vater von Allen ist.

Steigt der Mercur auf in seiner Sphäre, ist er grad in
seinem Lauf, wohlbehalten in seinen Zuständen, so wird das
Kind in solcher Masse gefügt, und es in dieser Mischung ausgeprägt und auf diese Grundanlage begründet, es nimmt Wissenschaft, Erkenntniss, Rede und Klarheit an. Steht der Mercur
nun in seinem eigenen Gebiet, in Sternzeichen und Grad, so
wird die Seele des Kindes rechtschaffen und einsichtig, sein
Geist klar, sein Verständniss scharf, seine Gedanken rein, es
erwirbt sich Wissenschaft und Erkenntniss, ist ausgezeichnet
in der Darstellung und beredt.

Steht der Mercur im Gebiet des Saturn, vermischen sich
die Naturen beider und werden ihre Kräfte zu Eins, das Kind
ist dann wenn Gott will, dass es zur Vollendung und Voll-

kommenheit gelangt, starken Blicks in den Wissenschaften, es geht in der Forschung auf den Grund, es ist durchdringenden Geistes in der Kenntniss und weiss klar das was in seiner Seele ist, darzustellen.

Steht der Mercur im Gebiet des Jupiter, beruht die Seelengrösse des Kindes in der Religionswissenschaft. Es handelt viel über die Enthaltsamkeit, die Entscheide des Religionsgesetzes und die Ermahnungen des Urgesetzes; beschreibt die Gerechtigkeit, stellt die Wahrheit dar, gebietet das Gute, und verwehrt das Schlechte. Es gedenkt der Rückkehr und beschreibt die andere Welt, sowie die Wandlung nach dem Tode, wenn die Seele den Körper verlassen. Denn dies ist ja das höchste Ziel bei der Verbindung der Theilseele mit dem menschlichen Körper, vgl. die Heimsuchung und Auferstehung (37).

Steht der Mercur im Gebiet des Mars, so vermischen sich die Naturen beider und werden ihre Kräfte zu Eins, dann ist die Seele des Kindes wohl bereitet beider Einwirkung anzunehmen. Die Sorge der Seele ist dann zumeist auf die Rede gerichtet, um Streit, Krieg und Kampf zu beschreiben. Das Kind wird beredt, ist rasch in Anreden, eilig in der Antwort, doch macht es Fehler und Versehen und wiederholt sich schnell. Bisweilen wird es ein Dichter, beredt, urtheilend auch disputirend.

Ist der Mercur im Gebiet des Venus, vermischen sich die Naturen beider, ihre Kräfte werden zu Eins und ist die Seele des Kindes bereit beider Einwirkungen anzunehmen.

Ein solches Kind wendet seine grösste Sorge auf die Rede über die Dinge dieser Welt, die Schilderung ihrer Begierden und Lüste; und zwar thut es dies in Dichtung und Gesang, in Tönen und Melodien, in heiteren Scansionen und richtigem Takt. Ist dagegen der Mercur in seiner Sphäre niedersteigend oder rückkehrend in seinem Lauf, tadelnswerth in seinen Zuständen, so ist das Kind schweigsam, stumm, stumpf.

Dann beginnt der siebente Monat und gelangt der Sonnenlauf zum siebenten Sternzeichen, der dem Ort, an dem sie beim Einfall des Saamens war, grad gegenübersteht. Die Leitung

gebührt dann dem Mond, dem kleinen Licht, dem Genoss der
Sonne auf dem entgegengesetzten Blickort, der Mond nimmt
als der Mittlere zwischen den beiden Welten die Naturen der
Sterne und deren Erguss von der Hochwelt und spendet solche
als Geschenke und Güter der Niederwelt. Wenn nun der Mond
hierbei aufsteigend ist in seiner Sphäre, zunehmend in seinem
Licht, schnell in seinem Lauf und frei von Defect, so wird
hierbei die Masse verdickt und in dieser Mischung ausgeprägt.
Es werden der Grundnatur diese Ergüsse, welche der Mond
von dort dieser Welt zusendet, eingepflanzt. Die Seele des
Kindes ist dann wohl bereit alle Einwirkungen der Gestirne
gemäss einem der in den Büchern vom Eindruck der Sterne
erwähnten fünfundzwanzig Zustände, in welchen es sich nämlich gerade befindet, anzunehmen. Ist der Mond in seinem
Haus, auf seiner Höhe oder Oberabscisse, in seinem Drittheil
oder Anfang, so ist das Kind, im Fall Gott ihm Vollendung
verleiht, in den meisten Zuständen glücklich, lebenswerth in
den meisten seiner Angelegenheiten in dieser und jener Welt
zusammen.

Ist der Mond im Gebiet des Mercur, vermischen sich die
Anlagen beider und wird beider Kraft zu Eins. Das Kind
ist dann von gemischtem Character, verschiedenen Anlagen.
Es nimmt verschiedene Ansichten und Lehrweisen an, ist in
den weltlichen Dingen verschiedener Richtung, hat keinen Bestand und ändert sich rasch. Es lässt sich leicht leiten, nimmt
schnell verschiedene Färbung an und steht seinen Genossen bei.

Ist der Mond im Gebiet des Saturn, sind die beschriebe-
nen Dinge gerade entgegengesetzt und ist das Kind meist be-
ständig und ändert sich nicht, es sei denn durch Zwang und
Gewalt.

Steht der Mond im Gebiet der Venus, so hat wenn sich
beider Natur vermischt und beider Kraft Eins geworden, das
männliche Kind äusserlich die Eigenschaften der Männer, im
Innern aber die der Weiber. Ist dagegen das Kind weiblich,
hat es zwar äusserlich die Eigenschaften der Weiber, doch im
Innern die der Männer.

Ist der Mond im Gebiet des Mars, vermischen sich beider
Naturen und Kräfte zu Eins, dann hat das Kind im Aeusse-
ren die Eigenschaften des Mondes, doch sind die Characterzüge seiner Seele Marsartig, sein Aeusseres schön, aber seine
Denkweise perfid.

Ist der Mond im Gebiet des Mars, vermischen sich die
Naturen beider und werden ihre Kräfte zu Eins, so ist das
Kind in den meisten Fällen gemässigt zwischen beiden End-
puncten, mittelmässig in den Dingen dieser und jener Welt
insgesammt. Will Gott dann dass das Kind in diesem Monat
geboren werde, so lebt es und wächst, auch hat es langes
Leben.

Bleibt es aber bis zum achten Monat im Mutterschooss,
kehrt die Leitung zu dem Saturn von Neuem zurück, derselbe
ist schlechten Zustands und tritt auch die Sonne in das achte
Sternzeichen, d. i. das Todeshaus für das Kind. Die Kälte
der Natur des Saturns und seine Ruhe gewinnt über den Embryo die Obergewalt und wird das Kind in diesem Monat geboren, ist's kurzlebig, oft nimmt es nicht zu und lebt nicht.

Dann beginnt der neunte Monat und gelangt die Sonne
zum neunten Sternzeichen, dem Haus der Reisen und der Uebertragung, es ist die Leitung dem Jupiter von Neuem, wie dies
gezeigt werden wird, übertragen.

Der Embryo weilt im Mutterschooss neun Monat, dies geschieht, damit der Bau vollendet, die Form vollkommen und die
Kräfte der himmlischen Einzelkörper auf denselben ausgeschüt-
tet werden. Wäre die Vollendung und Vervollkommnung desselben in einem Tage möglich, würde es nicht zwei Tage dort
bleiben, und könnte dies in einem Monat geschehen, würde es
nicht zwei Monate dort verweilen.

Jeder Vernünftige sieht ein, dass der, welcher unvollstän-
digen Baus und unvollkommner Form geboren wird, die An-
nehmlichkeit dieses Lebens nicht geniessen noch ihrer Lust
sich vollständig erfreuen kann. Ein solcher bleibt beklagens-
werth, elend, krank, defect, unvollständiger Form.

Dasselbe gilt von der anderen Welt nach dem Tode. Der
Mensch bleibt hier nur so lange, dass ihm die Vollendung sei-

ner Seelenzustände mit dem Leibe möglich sei, also ist's in den philosophischen Büchern dargestellt; oder es zur Vollendung seiner Tugenden beim Sein in dieser Welt nöthig ist, so steht es in den prophetischen Büchern.

Trennt sich dann die Seele beim Tode, d. i. der zweiten Geburt, so hat sie den Nutzen in der andern Welt und kann sie zum Himmelreich aufsteigen. So spricht der Messias, wer nicht zweimal geboren wird, der kommt nicht in's Himmelreich.

Die Aerzte bestimmen den Gebärenden und Schwangeren mittlere Bewegung, Lauf und Wandel, gemässigten Genuss, nicht überviel und nicht zu wenig, damit das Kind frei von den zustossenden Zufällen in diese Welt treten und des Lebens sich erfreuen könne.

Ebenso bestimmen die Propheten und die Begründer des Urgesetzes, die als Aerzte und Astrologen der Seele zu den verschiedenen Völkern gesendet sind, in den Religionsgesetzen und Bräuchen, dass sie sich des Verwehrten und Zweifelhaften, das die Seelen krank macht und verdirbt sowie von den Ueberschreitungen des Maasses enthalten sollen, damit die Seele von den Zufällen dieser Welt frei werde und bleibe.

Wenn sich der Mensch in die Lust dieser Welt versenkt, so vergisst er die Angelegenheiten der zukünftigen und beginnt er daran zu zweifeln, deshalb heisst es: diese Welt verpfändeten sie für die Andere, oder: Nehmt nur einen Theil von Lust und Wonne. Alle Propheten erregten Sehnsucht nach der Lust jener Welt, doch befehlen sie sich von der Lust dieser Welt fern zu halten.

Bei jedem was unter dem Monde, sei's auf der Erde, im Meere, in der Luft oder im Wasser geboren wird, muss ein Grad vom Osten her über den Horizont dieses Stück Landes, wo dasselbe geboren wird, aufsteigen. Irgend Einer der sieben Planeten muss über diesen Grad herrschen, derselbe heisst dann die Leuchte desselben und beide der Planet und der Grad sind nun die Hinweise auf das Geborene und den Wandel seiner Zustände; sie bestimmen seine Verhältnisse in der folgenden Zeit bis zum Ende des ersten Sonnenjahrs.

Dann folgt das zweite Jahr und gebührt dann die Leitung dem zweiten folgenden Grad und das dritte Jahr dem dritten Grad, nach dieser Norm geht es bis zum Ende des natürlichen Lebens. Der Wandel der Verhältnisse ist bei dem Geborenen den Zuständen dieses Jahrs und des darüber herrschenden Gestirnes, wie solches in den Büchern über die Nativitäten weiter dargestellt ist, entsprechend.

Gott hat seiner Weisheit gemäss für eine jede Art der Creatur ein bestimmtes natürliches Leben gesetzt, für den Ursprung eine bestimmte Zeit und für das Leben eine Grenze und ein Maass, das nicht überschritten noch verkürzt wird, wenn es nämlich seinen natürlichen Lauf geht. Das Genauere hiervon weiss nur Gott, das natürliche Leben so Gott dem Menschen setzte sind 120 Jahr, wenn einige länger und andere kürzer leben, so hat das verschiedene Ursachen und Gründe, die genauer eben nur Gott kennt.

Ueber den Wandel der Tage im natürlichen Leben von der Geburt bis zu vollen 72. Jahren und das Mehr bis zu 120 Jahren.

Jede Creatur hat im Himmel zwei Eltern, wie es ebenso zwei Eltern auf der Erde hat. Der Eine jener Zwei heisst Führer und wird Kedchoda geheissen, d. i. ein persisches Wort und heisst Herr des Hauses, das andere heisst Hailadj, das ist ein Pehlevi Wort, arabisirt, ursprünglich Heila und bedeutet ebenfalls Herr des Hauses. Sind beide bei der Geburt glücklich, so lebt das Kind im Glück und lange Zeit, sind sie unglücklich, so ist es umgekehrt. Ist der Kedchoda glücklich, der Hailadj unglücklich, so lebt zwar das Kind lang, doch in armen schlechten Verhältnissen. Ist der Hailadj glücklich, doch der Kedchoda unglücklich, so ist das Kind in guten Verhältnissen, aber kurzen Lebens.

Ist der Hailadj glücklich, doch der Kedchoda unglücklich, so ist das Kind in gutem Zustand, reich doch kurz lebend.

Der Grund, weshalb das Leben kürzer ist als die natürliche Dauer, ist, dass das Geschenk des Kedchoda gering, denn

wenn der Grad des Hailadj oder Kedchuda zu den Unglücks-
orten und deren Strahlen gelangt, so stirbt das Kind plötzlich
oder wegen Seuchen und verschiedenen anderen Ursachen, die
nur Gott alle kennt. Ihm ist ja nichts auf Erden oder im
Himmel verborgen.

Astrologen und Geburtskenner stimmen darin überein, dass
vom Tage der Geburt bis zum vollendeten vierten Sonnenjahr
das Kind unter der Leitung des Mondes, dem Herrn des Wachsthums und der Zunahme ist, von den übrigen Sternen, nimmt
ein jeder um ein Siebentheil dieser Zeit, die ja die Jahre des
Wachsthums heissen, daran Theil. Die Zustände des Kindes
im Wachsthum und Zunahme, Gesundheit, Kraft und Edelsinn,
in Krankheit, Unglück, Hinschwinden und Schmerz sind im
Wandel den Lenkern dieser Jahre gemäss. Dies ist in den
Büchern von den Wandlungen der Geburtsjahre dargestellt.

Dann tritt das Kind in die Leitung des Merkur für zehn
Jahre. Dieser ist der Herr der Bewegung, der Logik, Belehrung, Bildung, Unterscheidung und des Verständnisses. In der
Leitung werden die übrigen Sterne seine Genossen, ein Jeder
für ein Siebentheil dieser Dauer. So wie die Leitung einem
dieser Gestirne zukommt, treten an dem Kinde die Eigenschaften und Handlungsweisen hervor, die den Kräften, welche
der Grundnatur im Mutterschoose, während es Embryo war,
eingepflanzt waren, eigen sind, gerade so wie die Blume den
Keim, die Baumblüthe die Frucht mit ihrem Geschmack und
ihrem Duft, wenn sie zur Vollendung gelangt, wie es in ihrer
Natur liegt, schafft.

Das Kind steht dann unter der Venus für acht Jahre.
Venus ist Herrin der Schönheit, des Schmucks, der Begierde,
Lust, des Triebs zur Begattung und geschlechtlichen Verkehrs.
Ihr treten hierbei die anderen Sterne für ein Siebentheil die-
ser Zeit als Genossen bei. Der Mensch hat in dieser Zeit
Neigung zum geschlechtlichen Verkehr, erfreut sich der Lüste,
liebt Schmuck, Schönheit, begehrt Schätze zu sammeln, Wohn-
sitze, Häuser, Läden zu haben, Landgüter, Gärten zu erwer-
ben, sich Genossen und Freunde zu gewinnen, Diener und
Mägde sich zu nehmen, bis die Leitung der Sonne, der Be-

sitzerin, der Herrlichkeit, Herrschaft, Leitung auf zehn Jahre zukommt.

Für den Menschen ist dann der Kedchuda in der Station, der Mensch erzieht die Kinder, die Familie, Frauen, Diener, liebt es Herrschaft zu üben über Hausbewohner und Nachbaren, die Sachen der Freunde zu leiten, Macht und Herrschaft, hohe und erhabene Stellung zu erreichen und dergleichen Eigenschaften, Gewohnheiten und Thaten, die Königen und Häuptlingen eigen sind, mehr. Die übrigen Sterne nehmen an der Herrschaft der Sonne, jeder einzelne ein Siebentheil der Zeit Theil.

Dann kommt die Leitung auf sieben Jahre dem Mars zu. Der ist Herr des festen Entschlusses, der Tapferkeit, Freigebigkeit, des Edelmuths, Angriffs und der Abwehr, kurz aller der Eigenschaften, welche Heerführern und Oberfeldherren, Leitern der Königreiche und den Urgesetzen nöthig sind. Von den übrigen Sternen nimmt ein jeder ein Siebentheil dieser Zeit an seiner Leitung Theil. Beider Naturen werden dann vermischt, ihre Kräfte zu Eins und treten ihre Wirkungen, den übrigen Sternen entsprechend, hervor, nur Gott und die Einsichtigen in Betreff der Sterne kennen solches im Einzelnen.

Die Leitung kommt dann dem Jupiter auf zwölf Jahre zu. Er ist Herr der Religion, Enthaltsamkeit, Reue des Gottesdienstes, der Rückkehr zu Gott, im Fasten, Gebet, Almosenspenden, Verzeihungsbitten, Streben und Sehnsucht nach der anderen Welt, sowie der Versorgung zur Reise in's Jenseits. Die übrigen Sterne haben je ein Siebentheil dieser Zeit an seiner Leitung Theil. Ihre Naturen vermischen, ihre Kräfte vereinen sich ihm. Oft aber zeigen sich ihre Wirkungen als mangelhaft wegen der entgegenstehenden Kräfte. Denn häufig ist der vernünftige Mensch hin- und hergezogen zwischen zwei entgegengesetzten Dingen.

Herrscht nämlich die Venus und mit ihr der Mars über das Kind, so bekommt dasselbe Begehr zu dieser Welt und Gier nach ihren Lüsten. Der Mars verstärkt dies in Kraft und Lebendigkeit, der Mercur an Lieblichkeit und Milde, der

Saturn an Bestand, Festigkeit und Geduld, der Mond an Zuwachs, die Sonne an Erhabenheit und Herrlichkeit. Der Gegensatz von diesen ist nur der Jupiter; herrscht er über den vernünftigen Menschen und hat der Saturn Theil an der Herrschaft, so leitet er zur Enthaltsamkeit der Welt, geringe Lust zu Begierden und grossem Hang zur anderen Welt. Der Mars leiht dazu Kraft und Frische, der Mercur Milde und Güte und vermehrt die Venus ihn an Schmuck und Begehr, auch fügt der Saturn Ausdauer im Dienst und Beständigkeit der Reue hinzu. Dann gewinnt der Jupiter an Licht, Rechtleitung und Seelengrösse, zur Entsagung der Welt, der Mond fügt Gehorsam und Willfährigkeit hinzu. Beeifert sich der Mensch und thut er was das Religionsgesetz bestimmt an nothwendigen und freistehenden Entscheidungen oder handelt er so wie die Philosophie vorschreibt und harrt er dabei aus, so wird ihm allmählich leichter, was von dem hin- und herzerren der beiden Naturen in ihm ist.

Dann kommt die Leitung dem Saturn auf eilf Jahr zu. Er ist Herr der Ruhe, Lässigkeit, des Hinschwindens der leiblichen Begierden und natürlichen Kräfte, die Sehnen lassen nach, die Werkzeuge und Sinne werden schwach, und die Seele kann nur Wirkungen hervorbringen beim Erfassen leiblicher Dinge. Sie hat keine Sehnsucht nach dieser Welt und kommt der natürliche Tod, wenn die natürliche Wärme erlischt und der natürliche Hauch aus dem Körper weicht, so wie eine Fackel erlischt, wenn das Oel aufhört und der Docht verbrannt ist. Hat sich der Mensch in seinem Leben wohl geübt, Wissenschaften erlernt, Künste und Religion aufgenommen, so kann er hoffen, dass diese Seele sich in ein seliges Leben und geistige Stätte leiten lasse und mit ihres Gleichen, die vor ihm dahingegangen, vereint werde. Sie sind dann dorten frei von der Welt des Entstehens und Vergehens, dem Brand der Schmerzen und Leiden, dem Hunger und Durst und sonstigen weltlichen Leiden, auch von dem Brande der Begierden, den üblen Lüsten, schlechten Gewohnheiten, Thorheiten, schlechten Thaten, Feindschaften und Hass, woraus Fehden, Ungerechtigkeiten und Bosheiten hervorgingen. Zweifelt man über die Einwirkungen der Gestirne und wundert man sich wie diese Kräfte in die Mischung des Embryo eingepflanzt werden, da doch die Wirkungen derselben erst nach der Geburt hervortreten, so nehme man als Analogie die Wirkung der Theriake, Heiltränke der einfachen und zusammengesetzten Mittel, wie bei ihnen nach denen ihre Bestandtheile vermischt, gekocht und zu Eins geworden, der Zusammenfluss ihrer Kräfte auf ein jedes Glied in beabsichtigter Weise wirkt, und die Krankheit von demselben entfernt, so Gott will.

Auch dienen als Analogie hierfür die Zustände der musikalischen Töne und Weisen, wie solche componirt und zu Eins geworden dem Ohre zugetragen werden und zum Gehirn dringen. Ihre Werthe gelangen zu den Naturen der Seele und ein jedes Thier oder jeder Mensch gewinnt als verschiedene Eindrücke davon Freude, Lachen, Trauer, Furcht, Tapferkeit, Freigebigkeit, Raschheit und Ruhe, Schlaf und Gelassenheit. Das lang Vergessene wird in's Gedächtniss zurückgerufen und vor dem nah bevorstehenden Uebel getröstet. Diese Eindrücke sind dem Verständigen nicht verborgen, doch wie dieselben stattfinden, weiss er nicht und somit braucht er auch nicht den Einfluss der Sterne zu leugnen, wenn er auch nicht weiss wie solche stattfinden.

Gott setzte jedem Streben ein Ziel und dem Ziel eines jeden Strebenden ein Endziel. Auch bestimmte er jedem mit Gliedmassen Behafteten einen Mittelweg bei seinem Ziel, der zwischen dem Zuviel und Zuwenig liegt. Der Embryo liegt eine Zeit lang eines Zieles wegen im Mutterschooss. Dass er acht Monat weile, ist der Mittelweg zwischen dem Zuviel und Zuwenig. Ebenso weilt der Mensch eine Weile in dieser Welt und das ist das Ziel des natürlichen Lebens für den Menschen 120 Jahr, als Mittel zwischen dem Mehr und Weniger. Dass ein Embryo länger im Mutterschooss und der Mensch länger auf Erden weile wie dies Maass besagt, geschieht aus Gründen und Ursachen, die wir hier nicht weiter ausführen. Wenn der Embryo länger im Mutterschooss weilt, so verringert das vom natürlichen Leben, den 120 Jahren. Denn es ist die Grundregel für alles was unter der Mondsphäre existirt, dass von der Zeit seines Entstehens bis zu der seines Vergehens nur das Maass eines Umschwungs der einzelnen hohen himmlischen Einzelkörper stattfinden darf, vgl. die Abhandlung der Umschwünge und Sein (35).

Vom Tag des Einfalls des Saamentropfens bis zum Todestag gilt, wenn alles natürlich (normal) verläuft, einen Sonnenumlauf. Weilt der Embryo im Mutterschooss acht Monat und wird er dann geboren, so bleiben der Sonne vom Lauf bis sie wieder zu dem Grad, wo sie beim Einfall des Tropfens war, zurückkehrt, vier Sternzeichen = 120 Grad. Nun beginnt für das Kind für jeden Grad ein Jahr Lebensdauer, also 120. Weilt das Kind neun Monat im Mutterschooss, so bleiben ihm drei Sternzeichen = 90 Grad, also 90 Jahr. Weilt er 10 Monate, bleiben ihm zwei Sternzeichen, also beginnt das Kind ein Leben von 60 Jahren. So ist klar, dass nach dieser Regel jeder längere Verbleib im Mutterschooss eine Verkürzung des Lebens bewirkt. Wenn es dann nach der Erfahrung doch vorkommt, dass ein Kind, das zehn Monat im Mutterschooss blieb, 120 Jahr lebt, oder eins das 9 Monat blieb, unter 60 Jahr lebte, so geschieht dies aus Gründen, die ausserhalb des natürlichen Lebens liegen.

In dieser Weise verhält es sich mit dem Glück der Geborenen. Gott gab jedem der Geborenen ein Maass Glück in dieser Welt und theilte dies in zwei Theile, ein Theil langes Leben, der andere Theil Wohlhabenheit. Bisweilen hat einer der Geborenen mehr Leben, dagegen Mangel an Wohlhabenheit, dann wieder mehr Wohlhabenheit, aber weniger Leben. Sehr oft sind die Glücklichen dieser Welt kurzlebig, andere langlebig, aber von geringerer Wohlhabenheit.

So wird berichtet, dass einer der Chalifen in seinem Hause einen hochbetagten Greis gesehen und ihn gefragt, wieviel Chalifen kannst du aufzählen gesehen zu haben, der antwortete viel, der Chalif redete erstaunt, welche Lebensdauer habt ihr doch und wir eine solche Kürze des Lebens, jener erwiederte, Eure Nahrung kommt euch zu wie aus Schlauchmündungen, unsere aber wie Regentropfen; dies Wort gefiel dem Chalifen, er befahl ihm zu verleihen soviel, dass es seines Gewerks entbehren konnte, denn er war Wasserträger. Kurz darauf fragte der Chalif nach jenem und man sagte er ist todt. Da sprach der Chalif. Er hat Recht, wem die Nahrung wie aus Schlauchmündungen zukommt, lebt nicht lange.

Demgemäss hat auch jeder Mensch einen Antheil des Glücks und Wohles, doch ist dies in zwei Theile getheilt, ein Theil für diese und einer für jene Welt, so heisst's. Jedes Ding hat bei ihm Maass. Demgemäss wie nun der Mensch seinen Antheil von der Lieblichkeit und Lust dieser Welt nimmt, nimmt sein Antheil an der anderen ab, vgl. 46, 19; ihr hattet Euer Gut in Eurem weltlichen Leben, ihr genosset es. — Wenn jemand will vom Acker jener Welt, dem theilen wir davon zu, wer aber will vom Acker dieser Welt, dem geben wir davon. Die einsichtigen Rabbiniten bestätigen dies ebenfalls, sie sagten im Koran 28, 76: Freu dich nicht, Gott liebt die sich freuenden nicht, strebe mit dem was dir Gott verliehn, der andern Welt zu, vergiss deinen Antheil von dieser Welt nicht, thue wohl vor Gott, der wohlgethan. Also sprachen sie, weil sie wussten, dass der Antheil an dieser Welt das Maass sei, um welches der Antheil der andern aufgegeben ward. — Man lasse sich desshalb von der Lust dieser Welt nicht täuschen u. s. f.

Der Embryo weilt eine Zeit im Mutterschooss zu seiner Ausbildung, auf dass das Kind des Lebens dieser Welt nach der Geburt froh sein könne. Ebenso weilt der Mensch eine Weile in diesem Leben, dass er in Vernunft die Gebote und Verbote des Urgesetzes vernehme und anhöre, damit die Vorzüge der Seele sich entwickeln, wie ja die Philosophie definirt wird, sie sei das Aehnlichwerden Gottes, soweit es der Mensch vermag. Die engelartigen Vorzüge der Seele müssen hier entwickelt werden, dass sie von der Welt des Entstehens und Vergehens zu der Sphärenwelt und den Sternen in der Weite der Himmel aufsteigen könne und dort mit ihres Gleichen aus den verflossenen Zeitaltern mit den Propheten und Frommen ewig lebe. —

Da viele Menschen die natürliche Lebensdauer nicht erreichen, um ihre Seele recht auszubilden, sandte Gott Prophe-

ten und Boten, die Regeln des Grundgesetzes in Gebot und
Verbot aufzustellen, so dass, wenn die Menschen danach handeln, ihre Vorzüge und Charaktere sich trotz des kurzen Lebens vollständig ausbilden. So heisst es vom Propheten, wer
Gott 40 Morgen vollständig dient, dem erhellt Gott mit reinem
Licht die Brust, und eröffnet sein Herz zum Glauben und lässt
seine Zunge Weisheit reden, wenn er auch des Redens unkundig wäre. Das gilt von den Seelen derer, die zur vollen Entwicklung gelangen. — Die Seelen der Kinder und Besessenen
entkommen aber durch die Gnade Gottes, auf Fürbitte der Väter, Mütter, Propheten, Gesandten.

So rüste dich denn wohl, von dieser Vergänglichkeit zu
der ewigen Welt dich zu erheben.

Die Theilseele.*)

Das Erstehen der Theilseelen in dem Körper und die Entwicklung derselben im menschlichen Körper zur Engelstufe. —

Dieser Körper steht zu seiner Seele in demselben Verhältniss wie der Mutterschoos zum Embryo. Ist der Embryo im Mutterschoos in seinem Bau vollendet und seine Form vollkommen, so geht er als gesund in dieser Welt hervor. Er hat den Niessbrauch derselben und geniesst das Erdenglück bis zu einer bestimmten Zeit. — Dasselbe gilt vom Zustand der Seele in der andern Welt. — Ist die Theilseele hier in ihrem Wesen dadurch vollendet, dass sie vom Gebiet der Kraft zu dem der That fortschritt, erwarb sie vermöge der Sinne Wissenschaft und Erkenntniss, ward ihre Form durch die Vorgänge, welche sie vermöge der Vernunft an Erfahrung und und Uebung gewinnt, vollendet, so kam sie schon in dieser Welt zum Wohl des Lebens auf den Mittelweg, bereitete die Rückkehr nach der Weise der Rechtleitung und ward die Seele durch schöne Anlagen, sichre Ansichten und gute Handlungen geläutert. Dies geschah alles vermittelst dieses aus Blut und Fleisch zusammengesetzten Körpers.

Darauf trennte sie sich sichtbar (im Tode) vom Körper, sie erkennt dann ihre Substanz, sie bildet sich ihr eigen Wesen ein und ersieht klar ihre Welt, ihren Anfang und ihre Rückkehr.

*) Die Reste der ganzen Reihe, die 13te der Naturwissenschaften.

7*

Indem sie es verschmäht mit dem Körper zu sein, bleibt sie
von der Materie getrennt, sie besteht selbstständig in ihrem
Wesen und kann in ihrer Substanz frei von dem Zusammen-
hang mit dem Körper sein. Hierbei erhebt sie sich zur höchsten
Versammlung, sie tritt in die Schaar der Engel, bezeugt das
Uebersinnliche, und erschaut die Lichtgestalten, die nimmer
von den leiblichen Sinnen erfasst noch von den menschlichen
Gedanken dargestellt werden. — So heisst es in den prophetischen Winken: Gott bereitete den Frommen im Paradiese
was weder ein Auge gesehen noch ein Ohr gehört, noch in
das Herz eines Menschen kam, d. h. Lust, Wonne, Freude und
41, 31. Im Paradiese habt ihr, was die Seele begehrt und das
Auge erfreut und ihr bleibt ewig darin. 31, 17. Keine Seele
weiss, was jenen an Augenfrische für das, was si e thaten, verborgen. —

Ist nun aber die Anlage des Embryo unvollendet geblie-
ben, und seine Form nicht vollkommen, sondern ein Defect,
ist eine Gliederkrümmung ihm zugestossen, so kann ein solcher
seines Lebens und der Lebenslust sich nicht vollständig erfreuen, so die Blinden, Tauben, Paralitischen, Hemiplectischen.
Dasselbe gilt von den Theilseelen bei ihrer Trennung vom irdischen Körper. Wenn die Theilseelen in Wissenschaft und
Erkenntniss in der Zeit, da sie mit dem menschlichen Körper
verbunden und sie wohl im Stande war, alles sinnlich wahrnehmbare aufzufassen, nicht vollendet wurden, auch sie ihr
Wesen nicht erfassten noch ihre Form durch die Erkenntniss
von dem wahren Wesen der Dinge vollendet ward, so lange
sie der Vernunft und Unterscheidung fähig waren, sie endlich nicht die schönen Charakterzüge gewonnen, so lange ihnen
der rechte Eifer, und fester Vorsatz möglich war, sie also nicht
die Krümmungen, d. i. die schlechten Ansichten, heilten,
sondern schlechtes Thun und schmählige Thaten, sie hinderten
und beschwerten; so erfreuen solche Theilseelen bei der Trennung vom Leibe ihrer Substanz sich nicht noch bestehen sie
selbstständig in ihrem Wesen, sie können ihrer Bürde sich
nicht entheben, nicht zum Himmelreich aufsteigen, noch in die
Gemeinschaft der Engel eintreten; ihnen werden die Thore des

Himmels nicht erschlossen, noch betreten sie das Paradies, so lange nicht das Kameel durch das Nadelöhr geht. Denn dieser erhabene Ort passt für ihre tadelnswerthe Seele nicht, ebenso wie Blinde und Thoren keinen Zutritt zur Gesellschaft der Könige haben. —

Da solchen Seelen die erhabene Stätte entgeht, bleiben sie in der Luft unter dem Himmel schweben, und die ihnen anhängenden Satane, d. h. die leiblichen Begierden, schlechte Ansichten und Sorge um stoffliche Dinge ziehen sie zum Grund der finsteren Körper und leiblichen Natur zurück, die Wogen der schlechten Begierden treiben sie dem Tiefgrund zu, wo es keine Genossen giebt, ebenso wie man Blinde und Paralytische zu einer Seite an den Wegen hinsetzt, so heisst es im Kor. 43, 35. So jemand von der Erwähnung Gottes abläset, bestimmen wir ihm einen Satan und der ist dann sein Genosse etc.

Eine solche Seele wird einmal vom Feuer des Aethers, ein andermal von der Kälte der Eiszone betroffen. Schlimme Finsterniss, Strafe und Schmerz hat sie bis zum Tag der Auferstehung zu ertragen. Sie werden, wie Gott sagt, Morgens und Abends ins Feuer gebracht, oder hinter ihnen ist die Hölle bis zum Tage der Heimsuchung. Dies findet wegen ihrer gewaltigen Sehnsucht nach den leiblichen Begierden, an welche sie sich gewöhnt, statt, doch wurde die geistige Lust ihnen nicht zu Theil, sie gingen dieser und jener Welt in offenbarem Verlust verlustig.

————

Wissenschaft und Weisheit ist für die Seele dasselbe, was Speis und Trank für den Körper. Die Körper nehmen die Nahrung an, dass das Kleine wachse, das Defecte zunehme, das Magere fett, das Schwache stark werde und das Ganze zur höchsten Stufe der Vollendung gelange.

Die Theilseele bildet durch die Wissenschaft ihre Substanz, ihr Wesen nimmt durch die Weisheit zu und erglänzt ihre Form durch die Erkenntniss, ihre Gedanken erstarken durch Uebung, ihr Nachdenken erglänzt durch die Bildung. Dann ist sie in dem Zustande, dass ihre Vernunft die blossen geistigen Formen annehme und erhebt sich ihr Streben zu den

Schönheiten der ewigen Dinge; sie erstrebt das erhabenste
Ziel zu erfassen und erhebt sich zu den höchsten Stufen.
Das geschieht dann durch die Betrachtung der theologischen
Wissenschaften. Die Seele wandelt die herrlichen Pfade, phi-
losophirt in sokratischer Weise, übt Sufithum, Enthaltsamkeit
und Mönchsthum nach der Lehre des Messias, und ergiebt sich
der reinen Lehre, d. h. sie wird der Substanz der Allseelen
ähnlich, sie erreicht die Hochwelt und verbindet sich mit der
ersten Ursache, das heisst sie wird eins mit Ihresgleichen in
der Geisteswelt und weilt in den Lichtstätten schon hier in
ihrer leiblichen Wohnung.

Vergl. Koran: 29, 64. Fürwahr, die andere Welt sie ist
das Leben, wenn sie es doch wüssten! —

Wenn nun die andere Welt das Leben ist, sind dann nicht
die Bewohner derselben so wie Gott, winkweise von ihnen
54, 55 sagt: Im Wahrheitssitz bei dem Allmachtskönig. —

Erwacht die Seele vom Thorheitsschlummer und wirft sie
von ihrem Wesen die leibliche Schuld und körperliche Hülle,
das ist die natürlichen Gewohnheiten, schlechte Anlagen und
thörichten Absichten ab, so wird sie von den stofflichen Begierden frei, ihr Wesen wird lichtartig, ihre Substanz erstrahlt.
Ihr Blick wird dann scharf und sieht sie dann die geistigen Formen, sie erschaut die ewigen Lichtsubstanzen und
bezeugt die geheimen Dinge und verborgenen Geheimnisse,
welche weder mit den körperlichen Sinnen noch an leiblichen
Kennzeichen wahrgenommen werden.

Hat dann die Seele jene geheimnissvollen Dinge erschaut,
so hängt sie sich an sie, so wie der Liebende an die Geliebte,
sie wird Eins mit ihnen, Licht in Licht, bleibt ewig mit ihr
in einer Lust, welche die Rede weder beschreiben noch der
Gedanke erfassen kann. Vergl. Kor. 32, 17. Die Seele weiss
nicht, was ihr an Augenweide als Vergeltung für das, was
sie gethan, noch verborgen ist.

Ist der Körper als gesund geboren, erstarkt der Leib des
Kindes, sind die Elemente desselben fest verbunden und die
Seelenkräfte ihm eingestreut, erhalten dann die Sinne von dem
sinnlich wahrnehmbaren Eindrücke, welche sie wohl erfassen,

so legen sie die Grundzüge davon in der Vorstellungskraft im Vorderhirn nieder; die Vorstellungskraft treibt diese Grundzüge der Denkkraft im Mittelhirn zu. Wenn dann auch das sinnlich wahrnehmbare dem Zeugniss der Sinne entwichen ist, so bleiben doch diese Grundzüge geformt im Gedanken der Seele. Betrachtet dann die Seele solche, so unterscheidet sie dieselbe wohl, doch findet sie solche nur als Form des sinnlich wahrnehmbaren, losgerissen von ihrer Substanz, eingezeichnet in die Substanz der Seele. Somit ist die Seelensubstanz für diese ihrem Wesen eingezeichneten Grundzüge wie ihre Materie, diese Grundzüge in ihr wie die Form. —

Dasselbe gilt vom Zustande des Uebersinnlichen in der Seele, dasselbe besteht in den Formen der Gattungen und Arten, welche die Seele durch ihre Denkkraft (von der Substanz) losriss und ihrem Wesen einbildete. Die Seele trägt dieselben dann wie die Luft die Formen des Sinnlichwahrnehmbaren. Die Luft trägt ja die verschiedenen Töne und Weisen und lässt sie zum Ohr gelangen auch trägt sie die verschiedenen Düfte und lässt solche in ihrer Haltung, ohne dass sich etwas an solchen ändert, es müsste denn ein Zufall ihnen zustossen, den Riechorten zu gelangen. Denn die Luft ist ein feiner geistiger Körper, welcher die Formen bewahrt, ebenso trägt dieselbe auch die Farben und Gestalten und lässt solche zu den Augen gelangen. Es vermengt sich eine mit den andern nicht, denn die Seelensubstanz ist noch geistiger als die Substanz der Luft und des Strahls insgesammt. —

Wie nun den Körpern Krankheiten und Seuchen zustossen, und dieselben aus dem Gleichgewicht bringen, sie von der gesunden Mischung abbringen und kranken lassen, so dass sie des Lebens hier nicht geniessen, noch seiner Lust sich vollständig erfreuen, so stossen auch den Theilseelen der Creatur Krankheiten und Seuchen zu, die sie von dem Gleichmaass, der Mittelstrasse, der Gesundheit und dem rechten Weg abbringen, dann geniesst der Mensch, da er von der Rechtleitung abkam, weder dieses Leben noch erreicht er die Glückseligkeit im andern.

Die Krankheiten und das Siechthum der Seelen zerfallen

in vier Arten: dichte Thorheit, schlechter Charakter, verdorbene Ansicht und schlimme That. Alles dies trifft die menschlichen Theilseelen, weil sie in so enger Beziehung zu den körperlichen Begierden stehn. Diese sind aber die heimlichen Feuer, welche Kümmernisse und Sorgen in den Gemüthern entzünden. Jene geben sich zu sehr den leiblichen Lüsten hin, die vor den Schmerzen der Natur, den Leiden des Stoffs, Ruhe gewähren.

Es giebt für die Seelenkrankheiten auch Heilmittel und Aerzte wie für die Körperkrankheiten. Ueber die Heilung der Seelen haben Weise und Philosophen Bücher geschrieben, gerade so wie es deren für Körperkrankheiten giebt. Zu diesen Heilmitteln gehört der Gesetzeswandel, der Glaube, die Enthaltsamkeit von dem Verbotenen, das Streben, sich an den gerechten Wandel zu halten und der wahren Erkenntniss nachzueifern, schöne Gewohnheiten anzunehmen, den Mittelweg zu gehn beim Genuss dieses Lebens, Gutes zu thun und das andere Leben zu gewinnen. Man heile die Seele, indem man der Rückkehr gedenkt und die Gleichnisse in Drohung und Verheissung, über die schöne Belohnung vernimmt.

In den Büchern der Heilkunde wird der Ursprung von der Zusammensetzung der Körper, die Mischung und die Ursache seiner Krankheiten so wie die Art und Weise ihrer Heilung behandelt, ebenso wird in den Büchern von der Seelenheilkunde, welche die Propheten brachten über den Anfang vom Sein der Welt, die Ursache von der Widerspenstigkeit der Seelen, d. i. ihre Krankheit sowie ihr Fall von den Hochstufen, d. i. ihr erster Tod sowie die Art und Weise ihrer Heilung, d. i. die Reue und Busse hervorgehoben, indem das, was die Seele schon vergessen in Erinnerung gebracht wird.

Vergl. Kor. 7, 26. O Söhne Adams der Satan soll euch nicht verführen sowie er eure Eltern aus dem Paradies brachte, er riss ihnen die Kleider ab, dass beide ihre Schaam sahen etc.

Eine Schaar Vernünftiger weicht von den rechten prophetischen Lehren zu den philosophischen Ansichten ab. Dies kommt daher, dass ihr Verständniss zu schwach ist, um die

Bedeutungen, auf welche die Propheten hindeuten, in ihrem Wesen zu erfassen. Die Engel theilten solche den Propheten durch Inspiration und Stärkung mit und nahmen die Propheten sie vermöge ihrer reinen Seelensubstanz und der Güte ihres Geistes nicht aber vermöge philosophischen Schlusses oder Vorbildung an.

Zu dem Brauch des Urgesetzes und schönen Bildung gehört es, die Speise mit drei Fingern zu nehmen, dies ist gleichsam ein Wink derer, die dasselbe feststellten und eine Hindeutung darauf, dass man die Wissenschaften, d. i. die Nahrung der Seele auf drei Wegen müsse zu erfassen suchen, denn die Zustände der Seele sind denen des Leibes, da beide eng verbunden sind, ähnlich.

Ein Weg, wodurch die Seelen die Wissenschaft erfassen, ist der Gedanke. Durch ihn wird von den Seelen das Uebersinnliche erfasst, auf diese Weise nehmen die Propheten die Offenbarung von den Engeln an. Der zweite Weg ist das Gehör, durch dasselbe erfasst die Seele die Bedeutung der Worte, und was die Töne besagen.

Der dritte Weg ist der des Gesichts. Die Seele bezeugt die vorhandenen gegenwärtigen Dinge.

Die Seele muss auf diese drei Wege die Wissenschaften erfassen, so heisst es im Koran 23, 80. Gott bestimmte euch Gehör, Gesicht und Geist, selten dankt ihr's ihm. Auch tadelt er die, welche diese Wohlthaten nicht benutzten und sagt 7, 178. Sie haben Herzen, doch verstehen sie damit nichts, Augen, doch sehen sie damit nichts, Ohren, doch hören sie damit nicht, sie sind wie das Weidevieh, ja noch thörichter, sie sind die Sorglosen etc. Nicht, dass sie überhaupt nicht hören, sondern er tadelt sie, dass sie der Rückkehr nicht gedenken.

Die Wissenschaft ist die Prüfung der Seele, wie das Geld Prüfung des Körperlichen ist. Mit dem Geld erzielt man das Wohl des Leibes, und mit der Wissenschaft das Wohl der Seele. —

Wer nun die Wissenschaft nicht auf allen diesen drei Wegen, sondern nur auf einem derselben erfasst, gleicht dem Kranken,

der nur ein Drittheil seiner Kraft hat; denn der Kranke steht
zwischen Lebenshoffnung und Todesfurcht. Derartig sind nun
die Leute der Tradition, welche die Religion nur vermöge des
Hörens vernehmen, sie stehen zwischen Zweifel und Sicherheit. Der Zweifel ist für die Seele eine Seelenkrankheit, Gewiss-
heit aber ihre Gesundheit. Sie haben von der Wissenschaft
auch nur ein Drittheil, desswegen krankt ihre Seele.

Die Bittenden zerfallen in zwei Arten. Die Einen verlangen
nach dem Bedürfniss dieses Lebens, um den schwindenden
Körper zu stärken, die anderen verlangen nach Wissenschaft
um das Wohl der Seele, aus der finstern Thorheit zu retten,
ein solcher strebt nach Religion und Rückkehr, dem Glück der
andern Welt.

Ebenso giebt es zwei Sitze; Eine Stätte für Speis und
Trank und Genuss körperlicher Lüste an Pflanzen der Erde
und Fleisch der Thiere, um den schwindenden wandelbaren
Körper zu erhalten und einen Sitz für Wissenschaft und Weisheit um die geistige Lust der andern Welt, welche den ewigen Seelen, deren Substanz nicht weicht und deren Freuden
nicht schwinden eigen ist, zu haben.

Wenn der Körper nur so viel Speise und Trank nimmt,
als zur Sättigung genügt, ist er wohl; nimmt er mehr, wandelt
sich die Lust zum Schmerz und die Gesundheit zur Krankheit. Dann weilen die Speisen eine Zeit, sie kochen und
nehmen dann die Glieder, jedes einzelne, ihr Genüge an Nahrung. Das, was übrig bleibt, wird stinkig und muss hinaus-
befördert werden; wo nicht wird die Lust zum Schmerz und
Krankheit. Doch im Sitz für Wissen und Weissheit und geistiger
Lust findet nie Ekel statt, denn dies sind geistige Freuden von
der Lust der andern Welt; die Wissenschaft des Gelehrten wird
auch nicht geringer, wenn sich viele von ihm belehren lassen
und ihm zuhören, denn das sind ja Schätze der andern Welt.

Von Speis und Trank nimmt man nur so viel um den
Schmerz des Hungers und des Durstes zu stillen, ist das geschehen, so ist's gleich, ob diese Ruhe durch viele Speis und
Trank oder ein Stück Gerstenbrods, einen Trunk frischen Wasser
bewirkt ward. Der Messias spricht zu den Jüngern, das Essen

von Gerstenbrod und Trinken frischen Wassers ist viel für
den, der morgen im Paradies weilen will. —
Die wahre Sehnsucht muss auf die Vorzüge der Weisheit
gerichtet sein, den wahren Werth der Dinge zu erkennen. Die
Sache des Leibes gering, die aber des Geistes hoch zu achten, sich von dem Meer der Materie zu erheben und zu der
Welt der Geister aufzusteigen.

Die Theilseelen erleiden, eine von der andern Eindrücke,
und zwar in einer von diesen vier Eigenschaften. 1. Von ihrer
Vorstellung (Gegenüberstellung), welche sie durch ihr Zusammensein mit dem Körper gewinnen, 2. ihren Charakter-Anlagen,
an welche sie sich gewöhnen, 3. ihren Ansichten, an welche
sie glauben, 4. ihren Thaten, die sie sich erworben. —
Ist die Seele reich an Erkenntniss und Wissenschaft, von
schönen Charakteranlagen, richtigen Ansichten, rechtem Glauben und auserwählten Werken, so erwirbt sie sich dadurch
die wahren schönen Formen, die schön glänzend, herrlich,
geistig sind, trennt sie sich dann vom Körper und ist die Seele
selbstständig in ihrem Wesen, kann sie durch ihre eigene
Substanz des Zusammenhangs mit dem Körper entbehren und
sich von der Materie trennen, sie ist dann frei vom Rost der Natur.
— Die Seele erblickt dann ihr eigentliches Wesen und schaut
ihre Form, sie betrachtet ihre Schönheit und ihr Licht, ihren
Glanz und ihre Schönheit, steht klar da und sie erblickt das,
was sie an Gutem gethan, gegenwärtig, so oft sie ihr Wesen
anblickt, nimmt sie an Freude und Lust zu, und das wäre dann
ihre Vergeltung und liebliches Glück, von welchem sie sich
nie trennt. Vgl Kor. 3, 26. Am Tage, da jede Seele das,
was sie Gutes gethan, gegenwärtig dargestellt finden wird, doch
bei dem, was sie an Bösem verrichtet, wird sie wünschen, dass
zwischen ihr und ihm eine weite Strecke wäre. Sind dagegen
ihre Thaten schlecht, ihr Wandel ausschweifend, ihre Charakterzüge verderbt, ihre Erkenntniss nichtig, gewinnt die Seele, ohne
dass sie es merke, eine hässliche Form, dies geschieht, während sie noch an den Körper gebunden, sie mit dem sinnlich
Wahrnehmbaren beschäftigt ist und sie sich an dem Glanz der
Natur und dem Schmuck der Materie ergötzt. —

Dann kommt der Todeskampf, d. i. die Trennung der
Seele vom Leibe und trennt sich die Seele in diesem Zustande gegen ihren Willen. Dann sind ihre Sinneswerkzeuge
wodurch sie die leiblichen Lüste erfasste eitel und bleibt sie
leer, sie sieht dann ihr Wesen und erkennt das was sie gethan, als eine hässliche Form, sie ist traurig und schmerzt sie
dies; sie möchte, dass zwischen ihr und ihm eine weite Strecke
läge, sie bleibt in diesem Zustand mit Schmerz über ihr Wesen.
Das ist dann ihre Vergeltung und schmerzliche Strafe wie
Gott spricht, so kostet denn, was ihr gethan. —

So beeifere man sich nach wahrer Erkenntniss, wohlge-
fälligen Charakteranlagen und guten Ansichten zu streben um
jenes Ziel zu erreichen. —

Die Grenze des menschlichen Wissens.*)

Ueber die höchste Grenze des menschlichen Wissens, wie man dahin gelangen kann und dadurch auf die Erkenntniss des Schöpfers geführt wird. —

Als Gott Adam aus Staub schuf, ihn in der besten Haltung formte und ihm dann seinen Odem einhauchte, bestand dieser irdische Körper durch den erhabenen Oden doch nicht wegen seiner selbst. — Da aber der Teufel nun diesen irdischen Leib sah, aber von dem erhabenen Geist nichts erkannte noch sah, so sprach er, ich bin besser als jener. Mich schufst du aus Feuer, ihn aber aus Staub, das Feuer ist aber besser als Staub, denn es ist ein leuchtender, sich bewegender Körper, dagegen der Staub ein dunkler und ruhender. Dies war nun vom Teufel ein Fehlschuss, denn die Anbetung (der Engel vor Adam) geschah nicht wegen dieses irdischen Körpers, sondern wegen dieses Geistes.

Mit dem Körper isst und trinkt und schläft der Mensch, durch die Seele d. i. dem Geist bewegt er sich, nimmt er wahr, redet und weiss er.

Das Wissen ist die Nahrung der Seele und ihr Leben, ebenso wie Speis und Trank, Nahrung des Leibes und sein Leben ist.

----

*) Die 17ste der ganzen Reihe, die 14te der Naturwissenschaften.

Das Wissen kommt dem Menschen theils in einer ihm natürlichen, ihm eingepflanzten Weise zu, dies gilt von dem, was er durch seinen Sinn und durch die Grundsätze der Vernunft erfasst, theils besteht es in Objecten der Belehrung und ist erworben, wie die Propaedeutischen und Bildungswissenschaften und die Lehren von dem Urgesetz. —

Von den Menschen begehren die Einen weder Belehrung noch Bildung, sie reden nur von dem, was die Sinne erfassen, und in den Ursätzen der Vernunft liegt. Anderen genügt die Autorität und streben sie nicht nach dem, was dahinter liegt. Andere erstreben solche Wissenschaft, wozu kein Weg hinführt, welche die Seele weder erfassen, noch die Vernunft sich vorstellen kann, da sie die eigentliche Bedeutung derselben wegen ihrer Feinheit nicht begreifen können. —

So giebt es Menschen, welche über die Entstehung der Welt nachdenken und nach dem Grunde, welcher ihr Sein bedingte, nachdem sie doch vorher nicht war, forschen. Da sie dann die Entstehung der sinnlichen Welt weder erkennen noch sich dieselbe in ihrer Vernunft vorstellen können, so treibt sie ihre Thorheit zum Ausspruch, dass die Welt uranfänglich wäre. Dem Einen leuchtet dann etwas anders ein, als dem Anderen, und sind sie über die Entstehung der Welt und den dieselbe bedingenden Grund verschiedener Ansicht, je nachdem dies dem oder jenem gut dünkt. In der Abhandlung von den Anfängern der Vernunft haben wir diesen Grund dargethan. —

Wir wollen nun die Grenze wieweit der Mensch, Wissens- und Sinnesobjecte erfassen und den eigentlichen Werth der Dinge ergründen könne, darlegen.

Denkt jemand über die Art und Weise nach, wie die Welt hervorging und was der Grund ihres Entstehens gewesen sei, nachdem sie ja doch vorher nicht war, und will er sich das vorstellen, während er nichts davon weiss, wie der Körper zusammengesetzt worden und der Bau gefügt, noch wie sein Wesen hervorging; er auch das, was die Substanz seiner Seele ist, nicht kennt, noch wie und aus welchem Grund beide verbunden wurden, da beide vorher ja nicht verbunden waren, dies alles sind ja Dinge, die dem Verständniss näher liegen,

so ists, wie wenn einer, der nicht 100 Pfund tragen kann,
tausend zu tragen unternimmt, oder wenn einer, der nicht
gehen kann, laufen will, oder jemand, der seine Hand nicht
sehen kann doch das, was hinter dem Vorhang ist, er-
blicken will. Ein solcher kann natürlich nicht wissen, aus
welchem Grunde die Seele mit dem Leibe verbunden ist und
weshalb sie sich von jenem am Ende des Lebens trennt, er
weiss auch nicht, wohin sie dann geht noch woher sie vor-
dem kam.

Betrachtet man den Lauf der menschlichen Dinge so sieht
man, dass der Mensch zwischen den Extremen die Mitte hält,
er ist weder zu klein noch zu gross, er ist weder sehr lang-
noch kurzlebig. Seine Existenz liegt weder vor der Existenz
der Dinge noch nach derselben. Einige der Dinge bestanden
vor ihm, so die Elemente, Sphären; andere erstanden nach ihm
wie alles künstlich geschaffene. — Auch liegt seine Heimath
in der Mitte, sie liegt weder in den äussersten Enden der Welt
im Norden; noch gerade im Süden. Auch in der Erhabenheit
und Niedrigkeit der Geschöpfe steht er in der Mitte. Es giebt
Creaturen, welche höher stehen als er, Engel, Gott Nahgestellte,
andere stehen dagegen niedriger, so die Thiere.

Auch in Hinsicht der Kraft und Schwäche hält der Mensch
die Mitte. Einige Creaturen sind stärker wie er, so der Löwe,
andere schwächer, wie die Kleinthiere. Auch im Wissen und
Nichtwissen steht er in der Mitte, er ist weder fest in den
Wissenschaften wie die Engel, noch unwissend wie die Thiere.
— Auch die von ihm erfassten Wissensobjecte halten die Mitte,
der Mensch kann weder das Sehrviel, wie die hochverdoppelte Zahl noch das ganz kleine wie das nicht mehr theilbare
Theilchen, das Atom, erfassen. —

Auch beim Gewicht kann der Mensch nur das Mittlere
sich vorstellen, er erfasst weder die übergrosse Wucht, wie
das Gewicht der Gebirge, noch das zu leichte wie das Stäub-
chen. Bei den Distancen kann er nur die Mittlere sich vorstellen, weder die übergrosse Weite von Land und Meer, noch
das ganz nahe, wie ein kleines Nadelöhr oder Kerdel-Körn-
lein. —

Auch die Kräfte seiner Sinne sind dem analog - nur das
Mittlere erfasst der Mensch. Die Gesichtskraft kann die Farben weder in der dichtesten Finsterniss noch in dem zu hellen
Licht erfassen, so wenn jemand um Mittag an einem Sommer-
tage in die Sonne sehen will. Einen zu gewaltigen Ton kann
der Mensch ebenfalls nicht erfassen, noch auch einen zu leisen
wie das Kriechen der Ameisen, und dasselbe gilt vom Schmeck-,
Riech- und Tastsinn. —

Zu grosse Hitze und Kälte bringen der Mischung Verderben und nur bei gemässigter Mischung kann man sinnlich
wahrnehmen. Vgl. die Sinnliche Wahrnehmung. (23).

Dasselbe gilt von der Wissenskraft des Menschen und
seiner Erkenntniss der verborgenen hingegangenen Dinge und
Kunden, er kann dieselben nur aus der seinem Sinn zunächst-
liegenden Zeit wissen. Wir kennen nur unsere Väter und Gross-
väter. Solche Dinge wie die Nachrichten der Kinder Israel,
nach und vor der Sündfluth bis zu Adam, dann das, was
vor Adam war, die Geschichte der Engel und Genien, die die
Erde bewohnten und sie verdarben, bevor Adam geboren ward;
Das kann der Mensch nicht wissen noch hat er einen Weg
dazu es zu erkennen, es sei denn, durch Inspiration. —

Dasselbe gilt von den Dingen der Zukunft, er kann es
nur durch Andeutungen der Sterne und zwar aus weder zu nah
noch zu fern liegender Zeit erkennen, so wie Astrologen aus Conjunctionen die in je 20 Jahren oder je 240, oder in je 960 Jahren
stattfinden, schliessen. Aus den Conjunctionen aber, die in je
3840 Jahren oder in je 7000 Jahren einmal stattfinden, kann
der Astrolog nicht auf das Seiende schliessen, weil es so fern
in der Zukunft liegt. —

Auch die Vernunftkraft des Menschen ist eine mittlere.
Dieselbe kann sich nur die zwischen Klarheit und Verborgenheit in der Mitte liegenden Vernunftsobjecte vorstellen. Wegen
allzu heller Klarheit und zu klarem Hervortreten, nicht aber
wegen der Verborgenheit seines Wesens kann die Vernunft des
Menschen den Schöpfer nicht in seinem eigentlichen Wesen
erfassen, ebenso kann er nicht die Gestalt des Alls sich vorstellen, weil es zu gross, nicht weil es zu klein ist.

Auch kann der Mensch die von der Materie abstrahirte Form wegen ihrer zu grossen Reinheit, nicht etwa wegen ihrer Verborgenheit und Feinheit nicht erfassen. Dagegen giebt es andere Dinge, welche der Mensch wegen ihrer Verborgenheit und Feinheit nicht erfasst, so der Theil, der sich nicht mehr theilen lässt, oder die von der Form gelöste Urmaterie. Auch kann er aus demselben Grunde nicht erkennen, wie sich der Embryo im Mutterschooss, das Hühnchen im Innern des Ei's, das Korn in der Frucht-Hülse, die Frucht im Blüthenkelch bildet.

Diese Dinge erfasst die sinnliche Wahrnehmung als fertige, jedoch in der Zeit ihres Entstehens erfasst sie dieselbe nicht, auch stellt sich die Vermuthung dies nicht vor. Wer nun wissen will, wie die Welt entstand und warum sie ist, der muss zuerst über diese Dinge nachdenken, sie wohl zu wissen und sich vorzustellen, dann denke er über jene Frage nach.

Wer dies zu wissen behauptet, der soll uns angeben, wie denn die Form der Welt, sowie sie jetzt ist, geworden sei, denn seine Sinne bezeugen ihm ja dieselbe. Dagegen lasse man, was vergangen und zukünftig ist. Ein solcher soll uns ferner sagen, was die Zeichnung im Monde sei, die doch die Menschen immer sehen, von den Dingen zu schweigen, welche man nicht sieht, oder er sage uns, was die Milchstrasse sei, die wir ja stets vor Augen haben. Kein Gelehrter gab bisher darüber eine genügende Auskunft. Oder man sage uns die Ursache von der Wiederkehr der Gestirne, den Grund ihrer Distancen und Masse, ihrer Grösse, ihres Laufes, ihrer Bewegungen und warum sie sich jetzt gerade in diesem Zustand befinden.

Man kann zum Wissen dieser Dinge nur gelangen, wenn man es von den Propheten überlieferungsweise bekommt, so wie jene es von den Engeln empfingen.

Die Kenntniss des Menschen steht zu der der Engel etwa in dem Verhältniss, wie die Kenntniss der Wasserthiere zu der der Landthiere, und die der Landthiere zu der des Menschen. Die Wasserthiere haben Sinn, Bewegung und Unterscheidung, um ihrer Nahrung und ihrem Wohl nachzugehen, und vor ihrem Schaden zu fliehen, auch Männchen und Weibchen zu unterscheiden und ihres Gleichen zu erkennen. Doch haben sie von den Sinnen und Zuständen der Landthiere und deren Verhältnissen nur sehr geringe Kenntniss. Dasselbe gilt von der Kenntniss der Landthiere, über die Verhältnisse des Menschen, sie haben nur sehr wenig davon und ebenso haben die Menschen von den Verhältnissen der Engel, den Bewohnern der Weiten des Himmels nur geringe Kenntniss. — Dasselbe gilt von den Zuständen der Engel, von ihren Stufen und Ständen, den Anfangs- und erhabenen Endstufen, das ist eine gewaltige Prophetie. Die Heere Gottes, kennt nur Gott.

Unsere Kenntniss von der höchsten Versammlung und ihre Beziehung zum Wissen Gottes ist ganz gering. Die Menschen erfassen davon nur soviel, als Gott will.

Es giebt keine Wissenschaft oder Erfahrung, es sei denn, dass es zwischen ihren Vertretern Streit gebe. Ein solcher findet denn auch unter den Gelehrten über die Entstehung, oder Uranfänglichkeit der Welt statt. Da giebt es zwei Partheien die Philosophische und Theologisch-Prophetische. Alle glauben, die Körper seien erst entstanden und so auch die behren Philosophen, dagegen reden mangelhafte und in ihrer Rede zweifelhafte Philosophen von der Uranfänglichkeit der Welt und haben sie Anhang unter denen, die nicht recht nachdenken. Diese gleichen thörichten, stumpfen Knaben.

Eine Parabel.

Ein Mann hatte z. Th. verständige, z. Th. thörichte Kinder. Diese sahen in den Kellern ihres Vaters viel verschieden geartete, gestaltete Zuckersachen. Die Verständigen wussten, dass ein kluger Werkmann solche gemacht, den Unverständigen jedoch blieb solches verborgen. Die Einsichtigen dachten darüber nach, woraus jener solche gemacht und womit er sie geformt, sie sagten, er mache solche aus einem andern Ding, den weniger Einsichtigen blieb aber solches unbekannt.

Die Letzteren fragten nun wie hat er sie gemacht und weshalb formte er sie so. Die Einsichtigsten bedurften dieser Fragen gar nicht. Die darunter stehenden aber dachten darüber weiter nach. Die unkundigen Geschwister fragten dann ihre Brüder nach dem Fabrikanten dieser Zuckersachen und die anderen antworteten, das sei der Zuckerbäcker, sie fragten weiter, wer ist das, sie erwiederten ein gewandter Arbeiter. Andere waren thöricht und glaubten nicht daran, weil sie ihn weder gesehen noch von ihm gehört.

Die Ersteren fragten dann weiter, woraus hat der Zuckerbäcker diese herrlichen Dinge gemacht und sie sagten aus Zucker, Oel und Mandeln.

Dies glaubten wiederum Einige, die anderen hielten es für eine Lüge, da sie solches weder gesehen noch erkannt hatten.

Sie sprechen zeigt uns etwas davon. doch jene erwiederten, der Zuckerbäcker liess weder Zucker, noch Oel, noch Mandeln zurück. er verwandte alles. Die Einen glaubten das, die andern hielten es für Lüge, da sie nichts sahen.

Dann fragten jene, wie hat der Zuckerbäcker solches gefertigt, sie sprechen er baute einen Ofen, zündete Feuer an, stellte den Kessel auf, goss das Oel darin, warf den Zucker hinein. bewegte ihn mit dem Löffel, so verband sich der Zucker mit den Mandeln. Die Einsichtigeren sahen das ein, die Unverständigen aber nicht.

Darauf entstand Streit über alle diese Fragen und rieten die Einsichtigen, dass die Schiedrichter richten und entscheiden sollten. Dieselben sagten nun das wären Werke ihres Vaters und dabei beruhigten sich die Seelen der Brüder, weil sie leichter von ihrem Vater als von dem Zuckerbäcker sich eine Vorstellung machen konnten. Fragten sie dann weiter, woraus er dies gemacht wäre, nannten jene etwas was sie kannten und beruhigten sie sich darüber. Fragten sie, wie hat er es gemacht und wie geformt, antworteten sie so wie er wollte und beruhigte dies sie.

So ist's nun auch mit dem Streit der Gelehrten über die Neuerstehung oder Uranfänglichkeit der Welt. Die wunderbaren Gattungen aller Creatur und wunderbaren Arten aller

8*

Producte gleichen den mit Gegenständen angefüllten Vorraths-
räumen. Fragt man nach der Neuerstehung der Welt, wie sie
gemacht und nach ihrem Stoff, so ist's wie mit den Fragen der
unverständigen kleinen Brüder. Jene verständigen Gelehrten,
welche befragt, eine weitere Erklärung gaben und den Streit
zwischen den Geschwistern beilegten, sind den Philosophen
zu vergleichen, welche über die Art und Weise der Entstehung
der Welt, der Materie, Form und Grundanlage, Natur und den
seltenen Worten mit schwer vorzustellenden Bedeutungen
handeln. Die Schiedsrichter zwischen jenen sind dann gleichsam die Propheten und deren Stellvertreter. Der gütige milde
Vater ist der Schöpfer.

Ueber den Grund der Weltentstehung, das Wie ihrer
Schöpfung, was sie sei und ihre Form ist in den Anfängen der
Vernunft (32) gehandelt.
Bei der Weise, wie die Philosophen davon sprechen, muss
der Betrachtende reiner Seele sein und sich Geistiges vorstellen können. Wer aber das Beschriebene nicht versteht, der
muss sich mit dem Ausspruch aller Philosophen begnügen,
dass die Welt verursacht sei, die Grundursache aber der Schöpfer wäre, wie auch die Propheten kund thun, die Welt ist
geschaffen und ihr Schöpfer, Beginner, Erdenker, Gott.
Wer Solches dann aber nicht annimmt, sondern sich auf
seine Einbildung verlässt, bedenke, dass dergleichen keine Wahrheit habe und man sich nicht darauf verlassen kann, ebenso wie
man sich beim Anblick von der Farbe einer Speise erst nach dem
Entscheide des Geschmacks dieselbe wirklich vorstellen kann,
man muss in diesen schwierigen Fragen des Raths der aufrichtigen Freunde sich erfreuen.
Die alten Gelehrten haben über verschiedene Wissenschaften und Bildungsarten gehandelt. Die Einen über die Fügung
der Sphären und Entscheide der Sterne; Andere über Arzneikunde, Natur und das was unterhalb der Mondsphäre ist.
Die Gelehrten des Gesetzes wissen hiervon meist nichts, denn
entweder können sie solches nicht verstehen, oder sie befassen
sich nicht damit, da sie sich mit dem Religionsgesetz und dessen Entscheiden beschäftigen. Die meisten, welche sich als

Anfänger oder Leute mittelmässiger Kenntniss mit der Philosophie beschäftigen, schätzen die Dinge des Urgesetzes oder Gesetzentscheide gering, sie ordnen sich demselben nur aus Furcht oder wider Willen auf Befehl der Könige, welche ja Genossen der Propheten sind, unter, weil sie von demselben so wenig Einsicht haben.

Es ist die Methode unserer Brüder beider Lehrweisen zu betrachten und den wahren Werth der Geheimnisse in Philosophie und Prophetie zu ergründen, da dies ein weit umfassendes Gebiet ist, müssen wir das, was nothwendig erwähnt werden muss, hervorheben. Philosophie und Prophetie sind beides göttliche Dinge, die zwar dasselbe in der Hauptsache erzielen, aber in den Nebendingen verschieden sind.

Das höchste Ziel der Philosophie ist, wie in der Definition derselben festgestellt wird: sie sei das Aehnlichwerden der Gottheit, soweit dies dem Menschen möglich. Vier Eigenschaften sind die Grundlagen derselben: 1. Die Erkenntniss von dem eigentlich Werth des Vorhandenen. 2. Das Glauben an richtige Ansichten 3 sich durch schöne Charakterzüge bilden zu lassen, 4. reine Thaten und gute Werke zu thun. Das Ziel dieser Eigenschaften ist die Rechtleitung der Seele und das sich Erheben aus dem Zustand des Unvollkommnen zu dem des Vollkommnen, das Heraustreten aus der Grenze der Kraft zur That und Erscheinung, damit dadurch Bleiben und und Ewigkeit im ewigen Leben mit den gleichgearteten Engeln erreicht werde.

Dasselbe Ziel hat die Prophetie und das Urgesetz, nämlich das, die menschliche Seele wohl zu leiten, ihr Wohl zu begründen und sie aus der Hölle, der Welt des Seins und Verderbens zu dem Paradies in der Weite der Sphären gelangen zu lassen, und sie den Hauch und Duft desselben, die ja beide im Koran erwähnt sind, einathmen zu lassen. Die dahin führenden Wege sind verschieden und zwar wegen der verschiedenen Naturen und der Krankheiten, welche der Seele zustossen. Somit giebt es verschiedene Satzungen des Urgesetzes und Bräuche der Religion, wie die Tränke und Heilmittel für die verschiedenen Krankheiten verschieden sind, ebenso ferner wie die Wege der Pilger zum Hause Gottes verschieden sind, je nach den verschiedenen Stätten im Osten, Westen, Süden, Norden der heiligen Orte.

Alles Vorhandene zerfällt in zwei Arten in Ganze, d. i. Alldinge und Theildinge. Die Alldinge sind ewiger Dauer, denn sie beginnen in der Zusammensetzung vom Obersten zum Untersten, vom Vollendetsten zum Unvollkommensten, vgl. die Anfänge der Vernunft.

Die Theildinge sind immerfort im Sein der Vollendung zugewandt, sie beginnen vom unvollkommensten Zustand und steigen zum vollendetsten auf.

Der Mensch gehört zu den Theildingen. Er ist zusammengesetzt aus zwei Substanzen, die eine ist der körperliche Leib, die andere die geistige Seele. Der unvollkommenste Zustand des Körpers ist sein Anfang aus dem Saamentropfen, bis dass er ein vollständiger Mann wird, der unvollkommenste Zustand der Seele, dass sie sei ohne etwas von sich zu wissen Kor. 16, 80. Gott liess euch aus dem Schoose eurer Mütter hervorgehen, ohne dass ihr etwas wusstet. Ihr vollendetster Zustand ist dann aber, dass ihre Vorzüglichkeiten von der Kraft zur That fortschreiten, so dass die Menschen vertrauend, wahrhaft wissend, weise Philosophen werden, vgl. Kor. 6, 91. „Euch wurde gelehrt, was ihr nicht wusstet, weder ihr noch euere Väter. Gott lehrte dem Menschen was er nicht wusste“. Jede gute That, jede höhere Wissenschaft kommt von einem weisen Schöpfer, das liegt in den Grundsätzen der Vernunft. Jeder weise Schöpfer hat bei seinem Thun ein Ziel, d. h. das Ende, wohin das Denken der Seele voraufging. Hat der Schöpfer das Ziel erreicht, hat auch das Werk seinen Abschluss.

Der Umschwung der Sphären ist ein wohlgefügtes Werk, und der Schöpfer desselben weise, er hat dabei ein Ziel, ist dasselbe erreicht, so schneidet er das Werk ab und es steht der Himmel still.

Das lieblichste was der Mensch geniesst ist der Honig und die geschätzteste Kleidung Seide und Brocat, wenn auch der Seidenwurm und die Biene kleine Thiere sind. Wenn das kleinste Thier das edelste Werk verrichtet, steht fest, dass der Körper das Werk nicht verrichtet.

Die Saat und Bäume sind dazu da Körner und Früchte hervorzubringen, ihr Ziel ist die Korn- und Obsternte. Das Ziel davon ist, dass die Creatur zur Vollendung gelange sich fortpflanze, dass der Tod (des Geschlechts) vermieden werde.

Wird die Frucht vor der Reife genommen, bringt sie nicht den Nutzen, wie wenn sie greift ist, dasselbe gilt von der menschlichen Seele, ist ihre Form nicht vervollkommnet durch wahrhafte Erkenntnis, noch ihre Substanz durch schöne Anlagen, oder ihre Vernunft durch wahre Ansichten vollendet, auch ihr Wesen nicht durch schöne Thaten veredelt, so hat sie nach dem Tode. d. i. der Trennung der Seele vom Leibe nicht die Vollendung, wie der im Mutterschooss nicht vollkommen ausgebildete Embryo sich nicht des Lebens wohl erfreut.

Leben und Tod.*)

Diese Abhandlung betrachtet das Wesen des Lebens und
Todes. Sie behandelt die Frage, warum beide in der Welt
des Entstehens und Vergehens seien, d. h. den Grund, weshalb die vernünftige Seele dem menschlichen Körper bis zur
Zeit des Todes verbunden sei. Warum man nach dem Tode
begehren und sicher sein kann, dass die Seele nach dem Tode
dauern und bestehen werde.

Die Erkenntniss von der Seele und dem Wesen des Menschen bedingt den Anfang aller wahrhaften Wissenschaft. Der
Mensch ist eine aus zwei verschiedenen Substanzen bestehende
Gesammtheit, und dazu treten Accidenzen, welche beide betreffen.

Die eine Substanz ist der leibliche Körper, die andere die
geistige Seele (vergl. der Mensch eine kleine Welt, 25).

Die Substanz der Seele ist erhabener als die des Leibes.
Die Kenntniss des Menschen von der Substanz der Seele und
ihren Zuständen ist somit erhabener als seine Erkenntniss von
der Substanz und den Zuständen des Leibes.

Ueber das Wesen und die speciellen Eigenschaften des
Leibes siehe die Abhandlung die Materie und die sinnliche
Wahrnehmung (14, 23).

Hier handeln wir über die Kenntniss von der Seele und
ihren Zuständen. Die Erforschung der Kenntnisse geschieht
von neun Seiten, wie dies in der Abhandlung der Wissens-

---

*) Die 78ste der ganzen Reihe, die 15ste der Naturwissenschaften.

kunst dargestellt ist (10), nämlich: Ob es, was es, wie es, wie viel es, welches Ding es, wo es, wann es, warum es, wer es.

Was die Seele sei, behandelten wir in der Abhandlung von der Vernunft (34).

Ihre Quantität in der Abhandlung dass die Welt ein grosser Mensch (33) sei.

Wo die Theilseele ehe sie mit dem Körper sich verband war, ist in der Abhandlung vom Einfall des Samentropfens behandelt (24).

Wo sie bei der Trennung vom Leibe sei, steht in der Abhandlung von der Heimsuchung und Auferstehung (37).

Diese Abhandlung redet von der Lehre vom Tode, und ist darzustellen, wie die Seele mit dem Leibe sei, warum sie mit demselben verbunden ward und warum sie sich von ihm trennt. Da nun aber die Theilseelen von der Allseele ausgesandte Kräfte sind, reden wir zuerst von der Allseele, welche die Seele der Allwelt ist, und warum sie dem Allkörper. d. i. der Allwelt, von der äussersten Sphäre bis zum Erdmittelpunkt hin verbunden ward.

Von allem Vorhandenen ist eins unter das Andere gereiht und hängt in der Existenz mit dem Urgrund d. i. dem Schöpfer so zusammen, wie die Zahl sich von der Eins, die ja vor der Zwei ist, sich reiht (vergl. die Anfänge 31). Die Seele ist eine der Vorhandenen und ist sie unter die schaffende Vernunft, doch über den Allkörper gestellt. Der Körper war leer, ohne Gestaltung, Formung, Zeichnung oder Leben, jedoch für das Alles seiner Natur nach empfänglich. Die Seele dagegen ist lebend im Wesen, wissend in der Kraft, und schaffend. Nach göttlicher Weisheit sollte die Seele nicht leer und unbeschäftigt, noch der Körper bei seiner Empfänglichkeit für die Vollendung im defecten Zustande bleiben. Nun ist's nicht möglich für die Seele, dass sie auf Wesen, die über ihrer Stufe stehen, d. h. die schaffende Vernunft, Macht ausübe; sie verband sich daher der göttlichen Weisheit gemäss dem Allkörper, der in der Stufe unter ihr steht, und übte auf denselben Einfluss in Bewegung, Gestaltung, Formung, Zeichnung und Färbung aus, damit der Körper dadurch vollendet

und die Seele dadurch vollkommen würde, damit sie, was in ihr
der Kraft nach von Weisheit und Kunst enthalten war, zur
That und zum Hervortreten brächte. Sie gleicht darin der
Weisheit des Schöpfers, welcher in seiner Allmacht sich nicht
damit begnügte, die Dinge vor ihrem Sein zu wissen, sondern
sie ins Sein rief. Er liess das All im Grossen hervortreten,
und dient der Theil, wie das Tröpfeln des Blutes im Körper,
als Gleichniss dieser Weisheit im Einzelnen. Deshalb ward
also die Allseele dem allgemeinen Allkörper, d. i. der Allwelt
verbunden, und durchdringt die Allseele von der äussersten
Sphäre bis zum Endmittelpunkt alle Sphären, Sterne, Elemente
und Producte.

Wie die Kräfte der Allseele die Welt durchdringen.

Wenn die Kräfte der Allseele ausströmen, beginnen sie
vom obersten Theil der Umgebungssphäre aus dem Mittelpunkt
der Welt zuzuströmen. Sie durchdringen Sterne, Sphären, die
vier Elemente, eins nach dem andern, bis dass sie zum Endmittelpunkt der Welt gelangen. Dieselben sammeln sich dort
und wird dies die Ursache, dass die vergänglichen Theilkörper
unter der Mondsphäre, d. i. Thier, Pflanze, Mineral bestehen.
Wenn die Kräfte der Allseele dann zum äussersten Endpunkt
wieder zurückstreben, dies ist das höchste Ziel in der Länge
der Zeit, und sich diese Kräfte nach dem Umgebungskreise
rückkehrend verbinden, so ist dies die Ursache, dass die
menschlichen Theilseelen, die vollendet sind, aus dem Körper
heimgesucht werden. Dies ist die kurz zusammengefasste
Rede, die wir erklären müssen, um zu zeigen, dass der Tod
eine Weisheitslehre sei.

Alle Creatur scheut den Tod und liebt das Leben, und
wiewohl viele Gelehrte sagen, der Tod sei eine Wahrheit und
Weisheit, so weiss man doch nicht wie dies zu fassen. Jene
nehmen als Beweis das Wort Gottes (67, 2). „Er ist's der Leben und Tod schuf, Euch zu versuchen, welcher von Euch
am besten gehandelt habe". Auch wissen sie die Bedeutung
des Wortes nicht: bei alle dem lieben sie das Leben und

scheuen den Tod. Dann tadelt man das Leben, wenn der
Lebensunterhalt trübe ist, und wünscht man sich bei Unglücksfäl-
len den Tod. Es gilt zu zeigen was das Leben sei und warum
jene den Tod verabscheuen und das Leben lieben; ferner was
für eine Weisheit darin liegt, dass beide geschaffen wurden.

Ueber den Ausdruck Leben und Tod.

Wenn der vernünftige Denker über die Zusammensetzung
dieses Leibes nachdenkt, erkennt er was für eine sichere Weisheit im Bau desselben liegt (vgl. das Buch von der Anatomie);
er erfasst den Nutzen der Glieder, die wunderbare Fügung
und Zusammensetzung der Knochen, endlich die schöne Har-
monie der Gliedmassen, indem die Sehnen sich über die verschiedenen Knochen hinziehen, darum gewickelt sind. die Gelenke festhalten und so bis zu den Enden des Körpers gehen;
aber bei dem Gehirn anfangen. Es stehen dieselben mit den festen
Muskeln in Verbindung. welche die Gliedmassen bewegen, und
die Stränge (Nerven), von welchen die feinen zarten Fädchen beginnen, wodurch sinnliche Wahrnehmung und Wissen bewirkt
wird. Die Venen beginnen aus der Tiefe der Leber, verbreiten
sich zwischen dem Fleisch und lassen das Blut zu allen Theilen
des Körpers dringen; die Schlagadern beginnen vom Herzen
und breiten sich in der Tiefe des Körpers aus; sie lassen den
Puls zu allen Theilen des Körpers gelangen.

In dem Buch von der Zusammensetzung des Körpers (22)
zeigten wir, wie eine Etage des Körpers über der andern auf-
gebaut wurde, sowie dass die Gefässe des Magens zu verschiedenen Zwecken. Nutzen herbeizuziehen und Schaden abzuwehren gebildet wurden. Dann wie der Körper aus dem
Samentropfen erstand, die leibliche und geistige Vollendung
des Menschen geschah und er zum Staube wieder ward.

Denkt der Vernünftige über die Schöpfung und Entwicke-
lung des Embryo sowie über das Hervortreten und die Entwicke-
lung desselben nach, so sieht er die grosse Weisheit in dem
allen, er erkennt dass der Zustand der Seele mit dem Leibe,
mit dem Embryo im Muttersschooss zu vergleichen sei, und die

Geburt desselben dem Tode, d. i. der Trennung der Seele von demselben entspreche.

Was Tod und Leben sei.

Tod und Leben zerfallen in zwei Arten, leiblich und geistig.

Das leibliche Leben ist nichts als dass die Seele des Körpers sich bedient.

Der leibliche Tod ist nichts als dass die Seele es unterlässt den Körper zu gebrauchen.

So ist auch Wachen nichts als dass die Seele die Sinne anwendet, der Schlaf nichts als die Unterlassung dieser Anwendung.

Bei der Seele ist das Leben ein wesenhaftes, ihre Substanz ist lebendig, sie ist in der That wissend, durch die Kraft in den Körpern, Gestalten, Zeichnungen und Formen von Natur schaffend.

Tod der Seele ist ihre Unkenntniss von ihrer Substanz und ihre Sorglosigkeit ihr Wesen nicht zu erkennen. Dies stösst ihr zu, wenn sie zu sehr sich in das Meer der Materie versenkte und sie zu weit in den Tiefgrund des Körpers einging, sie zu sehr sich den leiblichen Begierden hingab.

Da die meisten Menschen die Substanz ihrer Seele nicht kennen und sich um das ewige Leben nicht kümmern, so kennen sie nur dies niedrige irdische Leben, das aufhört, sie wünschen in dieser Welt ewig zu bleiben (vergl. 29, 64), die andere Welt, das ist das Leben. Wenn sie's doch wüssten!

Das Leben des Körpers.

Der Körper ist seiner Substanz nach todt und sein Leben ist ein ihm zustossendes, accidentelles, dadurch dass die Seele ihn bewohnt, ebenso wie die Luft ihrer Substanz nach finster ist, und nur durch die Strahlen der Sonne, des Mondes, der Sterne und des Feuers hell wird.

Dass der Körper seiner Substanz nach todt ist, geht aus seinem Zustand, nachdem die Seele sich von ihm trennte hervor, dann verändert er sich, verdirbt, wird stinkend und wird wieder Staub wie er zuerst war.

Die Theilseelen verbinden sich den Theilkörpern um durch Uebung zur Vollkommenheit zu gelangen, damit das was in ihrer Substanz an Weisheit, Kunst und Vorzüglichkeit enthalten, aus dem Gebiet der Kraft in das der That heraustrete, auf dass die Theilmaterie vollendet, durch sie vollkommen, und so der Theil dem Ganzen ähnlich werde. Die Theilseelen müssen die Leitung und Lenkung lernen, um durch schöne Charakterzüge, richtige Ansichten, gute Thaten, wahre Erkenntnisse die Aehnlichkeit des Theils mit dem Ganzen zu schaffen, wie es in der Definition der Philosophie heisst, dass sie ein Aehnlichwerden mit Gott sei, soweit dies der Mensch vermöge.

Wenn die Menschenseele das äusserste Ziel ihrer Vollkommenheit erreicht und ihre Vorzüge hervorbringt, so wird diese Seele, wenn der Körper gealtert ist, nach ihrer Trennung in einen andern Zustand übertragen und beginnt sie einen neuen Anfang, der erhabener ist als dieser aus Fleisch, Blut und den vier Mischungen zusammengesetzte Leib, der ja Entstehen und Vergehen annimmt, so heisst es im Koran, ihr beginnt einen neuen Anfang.

Das Verhältniss jenes Zustandes ist zu diesem wie der des Kindes im Mutterschooss zu seinem Zustand am Tage der Geburt, wo es aus der Enge in diese Weite der Welt und ihre liebliche Luft, aus der Finsterniss der Eingeweide und des Fruchtsacks (der den Embryo einhüllt) in das Licht tritt. Dort sind dichte Finsternisse.

Die Seele fühlt von diesem Zustande, in den sie gebracht wird, nichts als nach der Trennung vom Leibe, sowie der Embryo nichts von den Zuständen dieser Welt wahrnimmt als nach der Geburt; so sagt der Prophet: die Menschen schlafen, aber wenn sie sterben, erwachen sie, ihr Schlaf ist nur ihre Sorglosigkeit über das was nach dem Tode eintritt, kommt aber der Todeskampf, d. i. die Trennung der Seele vom Leibe, so siehst du die Wahrheit der Verheissung im Koran 50, 21: wir nehmen von dir deine Hülle und dein Blick ist dann scharf. — O du beruhigte Seele, kehre zu deinem Herrn zurück, zufriedenstellend und zufriedengestellt.

Die Weisheit des Todes.

Alles was hervorgeht hat einen Anfang und ein Endziel, wozu es gelangt. Jedes Endziel hat eine Frucht, die geerntet wird. Der Einfall des Samentropfens ist ein Beginnen des Seins, die Geburt das Endziel desselben; die Frucht jenes Einfalls ist nach der Geburt die, dass das Kind sich (des Lebens) erfreue.

Doch geschieht dies nur nach der Geburt. Ebenso kann die Seele erst wahre Freude nach dem Tode, d. i. nach der Trennung vom Leibe geniessen.

Der Tod des Leibes ist die Geburt der Seele, denn der Tod des Leibes ist eben nichts als die Trennung der Seele von ihm, wie die Geburt des Embryo nichts als die Trennung vom Mutterleibe ist. Somit ist der Tod eine Weisheit wie die Geburt eine solche ist. Wie nun der Embryo, wenn seine Form im Mutterschoosse vollendet und seine Schöpfung vervollkommnet ist, nach der Geburt in dem Leben dieser Welt sich ausprägt, ebenso ist es mit der Seele, wenn ihre Form vollkommen und ihre Vorzüge dadurch dass sie mit dem Leibe zusammen war, vollendet sind; sie hat dadurch nach der Trennung des Leibes im andern ewigen Leben Nutzen. Somit ist der Tod eine Weisheit.

Die Seele im Leibe gleicht dem Knäblein, welches zu seiner Belehrung und Bildung in die Schule geht und sich erziehen lässt. Ist dies vollendet, so muss er aus der Schule, denn vollendet ist, was von ihm gewollt ward. Ebenso muss wenn das, was von der Seele, dadurch dass sie mit dem Leibe ist gewollt ward, erreicht ist, denselben verlassen, so wie ein Knabe, welcher die Schule vollendet, hat Tafel und Feder, Dinte nicht mehr für das braucht, was er in seiner Seele vom Koran, der Dichtung, Grammatik, Lexicon und dergl. aufbewahrt hat.

Wenn die Seele in Betreff des sinnlich wahrnehmbaren,

und des geistig erfassbaren vermöge der sinnlichen Wahrnehmung und der Ueberlegung ihre Ziele erreicht, den wahren
Werth der Dinge dieser Welt des Entstehens und Vergehens
erkennt, so erhebt sie sich durch die Uebungen im Beweis
zur Erkenntniss dessen, was den Sinnen verborgen ist, sie erkennt dasselbe in seinem Wesen und ist ihr ihre Welt dann
klar, sowohl ihr Anfang als ihre Rückkehr; sie erkennt klar
die Verhältnisse ihres Gleichen, welche vorausgegangen sind
und zum Himmelreich sich erhoben haben, und sehnt sie sich
dahin aufzusteigen um mit ihres Gleichen zusammen zu sein.
Das kann sie aber nicht mit diesem schweren Körper, es sei
denn sie habe sich von ihm getrennt. Diese Trennung ist der
Tod, ja wäre der Tod nicht, könnte die Seele dort hin nicht
gelangen, und ist somit der Tod Weisheit, Gnade, Güte von
Gott für die guten, einsichtigen, kundigen und reinen Seelen.

Der Leib gleicht einem Schiff, die Seele dem Schiffer, die
guten Thaten den Waaren und Kaufgütern, die Welt dem
Meer, die Tage dieses Lebens der Ueberfahrt, der Tod dem
Gestade, die andere Welt der Stadt der Kaufleute, das Paradies dem Gewinn, Gott dem vergeltenden König.

Wenn der Kaufmann über das Meer geht, und seine Waaren gut sind, so kann er doch wenn er nicht das Schiff verlässt, nicht in die Stadt der Kaufleute treten und entgeht ihm
der Gewinn. So ist es auch mit der Seele und dem Leibe,
wenn sie die Tage ihres hiesigen Lebens mit guten Thaten
vollendet und die Seele den rechten Wandel gethan, gute Characterzüge angenommen, rechte Ansichten erworben, das Sinnlichwahrnehmbare wahrgenommen, die rechte Kenntniss erfasst
und den wahren Sinn der Geistesdinge erkannt hat und zum
Endziel des Lebens als weise gelangt ist, so bleibt ihr nur noch
die Trennung, welche der Tod des Leibes ist. Wäre der Tod
nicht, könnte sie nicht zum Himmelreich aufsteigen, noch in
die Schaar der Engel treten noch zum Paradies gelangen, somit ist der Tod eine Weisheit, da wir nur nach dem Tode zu
unserm Herrn gelangen können (21, 30); jede Seele kostet den
Tod, dann kehrt ihr zu uns zurück.

Die Welt gleicht der Rennbahn, die Leiber den edlen

Pferden, die Seelen den Wettreitern zum guten Ziel, Gott
dem edlen König. Wie nun der Vorderreiter, wenn er zum Thor
des Königs gelangt, nicht in seine Gegenwart kommen kann, es
sei denn dass er vom Pferde steige, und ihm im entgegengesetzten Fall die Ehren entgehen würden, so ist's auch mit den
Seelen der zum Guten Voraufeilenden. Haben sie im Streben
zum Guten ihre Tage vollendet, und schwindet dann das Leben und vergeht der Leib, ist auch die Seele gewiss und vollkommen geworden, so kann sie doch nicht zum Himmelreich
aufsteigen und zu ihrer ersten Stelle bei den Geistigen aufsteigen, da dieser Leib schwer und wandelbar ist und nicht
für die erhabene Stätte passt. Somit ist der Tod eine Weisheit.

Die Welt gleicht ferner einem Saatfeld, der Mutterschooss
dem Gefilde, der Samentropfen der Saat, die Geburt der Pflanze,
die Jugend den Tagen des Wachsthums, das Mannesalter der
Reifung, das Greisenalter dem Trocknias der Aehren und der
Tod der Ernte, die andere Welt aber der Tenne.

Wie auf der Tenne die Samen aller Gattung und Art gesammelt, dann gedroschen und gereinigt werden, auch die
Schalen, Blätter, Stroh von der Frucht und den Körnern getrennt, das Stroh den Thieren und die Spreu dem Feuer bestimmt wird, so werden auch in jener Welt Nationen jeglichen
Glaubens gesammelt, die Geheimnisse enthüllt, und scheidet
Gott das Schlechte und Gute. Er legt die Schlechten einen
über den andern und häuft sie zusammen in die Hölle. Dies
Alles geschieht nach dem Tode, der ist somit eine Weisheit
und Gnade für die Gott Nahestehenden, diese wünschen deshalb den Tod; so spricht Gott (62, 6): O ihr die ihr Juden
seid, wenn ihr denkt, Gott vor allen Menschen nah zu stehen,
so wünscht euch den Tod, wenn ihr wahrhaft seid. Zeichen
der Gott Nahestehenden ist dass sie den Tod wünschen.

Die Seelen gleichen den Werkmeistern, die Leiber den
Werkstätten, die Gliedmaassen den Werkzeugen (vgl. Zusammensetzung des Leibes) Die Werkmeister eifern in den Ge-
werken, sie ertragen die Plage und Mühe Geld zu erwerben
und Reichthum zu gewinnen. Ist einer reich geworden, so
lässt er Laden und Werkzeug und ruht von der Arbeit aus,

ebenso ist's mit der Seele, wenn sie dadurch, dass sie mit dem
Leibe ist, von der Reisekost zur andern Welt genug erworben,
so ruht sie vom Leibe aus und beschäftigt sich mit ihrem eigenen Wesen; würde der Leib ihr nicht genommen, so wäre das
für sie eine Qual und ein Hinderniss, sie wäre dann nicht im
Stande zum Himmelreich aufzusteigen, in den Kreis der Engel
einzutreten, die Weite des Himmels zu durchziehen und den
Hauch des Paradieses einzuathmen, somit ist der Tod Weisheit und Gnade von Gott an die aufrichtigen Diener. So heisst
es im Koran, im Bericht über Joseph. 12, 102." Mein Herr du
verliehst mir Herrschaft und lehrtest mir die Auslegung der
Träume als Schöpfer des Himmels und der Erde, du bist mein
Helfer in dieser und der andern Welt, nimm mich an als dir
ergeben und reihe mich den Frommen zu." Ebenso von Abraham, vgl. 26, 78. Somit ist der Tod eine Weisheit und kommt
diese Wohlthat der Seele nicht dem Leibe zu gut, denn die
Leiber beider (Josephs und Abrahams) moderten im Staube,
nur die Seelen beider konnten zu den Aufrichtigen kommen.

Wie die Kraft zur That wird.

Die Seelen der Kinder sind vernünftig der Kraft nach, die
Seelen der Vollendeteren vernünftig der That nach, die Seelen
der Einsichtigen, Vernünftigen sind wissend in der Kraft und
die der weisen Philosophen sind wissend der That nach. Die
Weisen, Gelehrten und Auserwählten sind Engel in der Kraft
ihrer Seelen, nach der Trennung vom Leibe werden sie Engel
der That nach, der Tod ist also eine weise Gnade.

Ueber die Bedeutung des Sirat (Höllenbrücke).

Die Körper der Elemente verwandeln sich in den Leib
der Pflanzen, die Leiber der Pflanzen in den der Thiere, das
erhabenste Thier ist dann der Mensch. Die Form der Pflanze
ist der zur Tiefe gebogene Pfad. Ihn überschreitet die Thierseele und entgeht ihm, die Thierseele ist der über die Ebene
gedehnte Pfad, ihn überschreitet die Menschenseele und ent-

9

geht ihm. Die Form des Menschen ist der grade Pfad, die
grade Linie zwischen dem Paradies und dem Feuer, dies ist das
letzte Thor in der Hölle. Die Seele, welche sie überschreitet,
entgeht der Hölle und betritt das Paradies, d. i. die Form
der Engel. Geschieht dies aber nicht, wird sie zu den Untersten zurückgestossen, vgl. 95, 4, wir schufen den Menschen in der
besten Haltung, dann stiessen wir ihn zurück zu dem Untersten.

So sieh dich denn vor Bruder, dass du vom Feuer des
Tiefgrundes in der Welt des Bestehens und Vergehens durch
Aufsteigen zum Paradies, d. i. in die Welt der Sphären ge-
langst, dort ewig mit den Auserwählten zu sein.

Das Ziel der Leitungen.

Der Körper ist der geleitete, die Seele die leitende. Welche
Seele in der Leitung ihres Körpers sich übte, kann auch eine
Familie, eine Schaar, ja einen Stamm leiten, und wer einen
Stamm wohl leitet, ist im Stande alle Bewohner einer Stadt
zu leiten, und wer diese leitet, kann im göttlichen Urgesetz
als Leiter auftreten und kann dann zu der Welt der Sphären
und Weite des Himmels aufsteigen, damit ihr das vergolten
werde. Kannst du Bruder nicht im Urgesetz als Leiter auftreten, so sei Diener in demselben, vielleicht dass du durch die
Fürbitte jener dem Feuer der Hölle entrinnst, mit ihrer Hülfe
zum Himmelreich aufsteigst, und in das Paradies eingehst, Gott
verleihe dir solches.

Ueber die Mängel des Körpers und dessen Tadel.

In der Abhandlung über die Zusammensetzung des Leibes (22), der Mensch eine kleine Welt (25), die sinnliche Wahrnehmung (23) zeigten wir, welchen Nutzen die Seele davon hat,
dass sie mit dem Leibe zusammen ist, wie sie sich übt in der
Annahme der Künste, Leitung, herrlichen Führung und Gott
ähnlich wird, so weit dies dem Menschen möglich. Dies
geschieht, wenn die Seele den Weg zum wahren Glück

nimmt, denn dieser Körper ist für diese Seele wie der zwischen dieser und der andern Welt gezogene Pfad. Wenn die Seele über diesen Pfad nachdenkt und vom Verderben frei ist, so ist ihr alles danach leicht.

Zu den Fehlern dieses Leibes gehört, dass die Seele in ihm wie im Abtritt eingeschlossen wird, denn ein Abtritt ist in Wahrheit dieser Leib, denn er ist die Quelle von allem Abgang und Schmutz, Urin, Koth, Blut, Lymphe, Speichel, geronnen Blut, Schweiss, Achselgeruch. Alles was im Abtritt sich vorfindet, geht vom Körper aus, und entsteht in ihm zunächst ein Schmutztropfen und nachher Kothmasse, er ist in beiden Zuständen ein Kothgefäss. Die Seele dagegen ist stets in Reinheit und Lauterkeit, verhüllter Blösse, frei von den Schäden durch Hitze, Kälte, Hunger, Durst, Stoss, Schlag und Unheil, deren Zahl nicht zu berechnen ist.

Kurz in der Welt giebt es nur Schmutz, Gestank, Koth vom Körper und seinen Schmutzgefässen.

Die Seele mit dem Leibe gleicht einem bei Tage und Nacht dienenden Götzendiener. Dies gilt von ihr, wenn sie es unterlässt, sich Kenntnisse zu erwerben, Gott zu dienen, die Rückkehr nach der Trennung vom Leibe zu betrachten, sich dazu zu rüsten und sich zur Reise von hier zum Jenseits zu vornehen, sich dagegen auf das was zur Erhaltung des Leibes dient, d. h. auf Essen, Trinken, Wohnen, Reitthiere u. dergl. richtet. Dann ist es, als ob sie ein Götzendiener wäre.

Der Körper gleicht einem Bekenner neuer Häresie, welcher zu dem, was er liebt, auffordert und will, dass die Sache nach seinem Willen gehe. Oder der Körper ist ein Leugner, der von Gott entfernt ist und nicht weiss, wer ihn schuf und nährte. Auch gleicht er einem Thoren, der nicht auf das Ende blickt, oder der Körper ist ein Feind der Seele, welcher die Freundschaft zeigt und die Feindschaft verbirgt.

Auch gleicht er dem Satan mit seiner Fülle von Zuflüsterung, oder dem Teufel der zum Abfall ruft. Auch kann man ihn mit dem Todten auf der Bahre vergleichen, welchen die Seele auf ihrer Schulter trägt und nicht eher ruht als bis sie ihn begraben. Auch gleicht er einer Wolke zwischen dem Blick

9*

des Schauenden und dem Sonnenlicht, denn finster sind die
Anlagen des Leibes, da sie den Blick zum Licht der Vernunft
verwehren; der Körper lebt in sinnlicher Hoffnung und vergisst
den Tod.

Die Theilseele gleicht bei ihrer Substanz, Erhabenheit,
ihrem Fremdsein in dieser Welt des Entstehens und Vergehens,
welche mit ihren Schäden diesen Leib treffen und dessen Materie
verderben, einem weisen guten Mann in einer fremden Stadt,
der aber durch die Liebe eines thörichten schlüpfrigen Weibes
von schlechtem Character versucht wird. Diese sucht ihn fortwährend mit lieblichen Speisen und Getränken, mit prächtigen
Kleidern und niedrigen Begierden und aufgeputzten Wohnstätten zu locken. Der früher weise Mann wendet dann durch
die grosse List ihrer Liebe und grosse Versuchung verführt alle
seine Sorge darauf, ihre Angelegenheit zu ordnen, sodass er selbst
seiner Vaterstadt, seiner Verwandten und ihrer Güte vergisst.
Es ist als ob er sich mit einem widerspenstigen Satan und
offenbaren Feind verbunden (vgl. 7, 26). O ihr Kinder Adams,
nicht soll euch Satan verführen; das ist Iblis, der Adam aus
dem Paradiese brachte.

Die Substanz der Seele ist eine himmlische und ihre Welt
eine geistige, sie ist ihrem Wesen nach lebend, bedarf weder
Speise noch Trank, weder Kleidung noch Wohnung und dgl.,
dessen der Körper zum Bestehen seiner Existenz bedarf, um
Nutzen sich zu erwerben und Schaden abzuwehren; der Körper dagegen bleibt keinen Augenblick in demselben Zustand.

So lange die Seele mit diesem Leibe bis zur bestimmten
Stunde weilt, ist sie durch die Menge ihrer Sorgen für die
Herstellung dieses Leibes ermüdet und geplagt; durch die gewal-
tige Fürsorge beschäftigt; durch schwere That, ermüdendes
Thun zum Erwerb des Unterhalts und dessen was der Mensch
sonst zu diesem Leben bedarf, ermattet

Diese Seele hat keine Ruhe. es sei denn, sie trenne sich
von diesem Leibe, wie jener durch die Liebe des verführeri-
schen Weibes versuchte Mann zu keiner Ruhe kommt. es sei
denn er trenne sich von ihr und bekümmere sich nicht mehr
um sie. Somit ist der Tod eine Weisheit und Gnade für die

Seele den Auserwählten doch ein Untergang für die Leiber. Vgl.
35, 31.“ Preis sei Gott, der von uns nahm die Trauer, denn
unser Herr ist vergebend, dankverdienend, er gab uns aus
seiner Gnade eine Wohnstätte, in der uns keine Ermüdung
noch Schrecken trifft, doch denen, so da leugnen, ist das
Höllenfeuer bestimmt, das hört nimmer für sie auf, sie sterben
und wird ihnen ihre Strafe nicht erleichtert, so wird jedem
Verläugner seines Werks vergolten.“

Warum den Thieren der Tod zuwider ist, und sie das Leben lieben, was Lust und Schmerz an sich sei.

Aus zwei Gründen liebt die Creatur das Leben und hasst
sie den Tod. Der eine ist der Schmerz und die Pein, die bei
der Trennung der Seele vom Leibe die Seelen betrifft, und
der zweite Grund ist der, dass in der Natur der Creatur eine
Liebe zum Bestehen und ein Hass gegen das Schwinden in
ihrer Grundnatur liegt. Dies kommt daher, dass der Schöpfer
die Grundursache der vorhandenen Dinge und die Mittelursache des Seienden ist; er ihnen Bestand verleiht. Nun
ist Gott ewigen Bestehens, und so legte er in die Grundanlage
der Creatur die Liebe zum Bestehen und den Widerwillen gegen das Schwinden, das ja das Gegentheil vom Bestehen ist.
Dies geschieht, damit diese Liebe die Seelen zu ihrer wahren
Geburtsstätte und zu den Ursachen, durch welche ihr Bleiben
und die Erreichung der höchsten Ziele erreicht wird, hinrufe.
Je nachdem dies geschieht wird Art für Art unter der Creatur erhalten (Heimsuchung und Auferstehung 28.) Ein anderer und
zwar ein Hauptgrund ist der, dass die meisten Menschen nicht
recht wissen, wohin ihr Uebergang gehe, sie auch nicht ahnen,
wie das Ende ihrer Angelegenheiten stattfände und wohin ihre
Rückkehr gehe. Deshalb ist ihnen der Tod so sehr zuwider.

Das Vorhandene zerfällt in zwei Arten, Alldinge und
Theildinge. Die Alldinge sind die Anfänge, diese ordnen sich;
zuerst die erhabensten, dann die niedrigeren bis zum letzten.
Sie bilden 9 Stufen wie die 9 Einer: das Erste der Schöpfer,

— 184 —

die Ursache aller Ursachen; dann die Vernunft; die Seele;
die Natur; Urmaterie; der allgemeine Körper; der Allhimmel;
die vier Elemente; die drei Producte, von denen das letzte
das Mineral ist. Die Theildinge dagegen beginnen von ihrem
mangelhaftesten Zustand und steigen dann auf, eins nach dem
andern, bis zur höchsten Vollendung (vgl. den Einfall des Samentropfens 24); das Hervorgehen der Theilseele (26), die Heimsuchung und Auferstehung (37), Entstehen und Vergehen (16).

Schmerz und Lust.

Lust erfassen die Seelen, während sie mit den Körpern verbunden, oder während sie von denselben getrennt und in ihrem Wesen allein sind. —

Ferner behandeln wir die Frage über die Lust der Paradies- und die Pein der Höllenbewohner, wie jene mit den Engeln und diese mit den Satanen sind, die Hölle besteht in dieser Welt des Entstehens und Vergehens, das Paradies aber in der Welt der Sphären und Weite der Himmel. —

Ueber den Grund, weshalb die Theilseele mit dem Thierkörper verbunden sei sowie über die Schmerzen, welche sie ohne die Pflanzen- und Engelseele betreffen, überhaupt, welches die Ursachen seien, und was für eine Weisheit darin liege, dass Schmerz und Pein die Seele treffen.

Die Theilseelen gehören zu den Theildingen. Dieselben können zu ihrem vollendeten Zustand und ihrer höchsten Stufe nicht gelangen ausser dadurch, dass sie sich mit den Theilkörpern, d. i. Thierkörpern, verbinden. —

Diesen Körpern stossen vor ihrer Vollendung und vor der Vervollkommnung ihrer Seele Zufälle zu, auch sind die Körper nicht im Stande, sich dieser verderblichen Dinge zu erwehren. Denn die Substanzen der Körper sind schwach, thöricht, sterblich, defect, trennbar und wurde es somit durch die göttliche

Weissheit auch den Seelen bestimmt, dass auch sie von
denselben betroffen werden, damit sie dadurch angetrieben
würden, jeden Schaden und Schmerz von dem Körper zu-
rückzustossen, und vor dem Tode ihn zu schützen, damit die
Leiber vollendet und die Seelen vervollkommnet werden könnten. Das natürliche Ende trifft sie dann, sei's dass die Seele
es wolle oder nicht; ebenso wie das Kind geboren wird, es
wolle oder wolle nicht. Denn der Tod des Leibes ist die
Neugeburt der Seele. Würden aber die Seelen durch den
Schmerz des Körpers nicht mitbetroffen, so würde dieselbe es
leicht mit der Abwehr des Unheils, welches die Körper trifft,
nehmen, so dass die meisten derselben vor der Vollendung zu
Grunde gingen. —

Die Menschenseele kann nur durch Vermittelung dieses
Körpers, welcher voll von den Spuren der göttlichen Weisheit
ist, zur Vollendung gelangen. Vergl. Zusammensetzung des
menschlichen Körpers 22. Sinnliche Wahrnehmung 23 und
der Mensch ein Mikrokosmus 25. —

Die Seele verbindet sich aber mit dem menschlichen Körper desshalb, weil sie nur durch Vermittlung dieses Körpers
mit dem sie während des Lebens verbunden bleibt, das sinnlich wahrnehmbare erfassen, die Bedeutung des geistig fassbaren
sich recht vorstellen, die Werke wohl entwerfen, schöne Charakterzüge gewinnen und lobenswerthe Thaten thun kann. Vgl. 16,
80. Gott liess euch aus dem Mutterleib hervorgehen während
ihr nichts wusstet, er gab euch Ohren, Augen und Herzen,
vielleicht dass ihr dankbar wäret. -- Auch heisst es 28, 13
„Als er seine Mannbarkeit erreicht und im Ebenmaass war, gaben wir ihm Weisheit und Wissenschaft, so vergelten wir den
Wohlthuenden." Empfände die Seele bei den, den Körpern zustossenden Schäden keinen Schmerz, so könnte es etwa geschehen, dass der Mensch im Schlaf seine Hand und seinen
Fuss ins Feuer streckte und beide abbrennten ohne dass er
etwas davon merkte. Wenn er dann aus dem Schlaf erwachte,
würde er ohne Füsse und Hände kein Mittel weder zum gehen
noch zum Schaffen haben. —

Dasselbe würde auch von den andern Creaturen gelten,

sie würden, wenn die Seelen bei den Schäden der Körper keinen Schmerz hätten, die Leiber gering schätzen, und diese dann zerfallen, erliegen und vor ihrer Vollendung sterben. Das würde dazu Ursache sein, dass die Gattungen vergingen und die Form sich von der Materie verwische. —

Einst fragte man einen Weisen, welches Deiner Kinder ist Dir das Liebste! er antwortete, das Kleinste bis es gross geworden, das Kranke bis es gesundet; das Abwesende bis es wiederkehrt. —

Somit sind die Schmerzen nothwendig um die Seelen anzutreiben, die Körper vor den sie treffenden Schäden zu bewahren. —

Das Wesen und die Menge von Schmerz und Lust.

Ueber Leben und Tod und die Weisheit, welche darin liegt, dass sie in der Welt des Entstehens und Vergehens sind, ist oben gehandelt, auch ist dort besprochen, warum die Seelen der Creaturen den Tod scheuen und das Leben lieben, hier soll nun von dem Wesen der Lust und Pein, der Freude und des Schmerzes, von der Ruhe und Ermüdung gehandelt werden. —

Alles dieses sind einander entgegengesetzte oder einander ähnelnde Geschwister.

Lust und Pein zerfallen in zwei Arten, in körperliche und geistige. Körperliche Lust ist die Erholung, welche die Thierseele empfindet, wenn der Schmerz aufhört. Pein empfindet aber die Thierseele dadurch, dass sie aus der Mittelmischung der natürlichen Lage zu einem der beiden Extreme, zu dem Zuviel und Zuwenig, wegen irgend eines Grundes, deren es unzählige giebt, abweicht. —

Einiges hiervon sei hier erwähnt. —

Hunger ist z. B. ein Schmerz, der dann empfunden wird, wenn der Magen leer von Speise ist. Denn wenn die natürliche Wärme, welche die Speise im Magen zur Reifung bringt, dort keine Speise vorfindet, so beschäftigt sie sich mit dem

Magenkörper selbst, oder der zum Wohl des Magens zuberei-
teten Feuchtigkeit. Sie lässt dieselbe schwinden, ist dieselbe
dann verschwunden, so wird der Magenkörper schlecht, da jene
Wärme nichts mehr vorfindet. Die Seele empfindet Schmerz
und wird der Körper dadurch angetrieben, Nahrung zu suchen,
das Verderben von ihr und ihrem Wesen fern zu halten
Kommt ihm dann Speise zu, steht jene Wärme davon ab, sich
mit dem Magen selbst zu befassen, und beschäftigt sie sich
mit der Speise. Die Hitze im Magen beruhigt sich und empfindet die Seele Ruhe vor jener Pein. —

Der Durst ist ebenso eine in der Leber brennende Hitze,
sie ruhet nicht eher, als bis derselben Wasser zukommt. Die
Seele empfindet, wenn jene Glut entbrennt, einen Schmerz und
bei der Beruhigung derselben Lust. Diese beiden Zustände
treiben die Thierseele an, Stoff für ihren Körper zu suchen,
damit ihr das wieder ergänzt werde, was von jenen Stoffen
dahingeschwunden. Denn das Wesen des Leibes ist in einem
beständigen Vergehen und Zerfliessen. Hätten die Seelen dieser Leiber weder Schmerz noch Pein beim Hunger und Durst,
würden die Leiber sich nie anstrengen, ihre Nahrung zu suchen,
sie würden nicht darüber nachdenken, ihr Bestehen zu bewir-
ken und somit ihre Leiber zergeben, ehe sie vollendet und vollkommen wären.

Der Zweck in der Lust und dem Schmerz ist somit die
Seele anzutreiben das, was den Leibern gut ist, zu erstreben,
denn das Wohl der Leiber ist auch das Wohl der Seelen wie
aus dem Vorhergehenden hervorgeht.

Dieselbe Lust, welche die Thierseele bei der Erfassung
der Nahrung empfindet, empfindet auch die Pflanzenseele. Dieselbe treibt sie an, die Feuchtigkeit mit den Wurzelfasern der
Stammwurzel zuzuführen und von da bis in die obersten Zweige
zu treiben. Findet sie jene Feuchtigkeit nicht, so trocknen
die Pflanzenkörper und das ist der Pflanzen Tod.

Jedoch empfinden die Seelen der Pflanzen keinen Schmerz,
wenn ihnen die Nahrung fehlt, wie dies bei den Thierseelen
stattfindet, und hat desshalb die Pflanzenseele nicht die Fähig-

keit von einem Ort zum andern zu gehen um Speise zu suchen und den Schaden zu entfliehen.

Es würde der göttlichen Weisheit schlecht anstehen, der Pflanzenseele Schmerz zu bestimmen und ihr die Fähigkeit zu weigern, denselben von sich abzuwehren. Dagegen ist den Thierseelen diese Fähigkeit gewährt, den Schaden von ihrem Leben fern zu halten wie ihnen auch der Schmerz zugetheilt ist, welcher sie antreibt denselben zu heben, sei's im Suchen, sei's im Entfliehen und sich hüten. —

Die Lust der Rache ist auch Folge eines Schmerzes Derselbe ist ein im Herzen entbrennendes Feuer und eine Glut, die in der Rachbegier gegen den beruht, welcher den Eindruck des Zornes der Seele anthat.

Kommt dann der Mensch dazu, die Rache auszuüben, so beruhigt sich diese Hitze und erlischt die Glut. Ist der Mensch aber nicht mächtig dazu zu gelangen, so wird der Zorn zur Trauer, zum Kummer und Unglück. —

Wird z. B. jemand getödtet, so wird der Zorn gegen den Mörder in der Begierde zur Blutrache erregt, ist dann der Mörder getödtet, so ruht diese Glut. Stirbt derselbe hingegen eines natürlichen Todes, so entsteht dem Rächer Trauer und Unglück, da er von dem Todten keine Vergeltung erlangen kann. Ebenso entbrennt bei einer jeden Begierde ein Feuer im Körper und empfindet die Seele dadurch einen Schmerz.

In allen Körpern ruhen somit Feuer der Kraft nach heimlich glühend, trifft diese dann ein Feuer in der That, so wird das Ganze ein Feuer in der That. Dies ist wie bei allem, was durch Feuer entzündet werden kann, kommt dazu nicht ein wirkliches Feuer, kann es unmöglich entbrennen. Speise und Kleidung sind ebenso heimliche Feuer, sie entstanden ja aus Feuer, Wasser, Luft, Erde, sie lösen sich dahin wieder auf, wenn sie von der Seele (Pflanzen- oder Thierseele) getrennt sind. Desswegen spricht der Prophet. Die Leute des Feuers sind aus Feuer geschaffen, vom Feuer essen sie und werden dazu wieder verwandelt. — Das gilt nämlich von dem Zustand der Körper und seiner Auflösung. Die Stoffe desselben sind allesammt sinnliche Feuer, die in den Gemüthern entbrannt und entzündet werden, vergl. Kor. 104, 6. Es ist das angezündete Feuer Gottes, das über die Herzen der Frevler zusammenschlägt, es überwölbt, sie in hochgethürmten Seulen. 4. 59. Die, welche unsere Zeichen verleugnen, brennen wir im Feuer, so bald ihre Haut gereift, geben wir ihnen dafür eine andere, dass sie die Strafe kosten. — Gott lobt vielfach die Gläubigen und tadelt die Ungläubigen; sie seien zwei Schaaren, zwischen denen ein weiter Zwischenraum liege. Zu den ersten gehören alle guten und vorzüglichen Menschen nämlich zum Glauben. Die andern bestehen aus allen Uebel-hätern, d. i. der Unglaube, er ist die Gesammtheit aller Uebel. Ueber den wirklichen Glauben und die wirklichen Gläubigen ist in der Abhandlung von Urgesetz gesprochen; hier sei einiges vom Unglauben erwähnt.

Das arabische Wort für Unglaube (Kufr) bedeutet Hülle, das ist etwas, was den Seelen von Seiten des Leibes zustösst, denn wenn die Seele in Thorheit versinkt, wird ihr eigentliches Wesen verhüllt und entgeht ihr die Erkenntniss von ihrer Substanz; sie vergisst dann ihren Ursprung und gedenkt ihrer Rückkehr nicht. Dieselbe kommt in ihrer Thorheit dann so weit, dass sie nicht weiss, dass sie eine vom Leibe freie Existenz habe, ja sie glaubt, sie sei ein Körper, wie ja auch viele, welche der Betrachtung der Wissenschaften sich befleissigen, glauben, dass der Mensch eben dieser lange, breite und tiefe, aus Fleisch und Blut zusammengesetzte Körper sei. Doch wissen solche nicht, dass mit diesem Körper eine andere Substanz, welche denselben bewegt, verbunden sei, nämlich die lautere Seele, von der eben die Wirkungen ausgehen. Wer aber die Substanz der Seele nicht kennt, der weiss nichts von den geistlichen Dingen, noch stellt er sich dieselbe vor, selbst wenn er dann davon hört, so kennt er sie nicht, weil er zu sehr in das Meer der Materie und in dichte Finsternisse versenkt ist. —

Wenn solche dann die Hölle erwähnen hören, so können sie sich dieselbe nur als ein Kunstding vorstellen. Denn sie glauben, die Hölle sei ein gefertigt, grosser, weiter, mit aufloderndem Feuer angefüllter Graben. Gott befehle dann den

Engeln absichtlich und im Zorn gegen die Ungläubigen, sie sollten die Ungläubigen nehmen und in das Feuer der Grube werfen.
So oft dann ihre Haut und ihr Körper zu Kohlen und Asche
verbrannt sei, gebe Gott ihnen Feuchtigkeit und Blut wieder,
um denselben zum zweiten Mal wie das erste Mal zu verbrennen und so gehe es ihnen immerfort.

Dafür führt man die Koranstelle an, 4, 59. So oft ihre
Haut reif geworden, geben wir ihnen eine andere, auf dass sie
die Strafe kosten.

Jene Leute wissen aber weder von dem Worte Gottes
noch der Erklärung seines Buches etwas, denn wenn sie hören,
dass Gott vergebend, mitleidig, gütig, milde, liebevoll und dergleichen sei und sie darüber nachdächten, würde ihre Vernunft es als nichtig erklären, dass sie an seinen Hass und die
Härte gegen seine Schöpfung glauben sollten, sie würden selbst
über die Aussprüche der Propheten erstaunen und einsehen, dass
sie gar nichts von der Hölle und deren Strafen, noch etwas von
den Sinndeutungen und den zarten Winken, die darin enthalten,
wissen; dasselbe gilt auch von den Aussprüchen über die Lieblichkeit der Paradiesbewohner, ihren Freuden und ihrer Lust. Man
denkt dabei an leibliche Dinge, an Gärten mit Bäumen worauf
Früchte sind, mit Schlössern und den dazwischen rieselnden
Bächen, an schwarzäugige Mädchen, Knaben und Jünglinge
wie in dieser Welt. Dagegen heisst es, dass die Paradiesbewohner in der Nähe des Allerbarmers oder wie Gott sagt 54,
55. im Sitze der Gerechtigkeit bei einem allmächtigen König
seien, dass sie den Herrn der Welten besuchen und auf ihn
schauen, vgl. 75, 22. Die Antlitze sind an dem Tage glänzend
und auf ihren Herrn blickend, die Engel besuchen sie und
kommen zu ihnen. —

Ebenso heisst es, dass die Engel sie besuchen und ihnen
Gaben bringen, vgl. 13, 23. Die Engel treten vor jedem Thore
zu ihnen. Friede sei mit Euch, sagen sie, die ihr mit Geduld
ausharret. Wie herrlich ist die Seeligkeit des Paradieses."
Ebenso wird von ihnen gesagt, sie bleiben lebend und sterben
nicht, jung und altern nicht, gesund und kranken nicht, sie
hungern weder, noch dursten sie, sie essen, doch geben sie

nicht zu Stuhl, sie trinken, doch harnen sie nicht, all dergleichen passt nicht für diesen natürlichen Leib, der ja vergänglich ist. Denken jene darüber nach, so werden sie in ihrem Glauben an das Paradies, seiner Lust und die Bewohner desselben irre, sie bezweifeln die Worte des Propheten und da ihnen die rechte Erkenntniss darüber fehlt, so verleugnen sie solches in ihrem Herzen, wenn sie auch mit ihrem Munde es aus Furcht vor dem Schwerdte bekennen. Von ihnen gilt der Spruch 16, 23. Die aber, welche nicht an ein zukünftiges Leben glauben, deren Herz leugnet (die Einheit Gottes) und sie sind hochmüthig.

Das ist in der Wahrheit der Unglaube. Gott bewahre uns und euch davor.

So wisse denn, die Hölle ist diese Welt des Entstehens und Vergehens unterhalb der Mondsphäre, das Paradies ist aber die Welt der Sphären und die Weite der Himmel.

Höllenbewohner sind die Seelen, welche den creaturlichen Leibern innewohnen, welche von Schmerz und Pein betroffen werden, was den andern in der Welt vorhandenen Dingen nicht zustoest.

Paradiesbewohner sind die Engelseelen in der Sphärenwelt und den Himmelsweiten in Ruhe und Lieblichkeit, sie sind frei von Schmerz und Pein. Vergl. 77, 29. Entweichet zu einem Schatten mit drei Theilen.

Das ist eine Hinweisung auf die in Leibern mit Länge, Breite und Tiefe verkörperten Seelen, hier unter dem Mondkreise. Ebenso gilt davon, dass diese Seelen als sie dort jene Sünde gethan, deren in der Erzählung von Adam dem Menschenvater und Eva gedacht ist, zu ihnen gesagt ward, steigt nieder einer dem andern Feind. Euch ist auf der Erde ein Standort und ein Niessnutz eine Zeit lang. Darauf lebt ihr und sterbt und aus der Erde geht ihr hervor, d. h. ihr lebt auf der Erde und sterbt darauf, dann geht ihr bei dem Stoss in die Posaune hervor. —

Von der Hölle heisst es, sie hätte 7 Stufen, denn die Körper unter dem Weltkreis zerfallen in 7 Arten, vier davon sind die sich wandelnden Urmütter (Elemente) d. i. Feuer, Luft,

Wasser, Erde und drei sind die entstehenden und vergehenden Producte, nämlich Thier, Pflanze, Mineral. Wenn diese Seelen vom Paradies der Sphärenwelt ausgehen und zu der Erde der Welt des Entstehens und Vergehens unter dem Mondkreis nieder sinken, so treiben sie umher in der Tiefe. Ihre Körper sind in das Meer der Materie versenkt, sie nehmen Entstehen und Vergehen an, tauchen ein in den Bau (Körper) dieser Producte und sind in ihnen von einander getrennt. Vgl. 7, 167. Wir zerrissen sie als Völker auf der Erde. Vgl. 6, 38. Es giebt kein vierfüssig Thier auf der Erde, noch einen Vogel, der mit seinen Flügeln fliegt, es seien denn Völker so wie ihr. — Auch spricht Gott 15, 44. Die Hölle hat 7 Thore, ein jedes derselben hat eine ihm zugetheilte Schaar. Denn alles, was auf der Welt des Entstehens und Vergehens ist, entsteht durch Einfluss der sieben Wandelsterne. 74, 30 heisst es von der Hölle; neunzehn stehn darüber, denn der Einfluss jener Sieben tritt nur in der Welt des Entstehens und Vergehens hervor, wenn sie durch die 12 Sternzeichen wandeln. Die Summen beider sind 19. Durch diese findet der Wandel der Weltzustände und ihrer Einwohner statt. Dasselbe gilt von den Sternentscheiden in den Nativitäten dieser Körper und in dem, was ihnen an Schmerz und Pein, an Krankheit, Kummer, Durst und Hunger, Armuth und Krankheit, Hitze und Kälte, an Verführungen des Lebens und sonstigen Geschicken bestimmt ist. —

Denkt der Vernünftige über die Leiden der mit dem Körper verbundenen Seele und die Freuden derselben im Paradiese recht nach, so sehnt sich seine Seele nach dem Jenseits. Sieht er auf den Zustand seines Leibes, bittet er Gott um Beistand zu seiner Befreiung von dem Zustand, in welchem er sich und Seinesgleichen befindet. Blickt er auf seine Seele oder auf die Seinesgleichen, wie sie in der Welt der Sphären in Ruhe und Wohlgefallen dort weilen, so wünscht er dort hin zu gelangen und bittet Gott, ihn dahin zu führen. Vgl 12, 102. Lass mich als wahren Muslim sterben und vereine mich mit den Frommen.

Ebenso spricht Abraham 26, 83: lass mich zu den Frommen gelangen und setze mich als Erben des Paradieses.

Dabei ward ihnen diese Welt zum Gefängniss, so sagt der Prophet, diese Welt ist ein Gefängniss für den Gläubigen und ein Paradies für den Ungläubigen. —

Somit werden die Frommen jene Besetzer der Scheidewand, von der es im Koran heisst 7, 44. Zwischen beiden (den Frommen und Gottlosen) ist ein Vorhang, doch auf der Zwischenmauer stehen Männer, welche alle Jene nach ihren Merkmalen erkennen Diese rufen den Paradiesbewohnern zu: Friede sei mit Euch. Sie betreten aber dasselbe nicht, obwohl sie danach begehren. Wenden sie dann ihre Augen, sehen sie die Genossen des Feuers (das sind die Leute dieser Welt, des Entstehens und Vergehens) dann rufen sie: O Herr, lass uns nicht zu den Ruchlosen gehören, etc.

Diese sind nun die, welche Gott nahe stehen, die den Tod sich wünschen, denn ihnen ist das, was nach dem Tode eintrifft, die reine Existenz, ewiges Bleiben, Ruhe und Lieblichkeit, Freiheit von Schmerz und Pein klar. Diejenigen aber, welche dies nicht erkennen, wissen nur von dieser Welt, von körperlicher Lust und sinnlichem Schmerz, sie wünschen wohl ewig darin zu bleiben

Von solchen gilt der Koranausspruch 2, 90. Von ihnen wünschte mancher, wenn er doch tausend Jahre lebte.

Das sind eben die Ungläubigen, denen die wahren Kenntnisse und verborgenen Geheimnisse verhüllt sind. —

Dies sind hier eben nur Theildinge, doch beginnt dort ein neuer Anfang für die Seele, welche aus dem Tiefgrund des Feuers neu hervorgeht, Gott lasse uns und alle unsere Brüder vertrauen. —

Wie Freude und Schmerz zusammen zu einer Zeit vorhanden sein können.

Dem Menschen trifft fortwährend eine Lust oder schädigt ihn ein Schmerz. Das findet in der verschiedensten Weise statt. Die Lust ist entweder leiblich oder geistig; z. B. der

Liebende sieht die Geliebte und freut er sich dessen. Jene
aber täuscht ihn und betrübt ihn dadurch. Somit wird jener
durch den Anblick derselben erfreut und durch ihren Trug betrübt. — Oder man isst eine Speise von lieblichem Geschmack
doch üblem Geruch. Oder jemand hört eine liebliche Melodie,
doch ist in dem Liede ein Spott auf ihn. Oder jemand hört
die Todtenklage dessen, der ihm sein Vermögen hinterliess.
Oder jemand sieht nach einer langen Zeit seinen alten Freund
doch in schlechtem Zustand. Freude und Schmerz ist da gemischt.

Wenn dagegen jemand den einen Fuss in sehr kaltes,
ihm wehe thuendes Wasser, den andern zu gleicher Zeit in
sehr heisses, ihm wehe thuendes Wasser steckt, so empfindet
ein solcher zugleich zwei einander sich entgegenstehende
Schmerzen.

Wenn jemand Augenschmerzen hatte, diese nachliessen,
dann aber das Auge von einem heftigen Schlag getroffen
wurde, empfand dasselbe Erholung und Schmerz zu gleicher Zeit.

Hat jemand eine gute Eigenschaft, doch auch schlechte,
so empfand er von der Einen Lust, von der Andern Schmerz
zu einer Zeit. Der Frierende, welcher in eine rauhe harte
Kleidung gehüllt wird, empfindet Lust von der Wärme, aber
Schmerz und Kummer von der Rauheit.

Ein anderer hat Erholung von dem Schmerz eines Gliedes,
dagegen fällt Krankheit auf ein anderes, und hat er Schmerz
und Erholung zu gleicher Zeit.

Bei ermüdender Arbeit empfindet der Arbeiter wegen der
Ermüdung Schmerz, aber Freude bei der Hoffnung auf Lohn.
So steht der Mensch stets zwischen dem ihn peinigenden und
der Erholung von dem ihn verlassenden Schmerz und ist derselbe Mensch zu derselben Zeit Lust und Pein empfindend. —

Diese Beispiele sind hier angeführt, weil gar mancher über
die Seele, das Wesen ihrer Substanz, die Qualität ihrer Person discutirt und doch glaubt dieselbe bestehe aus vielen von
einander getrennten Personen.

Diese Ansicht rührt davon her, dass verschiedenartige
Thaten, Charactere, Ansichten und Handlungen hervortreten,

10

und die einen davon in Lust, die andern in Schmerz sich zeigen, nun schliesst man daher, dass das verschiedene Personen in der Seele sein müssten, wie das bei den zusammengesetzten körperlichen Dingen der Fall sei.

Doch ist diese Ansicht darin mangelhaft, dass sie zugleich behaupten, die Seele sei eine einfache Substanz, sie also offenbar nicht den Sinn von „einfach" verstehen.

Wir sagen nun, die Seele sei eine doch zerfalle sie in Gattung, Art und Unterart, je nachdem sie den körperlichen Gattungen, Arten und Unterarten speciell zugetheilt sei, nicht aber weil sie in ihrem Wesen vielfach, von einandergetrennt und gesondert sei. —

Die verschiedenen Handlungen der Seele entsprechen in ihrer Anwendung, dem in Gattung, Art und Unterart verschiedenen Körper. In der Abhandlung von der Zusammensetzung des menschlichen Körper (22) haben wir dargethan, dass die verschiedenen Handlungen der menschlichen Seele von den verschieden gestalteten Gliedern und vielfachen Gelenken herrühren, dass aber die Seele selbst nur Eine sei.

Viele Gelehrten erwähnen, dass der eine Mensch drei Seelen habe, eine begehrliche, eine zornige, eine vernünftige. Doch haben wir gezeigt, dass diese Namen auf die eine Seele je nach ihren verschiedenen Funktionen passen. —

Bewirkt sie nämlich Speisung und Wachsthum im Körper, heisst sie Pflanzen- oder Begehrseele, wirkt sie sinnliche Wahrnehmung und Bewegung, heisst sie Zorn- oder Thierseele, wirkt sie Rede, Unterscheidung, Anschauung, Nachdenken, heisst sie Vernunftseele; ebenso wie derselbe Mensch Schmied, oder Tischler oder Baumeister heisst, wenn er diese drei Funktionen ausübt. Von der Lust zeigten wir sie sei eine Erholung, welche die Seelen empfinden, wenn die Theilseele zum Gleichmaass zurückkehre. Schmerz aber sei die Empfindung der Seele von der Veränderung der Mischung und dem Heraustreten aus dem natürlichen Gleichmaass, oder die Empfindung eines der Glieder, das von den schädlichen Dingen betroffen wird. Vgl. Sinnliche Wahrnehmung (23).

Warum die Creatur den Tod scheut und das Leben liebt,

zeigten wir oben, auch thaten wir dar, was die Lust und der Schmerz, welche die Thierseele empfindet, sei, und warum Schmerz und Pein die Thierseelen trifft, ohne dass die anderen Theilseelen in der Welt davon betroffen würden. —

Wir wollen nun über

die geistige Lust

handeln, welche die blosse Seele betrifft und ebenso über den Schmerz, den die Seele allein ohne den Körper empfindet. — Die Lust zerfällt in vier Arten; a. begehrlich natürliche, b. thierisch sinnliche, c. menschlich geistige und engelgeistige.

Die begehrlich natürliche Lust ist die, welche die Seele empfindet, wenn sie Nahrung durch Speis und Trank erfasst.

Die thierisch sinnliche Lust zerfällt in zwei Arten, erstlich die, welche sie empfindet beim Zusammensein, d. h. der Begattungslust, und zweitens die, welche sie empfindet bei der Rache und das ist eine Begierde, welche der Zorn anregt. —

Die menschlich geistige Lust ist die, welche die Seele dabei empfindet, dass sie die Bedeutungen des Gewussten und die Erkenntniss von dem eigentlichen Sinn des Vorhandenen beherrscht.

Die Engel-geistige Lust ist die, welche die Seele in der Ruhe nach ihrer Trennung vom Körper empfindet.

Die Begehrlust ist Menschen, Thieren und Pflanzen gemein. Die thierische Sinnenlust ist Mensch und Thier gemein, doch nicht den Pflanzen; die menschlich-geistige Lust ist Engeln und Menschen gemein, doch nicht den Thieren; die Engelgeistliche Lust kommt nur den von den Körpern getrennten, dem Meer der Materie entgangenen Seelen zu.

Die Pflanzenseele hat nur Lust, aber keinen Schmerz. Vergl. die Abscheu vor dem Tode.

Die Engelseele hat nur Lust und keinen Schmerz, doch hegt sie Furcht und Mitleid. Vergl. 16, 52, sie fürchten ihren Herrn droben 23, 59. Sie sind aus Gottesfurcht mitleidig.

10*

Die Thierseelen haben Schmerz und Lust zusammen, jedoch ist alle ihre Lust körperlich. Dagegen haben die Menschenseelen leibliche Lust und Schmerz sowie auch geistige, beides. Dies wollen wir im einzelnen vorführen und dem eigentlichen Wesen nach vorstellen.

Alle Lust und jeder Schmerz, den die Menschenseele empfindet, zerfällt in zwei Gattungen: in solche, welche sie allein und solche, die sie vermittelst des Leibes empfindet. Diese letzteren zerfallen wieder in sieben Arten.

1. Die vermittelst des Auges erfassten schönen Farben, Gestalten, Bilder, Zeichnungen, die Farben seien natürlich oder künstlich.

2. Die vermöge des Gehörs erfassten Töne, Weisen, Melodien, Lob- und Preisreden und dergleichen.

3. Die dem Begehr entsprechenden Geschmäcke.

4. Das Getastete, welches der Mischung des Körpers entspricht.

5. Die Gerüche, welche für die Mischung der Temperamente passen.

6. Die Lust der Gemeinschaft (Begattung).

7. Die Lust der Besänftigung, Beruhigung.

Alle diese empfindet die Seele vermittelst des Leibes auf zwei Weisen, 1. bei Bezeugung der Sinne, 2. bei der Erinnerung daran.

Sieht z. B. der Mensch ein schönes Antlitz oder etwas Zierliches von den Schönheiten dieser Welt, so empfindet die Seele beim Anblick desselben Lust und Freude, weicht aber dieser Gegenstand vom Auge, so bleiben die Grundzüge dieser Schönheit den Gedanken der Seele eingeformt. So oft dann die Seele ihr Wesen betrachtet und auf ihre Substanz blickt, sieht sie diese, ihren Gedanken eingeformten Züge; sie freut sich darüber, hat daran Lust und erinnert sich des sinnlich wahrgenommenen, welches diese Grundzüge ihr eingeprägt hat.

Dasselbe gilt von allem sinnlich Wahrgenommenen, wenn sich die Seele daran erinnert, so freut sie sich dessen, ohne dass der Körper daran theilnehme.

Ebenso verhält es sich mit dem Gegensatz. Hat der Mensch einen hässlichen Anblick, sieht er eine grässliche Form, hört er einen heulenden, schreckenden Ton, so thut ihm der Anblick oder der Ton weh, auch wenn sie nicht mehr da sind. Erinnerung und Nachdenken sind nichts als Blicke der Seele auf ihr Wesen, Betrachtung ihrer Substanz und Anschauung der Grundzüge des sinnlich wahrnehmbaren, welche ihrem Wesen ebenso wie die Züge des Siegels im Wachs eingeprägt sind.

Diese Lust und Pein empfindet die Seele, obwohl zuerst ihr dieselben nur vermittelst des Körpers zukommen, auch nachdem die sinnliche Wahrnehmung von der Bezeugung der Sinne schon gewichen ist. Dies beweist, dass die Seele auch nach der Trennung vom Körper Lust empfinden kann, ebenso wie sie die Lust des sinnlich wahrnehmbaren empfindet, nachdem dasselbe schon entschwunden.

Die geistliche Lust.

Welche die Seele allein für sich empfindet, zerfällt in zwei Arten:

a. in solche, welche sie dadurch empfindet, dass sie sich vom Körper trennt,

b. in solche, welche sie von Aussen empfindet, da sie sich vom Körper scheidet.

Das was die Seele aus ihrem Wesen an Lust, Freude und Vergnügen empfindet, zerfällt in 4 Arten:

a. wenn sie sich den wahren Werth des vorhandenen sinnlich wahrnehmbaren und des nur denkbaren wirklich vorstellt;

b. wenn sie wahre Ansichten und lobenswerthe Lehren glaubt;

c. wenn sie edle schöne Charakterzüge erfasst;

d. wenn sie der reinen Thaten und guten Werke gedenkt.

Diese Lust theilen Engel und Menschen. Der Gegensatz

derselben, der Schmerz, ist Menschen und Satanen gemeinsam, wie später gezeigt werden wird.

Sind die Handlungen des Menschen schlecht und seine Werke schimpflich, so ist die Seele fortwährend in Zweifel, verwirrt und in Schmerz: so sagt Gott von den Heuchlern. 63, 4. Sie glauben von einem jeden Ruf über sie, es sei der Feind.

Sind dagegen die Charakterzüge desselben schön und seine Handlungen gut, so ist die Seele stets ruhig und tritt dasselbe ein bei edlen Charakteren, guten Sitten, gerechten Thaten und Worten, denn eine solche Seele ist stets im Herzen geliebt und sicher vor Unheil. Bei bösen Anlagen und schlechten Sitten ist dagegen die Seele stets in Noth und Unheil. Dasselbe gilt von Glaubenssätzen und Ansichten. Viele derselben bringen den an sie glaubenden Seelen Schaden, sie sind dadurch verwirrt und in Zweifel versenkt.

Solche Sätze wären etwa die, dass die Juden den Herrn getödtet, oder dass der Imam aus Furcht vor seinem Gegner gestorben, oder dass Gott zwar die Welt wirklich geschaffen, dann aber in seiner Feindschaft Iblis und dessen Heer auf sie losgelassen habe.

Dasselbe gilt von dem Glauben der Herr der Welten sei schon seiner Natur nach hassend und zornig gegen Ungläubige und ein Widersacher, oder dass die Sache der Welt nicht wohl geordnet sei und der mächtige weise Leiter derselben sich nicht um dieselbe bekümmere, so dass es in ihr nicht nach seinem Willen hergehe. Ferner der Glaube, dass der Herr der Welt, der ja vergebend, mitleidig, liebevoll und edel ist, seinen Engeln befehle die Ungläubigen und Widersacher zu fassen und sie in die Feuergrube zu werfen, oder dass Gott so oft ihre Haut verbrannt, oder zu Asche und Kohle geworden, die Feuchtigkeit und das Blut in den Körper zurückkehren lasse, auf dass jene die Strafe kosten.

Ferner der Glaube, dass nach dem Tode des Menschen Seele und Leib vergehe; oder der Glaube, dass auf das Paradies erst nach der Verwüstung von Himmel und Erde zu hoffen sei.

All dergleichen Glauben thut der Seele weh.

Glaubt man dagegen, dass es für die Welt einen sich erbarmenden, mächtigen, weisen Schöpfer gebe, der die Welt in bester Ordnung geschaffen, die Leitung der Creatur nach sicherster Weisheit festgestellt und keinen Zwischenraum darin gelassen habe, dass ihm nichts verborgen bleibe, es auch in der Schöpfung des Allerbarmers keinen Zwiespalt gebe, dessen Seele ist in Ruhe und sicher vor dem Schmerz und der Pein verderblicher Ansicht und Thorheit, er will ja keinem Böses, noch hat er von irgend jemand Schaden· Dies gilt von unseren edlen Brüdern, beeifere dich Ihnen anzugehören. Somit thun Glauben und Ansichten oft den Seelen derer die sie haben weh, zum Theil erfreuen sie dieselben.

Es wird erzählt: Ein frommer Gelehrter hatte einen Sohn, welcher sich der Trunkenheit ergeben, da ermahnte ihn der Vater: lass ab Berauschendes zu trinken, ich will dir die Hälfte meines Vermögens geben, dir ein Haus einräumen, dich mit einer schönen Tochter eines reichen Mannes vermählen.

Der Sohn fragte und was dann?

Der Vater antwortete, du wirst dann, so lange du lebst, ein glückliches Leben führen.

Der Sohn erwiederte, wenn das das Ziel ist, so habe ich es schon erreicht.

Der Vater fragte wie das?

Der Sohn antwortete: Wenn ich trunken bin, finde ich Kraft, Freude und Wonne, so dass ich glaube, ich hätte das Reich eines Chosroen und eines Kaisers, ich träume in meiner Seele von Grösse und Herrlichkeit und wähne die Grösse eines Elephanten in der eines Spatzen.

Darauf sprach der Vater. Doch wenn du dann nüchtern wirst, findest du solches doch nicht in der Wirklichkeit.

Der Sohn antwortete: dann trinke ich wieder, bis ich die Wirklichkeit wieder bezweifle.

Dies ist ein Gleichniss für die, welche bei dem Leben der Seele nach ihrer Trennung vom Körper, an wirklich vorhandene Freuden denken, denn wäre das Ziel vom Leben dieser Welt wirklich nur Lust und Freude, so hätten die Seelen dies

ja schon in ihrer Hoffnung auf jene Güter und in der Ruhe
nach dem Tode erreicht. (Vgl. 4, 105) ihr hofft von Gott, was
jene nicht nach dem Tode hoffen, und der Tod ist ja nur Trennung der Seele vom Leibe.

Die welche an das Vergehen des Lebens glauben, sind
entweder glücklich oder elend, im ersten Fall thut ihnen dieser Glaube weh, weil sie ihre Lust verlieren, im anderen Fall
wünscht man wegen des Elendes kein langes Leben.

Der Gedanken und Glauben, welche den Seelen derer die
sie hegen wehe thun, giebt es viele, und ist in unseren Abhandlungen viel dergleichen hervorgehoben.

In Betreff der wahrhaft Gläubigen steht folgendes fest.
Der vernünftige Mensch glaubt und sieht ein, dass es einen
weisen, uralten, lebendigen, wissenden, edlen Schöpfer gebe,
der seine Welt in der weisesten Art geordnet und alles Vorhandene sicher gereiht. Ihm ist nichts von der Welt, weder
kleines noch grosses, verborgen, er ordnet alles wie es jedem
einzelnen geziemt.

Die Welt verhält sich in ihrer ganzen Anlage mit ihren
Sphären, Sternburgen, Sternen, Elementen und Producten ganz
wie der einzelne Mensch oder das einzelne Thier; die Kräfte
der Engel durchdringen die Regionen des Himmels und die
Weite der Sphären, ebenso wie die Kräfte der Menschenseele
den ganzen Körper und alle Gliedmassen durchdringen.

Die Anfänger einer jeden Kunst und Wissenschaft erfassen zunächst nur vermittelst der Ueberlieferung die Grundregeln derselben; erst wenn sie sich darin versenkt haben, wird
ihnen dieselbe klar. Die Mittleren in der Erkenntniss sind
nicht mit der Ueberlieferung zufrieden, wie dies bei den
Knaben, Weibern und Unkundigen der Fall ist, da ihnen die
Nachforschung und Enthüllung durch den Beweis möglich ist.

Bei den Aussprüchen der Propheten über die Lieblichkeit
und die Lust der Paradiesbewohner ist die Absicht nicht
etwa die, blos mit der Zunge solches zu bekräftigen, ohne es
zu glauben, auch nicht der Glaube daran allein ohne die innere Bewahrheitung; nein das Ziel ist, die Vorstellung derselben in ihrem eigentlichen Wesen; auf dass man eine Sehnsucht

und ein Streben danach habe, denn die Seele erstrebt nur das, wonach sie Begehr hat. Sie hat aber nicht Begehr nach dem was sie nicht wahrhaft für wahr hält und was sie nicht wirklich für wahr hält, das stellt sie sich auch nicht vor.

Das Verborgene, nicht sichtbar Vorhandene, wird nur durch die beredte schöne Beschreibung erfasst und deswegen wird die Schönheit und die Wonne des Paradieses im Koran öfter in fleischlicher Weise geschildert, wie wenn er von Bechern mit Wein der nicht trunken macht, von ausgewählten Früchten, vom Fleisch der Vögel, von den Schwarzäugigen gleich Perlen, von hingebreiteten Lagern und dergleichen redet, öfter aber beschreibt auch der Koran jene mit geistigen Eigenschaften, so wenn er redet vom Sitz der Wahrheit bei einem mächtigen König oder 32, 17. Nicht weiss eine Seele was ihr an Augenweide, an Vergeltung für ihre Thaten verborgen oder 43, 7. Ihr habt in ihr was Eure Seelen begehren, woran eure Augen sich erfreuen und ihr seit ewig darin oder 75, 22. Glänzende Antlitze blicken dann auf ihren Herrn — und dergleichen geistige Beschreibungen, welche für die Naturkörper nicht passen. Bisweilen beschreibt sie der Prophet mit den zwischen den geistigen und leiblichen liegenden Eigenschaften vgl. 47, 16. Ist nicht das Paradies, das den Gläubigen verheissen ward, wie ein Garten, in welchem Bäche von ungetrübtem Wasser, auch Bäche von Milch deren Geschmack sich nicht ändert, Bäche von Wein, lieblich für die Trinker, Bäche von reinem Honig fliessen. Sie haben darin alle Früchte.

Der Koran redet dies im Wege der Vergleichung, damit die Vorstellung davon dem Verständniss nahe komme, da das volle Verständniss und die Beschreibung des wahren Sinnes nicht erfasst werden kann.

Alle Menschen werden angeredet je nachdem es ihrer Vernunft- und Erkenntnissstufe, ihrem Verständnissvermögen entspricht, da die Propheten sowohl für die Höheren als das Volk, so wie für alle die dazwischen stehen, reden.

So spricht der Messias in der Beschreibung des Paradieses und der Lieblichkeiten ihrer Bewohner in unkörperlichen Beschreibungen, und spricht zu seinen Aposteln im Testament:

„Wenn ihr thut, was ich euch sage, werdet ihr morgen mit mir im Himmelreich bei meinem und eurem Vater sein, ihr werdet die Engel um seinen Thron sehen, wie sie Gott preisen und heilig verkünden. Dort geniesset ihr alle Wonnen ohne Speis und Trank". —

Der Messias redet hier klar und nicht nur winkweise, denn seine Anrede galt Leuten, welche die Tora, die Schriften der Propheten und Philosophen wohl vorbereitet hatten, sie waren wohl geschickt. Aber unsers Propheten Sendung fand an ein ungebildet Volk, an Wüstenbewohner, welche an Wissenschaft nicht gewöhnt waren, statt; sie wussten weder von der Lieblichkeit dieser Erdenbewohner und deren Könige, noch von der Lieblichkeit der Himmelsbewohner, welche die Könige der andern Welt und des Paradieses sind, etwas. Er stellte daher die Eigenschaften des Paradieses in seinem Buche körperlich dar, damit solche dem Verständniss der Leute nahe komme, sie sich dieselben leicht vorstellen könuten und ihre Seelen danach Begierde hätten.

Wir aber haben das grösste Studium angewandt, die Geheimnisse der göttlichen Bücher zu enthüllen und prophetische Offenbarung zu erklären, und das, was winkweise im Urgesetz niedergelegt ist, festzustellen. Halte du dich aber an diese vortrefflichen und lass die teuflischen Genossen, welche weiter nichts anstreben, als Nutzen für ihre Leiber zu gewinnen und den Schaden von sich fern zu halten, dass von Dir der Spruch gelte. 75, 42. „Fürwahr, über meine Knechte hast du keine Gewalt". Du mögst zu denen gehören, welche Gott lobt wenn er sagt, 43, 67. Die Freunde sind dort einer dem andern feind mit Ausnahme der Gläubigen.

Lust und Schmerz, welche die Seele als Vergeltung für ihre Thaten nach ihrer Trennung vom Leibe empfindet.

Hört der vernünftige Mensch nicht auf die Gebote und Verbote, auf die Verheissung und Drohung, wird seine Seele sorglos, sie betrachtet ihr Heil nicht, sondern richtet ihre ganze

Sorge auf das Wohl dieses Leibes, auf Speis und Trank, auf Wohnung, Reichthum, Erwerb von Geld und Gut. Er versenkt sich in die fleischlichen Begierden und taucht in die sinnliche Lust, auch denkt er an nichts anders und wünscht ewig in dieser Welt zu bleiben, obwohl er weiss, dass er hier nicht bleiben kann. So verbringt er unablässig sein Leben bis zum Tod und trifft ihn der Todeskampf, d. i. die Trennung der Seele vom Leibe, gegen seinen Willen. Auch schwinden ihm schon vorher die Sinneswerkzeuge, wodurch er die sinnliche Lust erfasste, woran er sich schon so lange gewöhnte, er möchte sich ganz ihr hingeben, da er diese Lust aber nur mit diesem Leibe erfassen kann, wird er daran gehindert. Er gleicht jemand, dem das Auge genommen, dessen Ohr taub und dessen Zunge stumm geworden, dessen Hände und Füsse abgeschnitten sind und der nun seinen Feinden und Neidern dahin gegeben ward, ihm bleibt vom Leibe nur der Hauch (Geist). Er fällt der Strafe anheim, er ist weder lebend, sich des Lebens erfreuend noch todt, so dass er Ruhe vor der Strafe fände. Vergl 20, 86. Er stirbt weder darin noch lebt er." —

So bleibt denn die Seele verwirrt in ihrer Sorge, indem sie erstrebt was ihr schon entgangen, und woran sie einst an sinnlichen Freuden gewöhnt war. Doch kann sie dahin nicht gelangen, noch zurückkehren. Dabei hat sie Wünsche und spricht, o kehrten wir doch dahin wieder. Giebt es denn keinen, der für uns Fürbitte thut, ja kehrten wir zurück, wir handelten anders als wir gethan. Doch Gott sagt, würden sie wieder hergestellt und kehrten sie wieder, sie thäten wieder, was ihnen verboten war. — So bleibt die Seele blind in ihrer Thorheit unterhalb der Mondsphäre und schwebend im Grunde des Körpers, versunken in das Meer der Materie. Sie kreisen in der Welt des Entstehens und Vergehens mit ihresgleichen, den Brüdern der Teufel den Schaaren, des Ibis umher; sie sind allesammt verflucht. So heisst es Kor. 7, 86. Sobald eine Schaar eintritt, flucht sie ihren Genossen. Sie heften sich an die ihnen ähnlichen verkörperten Seelen, indem sie ihnen zuflüstern, nach den Begierden dieser sinnlichen Lust zu streben.

Das Wesen der Satane und Teufelsheere.

Die schlechten verkörperten Seelen sind Teufel der Kraft nach, trennen sie sich von den Leibern, sind sie Teufel der That nach. Die guten verkörperten Seelen sind Engel der Kraft nach, trennen sie sich von den Leibern, sind sie Engel der That nach.

Die in der That teuflischen Seelen flüstern den der Kraft nach teuflischen Seelen zu, zur That hervorzuschreiten, vergl. 6, 112. Die Satane der Menschen und der Geister, die gegenseitig trügerische und eitle Reden offenbaren.

Satane der Menschen sind die bösen verkörperten Seelen, welche in die Körper gebannt sind, aber die Satane der Genien sind die vom Körper getrennten bösen Seelen, welche vor den Blicken verborgen sind.

Die Zuflüsterung dieser vom Leibe getrennten Seelen an die mit dem Körper behafteten, gleicht nun dem Begehren dessen, der nach Speis und Trank Begierde hat, dessen Magenwärme aber zum Verdauen zu schwach ist, der sieht zu beim Speisen der Essenden, damit er vor dem Schmerz der Begierde an deren Erfüllung er verhindert ist, ein wenig Ruhe habe. Ebenso wie der, dessen Geschlechtsglied geschwächt ist, dem Geschlechtsumgang anderer zusieht, dass er Lust dadurch empfinde und vielleicht seine Natur sich wieder stärke.

Denn diese vom Leibe getrennten Seelen haben nicht mehr die Werkzeuge zur Sinnlichkeit, doch belieben sie ihresgleichen, die eben jene Werkzeuge zum Thun haben, zu zuflüstern.

Dasselbe gilt von den Zuflüsterungen der bösen, sich feindlich gesinnten Seelen, trennen diese sich vom Körper, hängen sie sich an ähnliche mit dem Körper verbundene Seelen, und flüstern ihnen zu, sich zu bekämpfen und zu bestreiten, 114, 4. Dass Gott mich befreie vom Uebel des Zuflüsterers, der da einflüstert in die Brust der Menschen, er gehöre zu den Genien oder Menschen.

Dasselbe gilt auch von den Kindern der Welt, welche von der Rückkehr nichts wissen und die mit den Körpern beschäftigt, nicht an den Tod denken.

Die geistigen Freuden der guten Seelen nach der Trennung vom Körper.

Eine unbeschreibliche geistige Lust empfinden die guten Seelen nach der Trennung vom Körper, auch kann solche der Mensch nicht erfassen, sie sind ja geistig, ewig; 32, 17. Keine Seele kennt die Augenfreude, welche ihnen zur Belohnung, ihres Thuns zu Theil wird. —

Hier sei etwas davon in Art eines Gleichnisses winkweise angegeben.

Es heisst ein edler, schöner, vortrefflicher und gerechter Prinz liebte eine schöne Kriegstochter, er heirathete sie und führte sie als Prinz heim. Dann lebte er mit ihr eine lange Zeit in Freud und Lust als mächtiger Herrscher, in froher Jugend ohne dass Unfälle ihr Glück trübten. Darauf trennte sie das Schicksal durch ihren Tod. Dann ward der Prinz durch einen mächtigen Feind vertrieben, er floh aus seinem Reich und irrte im fremden Lande umher, ihn traf Mangel und Krankheit, Mattigkeit und Schwäche ergriff ihn, seine Kräfte wichen, sein Auge ward stumpf, sein Gehör schwach, Nacktheit und Hunger quälten ihn, so dass er sich wegen seines Unglücks den Tod wünschte.

Da trat er in eine Höhle und schlief auf Mist und Asche gelagert ein, dass er sich ruhe. Im Traum aber sah er sich als einen noch gesunden Jüngling in voller Kraft des Körpers und Frische der Seele. Ihm kam es vor, als sei er noch in seinem Reich und seiner Herrschaft, in Ehre und Wohlleben. Siehe da erschien auch die Maid, wie sie zur Zeit seiner Jugendliebe war, er freite sie in ihrer Schönheit und Jugend, er umarmte sie und hing ihr an und erreichte von ihr das Ziel seiner Wünsche.

Er sass mit ihr auf seinem Thron und trug beide der Hauch wohin sie wollten, er empfand von Neuem Lust und Freude. Da ward er in seinem Schlaf erregt, er bewegte sich, wachte auf, und siehe da, er lag auf Mist in der Höhle und um ihn waren Hunde, die ihn anbellten. —

Welch ein Unterschied war doch für die Seele, jener Zustand im Schlaf und der im Wachen. —

Dasselbe gilt vom Zustand der guten Seele, bei ihrer Verbindung mit und ihrer Trennung von dem Körper. Lust und Freude bei der letzteren, Trübsal und Kümmerniss bei der ersteren. Gott aber lasse uns von den Feuerschmerzen der Gehenna, d. i. der Welt des Entstehens und Vergehens entkommen und dich und uns zur Sphärenwelt im Himmelreich zu den Propheten und nahegestellten Engeln gelangen.

Ton, Laut, Sprache.*)

Man bedarf einer Erklärung von den Ursachen der verschiedenen Sprachen, Schriften, Ansichten und Glauben. Man
muss dazu die Wurzel auffinden, von wo sich das Einzelne
abzweigt und erkennen, wie dies alles sich zusammenfügt und
auflöst, von wo es ausgeht, sich den Gattungen mittheilt, woher
es den Sinnen der Creatur klar wird, der Mensch dasselbe erfasst,
das Verständliche und Unverständliche durch den Beweis scheidet. Dies sind alles sehr schwierige Fragen, worüber hier einiges angegeben werden soll.

Die Materie der Weisheit nimmt von dem göttlichen Willen an, denn sie ist ja ein annehmender, überirdischer, himm-
lischer Stoff, eine Kraft des Himmels, eine Mittelursache der
Höhe, eine Vernunftkraft, die sich den geistigen Substanzen,
den Einzelgestalten der Seele verbindet, mit den kreisenden
Sphären, den wandelnden Sternen, den aufgehenden Gestirnen
sich verflicht, und in ihrem Strahllicht erglänzt, dann auf die
untere Welt Strahlen wirft, und den Reinen unter den Menschen ihr Geheimniss zukommen lässt. Sie legt in ihm ihr Gut
und ihre Segnungen nieder. Dann kommt es von dem Einen
dem Anderen zu. Diesen in allem, was entsteht, wirkenden Stoff
kann man nur durch die feinsten Sinne und das eifrigste Streben erfassen.

Es ist schwer in der Erkenntniss derselben sich höher zu

*) Die 30ste Abhandlung der ganzen Reihe, die 17ste der Naturwissen-
schaften.

erheben, denn dies liegt dem creatürlichen Sinne und allem
körperlichen fern; da ihre Wirkungen geistiger Art und ihre
Stoffe nur der Seele angehören. Von ihr geht, die den Weisen und den Propheten anhängende Kraft, d. i. der heilige
Geist aus, und darauf stützen sich die Wissenden. Dass aber
vielerlei verschiedene oft wenig zusammenstimmende Resultate
von verschiedenen Grundregeln hervorgehen, das liegt darin,
dass in diesem niederen Erdenrund viele zu schwach sind jene
Ursachen zu erfassen. Aber der Vernünftige strebt danach,
dass seine Seele jene Substanz mit Gedanken und Einsicht
erkenne.

Wer nicht von jenem Gut (der Weisheit) hat, hat auch
keine Erkenntniss; wer keine Erkenntniss hat, hat nichts von
ihrer Substanz, wer diese nicht hat, erfasst nichts, wer dies
nicht kann, hat keine Stätte; wer keine Stätte hat, hat keine
Existenz und was keine Existenz hat, das ist im Nichtsein.

Alles Zusammengesetzte ward dazu in die Existenz geru-
fen, dass es die sein Wesen bedingende Mittelursache, die seinen
Anfang hervorrief und seine Qualitäten zusammensetzte, erfasse
und erkenne, wie das Feine mit dem Dichten zusammengefügt
ward, das Zusammengefügte sich trennt und das Zusammenge-
backene sich löst, und seine Existenz dann aufhört, nachdem
eine solche wohl bestand.

Denn wenn wir dies an uns erkennen, wird es uns klar,
dass das Eine ein irdischer Stoff und eine körperliche Kraft,
das andere dagegen eine geistige Form und eine Engelsbe-
gierde sei.

Wunderbar ist die Vereinigung des Höheren mit dem Niederen, des Zarten mit dem Dicken und sind darüber die Geister der Vernünftigen verwirrt. Der Unweise und Weise, der
Kundige und Thor, der Stein und die Substanz befinden sich
hier an einer Stelle. Dies kann nur sein, dass den Wissenden
in der Verbindung mit den Thoren eine Strafe für sein frühe-
res Sein treffe. So erreicht der Weise hier nur dadurch sein
Ziel, dass er in Gemeinschaft mit den Thoren ist. Stein und
Substanz sind vereint, dass der Stein ein Schleier um die Substanz und eine Hülle für dieselbe sei.

Der Weise und Thor sind in der leiblichen Form und dem
körperlichen Staff übereinstimmend Es ist nicht klar, warum
dieser mit jenem zusammenkomme, wiewohl der Weise zarte
Stoffe und erhabene Bedeutungen, eine erhabene Stufe hat und
der Thor gerade dessen ermangelt. — Doch schwindet der
Zweifel und die Unkenntniss, wenn eine, die Gemeinschaft bedingende, Mittelursache erforscht wird und man erkennt, dass
nach der Trennung beider von einander, das Eine ganz vorhanden, das andere aber nicht ist.

Dadurch erkennt man dann den Unterschied zwischen Körper und Accidens.

Doch wenden wir uns zur Frage nach der

Zusammensetzung der Töne und ihrer Verschiedenheit, so wie vom Anfang der Schrift.

Die Kraft der (All)seele strömte auf den Allkörper, d. i. die
Allwelt aus, nachdem sie doch vorher das nicht gethan, denn
die Hochkraft strahlte auf sie aus, dass sie, so wie Gott sie geordnet, wirklich ward. Als sie dann voll von jenen Ergüssen ward,
kam sie zum Nachdenken und zu Vorstellungen, sie wollte voller Güte, Ueberfülle, Leitung sein. und ihrer Vorstellung entsprechend nützlich (d. i. wirklich) werden. Gott gewährte ihr
solches und gab ihr einen Körper.

Doch zeigte dieser sich ihr anders als sie geglaubt.

Als dann die Sphären kreisten, die Sterne glänzten und
ihre Wunder hervortraten, nahm die Allseele von ihnen das
Gleichniss her und schritt von der Kraft zur That, vom Uebersinnlichen zum Sinnlichen.

Bei allem Vorhandenen und allem was hervorgebracht wird,
ist eine Verschiedenheit von dreierlei Art, doch umfasst alle
drei Arten eine Gattung.

Die erste Stufe bilden die geistigen Dinge, das sind die
einfachen Bestandtheile der nachher zusammengesetzten Dinge.
Die zweite bilden die sinnlich wahrnehmbaren Dinge; die dritte
der Beweis. der ihre Bedeutung darthut, so dass der Betrach-

11

tende ihre geistige Qualität in der Abstraction der Seele, nachdem sie in der sinnlichen Welt wahrgenommen wurden, erfasst.

Erklärung. Die Vernunftform ist die Einwirkung der Allvernunft auf die Allseele, welche von jener annimmt und ihr nah steht. Sie kann nicht durch etwas körperliches beschrieben werden, da sie einfach und abstract ist.

Die sinnlich wahrnehmbaren Dinge sind Formen in der Materie, die die Sinne erfassen, da sie von ihnen Eindrücke erhalten.

Die Gegenstände des Beweises werden nur durch die Vernunft in Gemeinschaft mit der sinnlichen Wahrnehmung erfasst, die Vernunft erzwingt ihre Festsetzung und Annahme, wie dies in den Büchern der Mathematik klar wird. Dafür ist der Beweis der, dass die Figuren die dargestellten Dinge nicht wirklich umschliessen, auch nicht die Masse angeben, sondern man nur Linien sieht. Euklid sagt, von allem was mit Distancen versehen ist, es sei Körper, Fläche oder Linie kann man etwas fortnehmen, ohne dass es vergehe. Das ist ein Urtheil, welches Sinn und Verständniss sogleich ohne Nachdenken als richtig erkennen. Euklid redet in seiner Vorrede vom Beweis. Der Beweis ist die Bewährung von der Wahrheit der Aussage; ferner: Der Punkt ist das was keine Theile mehr hat, die Linie ist eine Länge ohne Breite und ihre Enden sind zwei Punkte, ferner die gerade Linie ist eine solche, bei der stets jedem einzelnen Punkt der andere gerade gegenübersteht.

Dies beweist, dass der Punkt etwas geistiges sei, welches nur durch den Beweis dargethan und nur durch die Kunde vernommen wird; somit ist klar, dass die Beweisdinge weder durch die Sinne erfasst, noch durch die Gedanken gebildet werden, sondern der einschneidende Beweis zwingt die Vernunft solche zu bestätigen. Der Beweis ist die Wage der Vernunft, wie Scheffel, Gewicht, Elle, Wage der sinnlichen Dinge sind.

Die Himmelstöne.

Töne sind Zufälle (Accidensen), die von den Substanzen entstehen.

Die Substanzen zerfallen in zwei Gattungen. Das was von ihnen hoch und zart ist, heisst Hochsubstanz; das niedrige und dicke aber heisst Niedersubstanz. Die Töne sind Accidensen (Zufälle) die nur von den Substanzen entstehen können. Das geschieht nur durch eine Bewegung, welche jene, die Substanzen, bewegt. Dann tritt ein Ton hervor, der zu den Ohren dessen, der gegenwärtig ist, gelangt, darauf lässt (die Bewegung) die Substanz ruhen, dann ruht auch der Ton. Da dem so ist, so ist auch klar, dass der Ursprung der Bewegung die Seele sei, und der Ton durch die Bewegung derselben und das Eindringen ihrer Kräfte in die Körper bewirkt wird.

Da ferner die Sphären umkreisen, die Planeten wandeln, die Gestirne bewegt werden, müssen sie Töne und Weisen haben.

Da dieselben ebenmässig gereiht und in vollendeter Form bewahrt bleiben, muss ihre Bewegung vortrefflich, müssen ihre Töne verbunden, ihre Theile ebenmässig, ihre Weisen lieblich, und ihre Rede, Lob und Preis, ein Hallelaja Gottes sein, an dem die Hörer, die Engel und die dorthin aufsteigenden Seelen sich ergötzen.

Diese Bewegungen und Töne sind Maass der Zeiten; nach ihnen wird über die Welt entschieden. Wie nämlich in diesem Reich der Körper sich die Seelen der Hörer an den lieblichen Tönen ergötzen und Ruhen (Pausen) zwischen diesen Weisen und Bewegungen eintreten, dadurch aber auch ein Maass für die Zeit ersteht und dies den Bewegungen der Himmelskörper und Engelstimmen ähnlich ist; so sind jene Himmelstöne das ursprüngliche, unsere Buchstaben aber das Abgeleitete.

Wenn nun die Seelen in diesen Leibern die Buchstaben gebrauchen, gedenken sie dabei der Sphärenwelt und Seelenlust, welche von schönerer, klarerer Fügung und reinerer Substanz sind; diese Theilseelen sehnen sich dann dort hinaufzusteigen und zu ihresgleichen, den Heiligen, zu gelangen.

Der Himmel ist, wie wir darstellten, die fünfte Natur. Doch ist er nicht den Körpern unter der Mondsphäre in allen Eigenschaften entgegengesetzt. Manches in dieser Welt ist leuchtend, z. B. das Feuer wie dort die Sterne; anderes ist glatt wie die Spiegelfläche, dasselbe gilt vom Mondkörper.

Anderes nimmt Licht und Finsterniss an, wie hier die Luft und dort die Mond- und Mercursphäre. Hier sind nun also Naturkörper in ihren Eigenschaften den Himmelskörpern ähnlich und somit ist klar, dass nur theilweis der Himmel den Naturkörpern entgegensteht, denn derselbe ist weder warm noch kalt, weder feucht noch trocken, er ist hart, noch härter als der Hyacinth, durchsichtiger als der Beryll und glatter als der Spiegel.

Eine Sphäre berührt die andere und reibt sie, so dass sie tönt, ihre Töne sind entsprechend gefügt, ihre Weisen gemessen (vgl. über die Musik 5). doch ist die Entsprechung ihrer Theile vortrefflicher, weil in ihr eine geistige Beziehung herrscht.

Hätten die einzelnen Sphären keine Töne noch Weisen, hätten die Bewohner des Himmels keine Rede, sie wären dann nicht lebend. Dies deshalb, weil die Stummheit dem Tode entspricht; beim Stein stösst der eine den anderen und entsteht dann zwischen beiden ein Stoss in die Luft.

Wäre im Himmel keine Vernunftrede, kein Schall, so müsste auch das unten befindliche dem entsprechend ohne Bewegung sein, denn da jenes das Ursprüngliche der Anfang ist, müsste dies, was darunter steht, ihm entsprechen; jenes ist ja wirkend und dieses Wirkung empfangend, somit sind die Himmelsbewohner berechtigter zu der Vernunftrede und Lobpreisung als die Welt der Menschen, Thiere und Concreten. Jene beten für diese — jener himmlischen Töne erfreuen sich die einfachen, d. i. Urseelen, deren Substanzen feiner als die der Wesen auf der Erde sind. Wenn die Theilseele hier schöne Töne und Weisen hört, wie die Lesung des Evangeliums, der Tora, Psalmen und des Koran, gedenkt sie der Grundzüge der Sphärenwelt und sehnt sie sich danach. So ist der Ausspruch der Weisen zu verstehen, dass das Vorhandene als geistiges zweiter Reihe dem erster Reihe ähnlich sei, ferner dass die Himmelskörper Ursachen und Ursprung dieser Wesen in der Welt des Entstehens und Vergehens seien, die Bewegungen jener seien Ursache von den Bewegungen dieser, diese Bewegungen glichen jenen und so müssten die Töne und Weisen dieser jenen entsprechen, so wie der Mensch die Laute seiner Eltern, deren Bewegungen und Sprache nachahmt. —

Die Gelehrten wissen, dass die Bewegungen der Himmelskörper nach dem besten Verhältniss gereiht und ihre Töne danach gemessen sind, sie sind früherer Existenz als das was unter dem Mondkreis ist und sind ihre Bewegungen der Grund von den Bewegungen dieser — denn die Seelenwelt ist früherer Existenz, als die Körperwelt. Vergl. die geistigen Anfänge 31. —

Da es in der Welt des Entstehens und Vergehens Bewegungen und mit Stimme begabte Völker giebt, auch vernünftig redende Creatur sich hier vorfindet, so führt dies darauf hin, dass es auch in der Himmelswelt vernünftige, feine, sich bewegende Dinge giebt und aus den Bewegungen dieser entsprechende harmonische Weisen hervorgehen, welche die Seele ergötzen, und denen, die hier weilen, die Sehnsucht nach der höhren Sphäre erregen. ebenso wie die Kinder nach den Zuständen der Väter und Mütter, die Schüler nach denen der Lehrer, die Vortrefflichen nach den Zuständen der Engel sich sehnen und ihnen ähnlich zu werden suchen; so ist die Philosophie dem Gott ähnlich werden, soweit dies möglich, auch sagt man Pytagoras hörte vermöge der Feinheit seiner Substanz und Reinheit des Herzens die Bewegungen der Sphären und den Ton von der Bewegung der Gestirne, er brachte durch die Güte seines Denkens musikalische Weisen hervor und bildete erheiternde Weisen. Er ist der erste, welcher über diese Wissenschaft sprach, dann enthüllte dies Geheimniss weiter Nikomachus, Ptolemäus, Euklid und Andere. Vergl. Musik 5.

Durch das Erwähnte ist klar, dass der Himmel bewohnt, ist und seine Bewohner Töne und Weisen haben; ferner dass die Töne und Weisen Accidensen (Zufälle) sind, die aus den Bewegungen der thierischen und unthierischen Körper hervorgehen. Doch sind die irdischen Theilbewegungen im Verhältniss zu den himmlischen Allbewegungen mangelhaft, jene dagegen vollkommen — diese Bewegungen schwindend, jene aber bleibend und auch verständlich. Die Ursache hiervon ist die

Reinheit jener und die Trübheit dieser Materien. Jene Bewegungen sind Maasse für die Zeitläufte der Seele, diese für die der hiesigen Zeit. Jene sind einfach, diese zusammengesetzt; diese sind der Differenz und Veränderung unterworfen; jene nicht. Liebliche Weisen und Töne sind hier selten und meistens nur von Hochgestellten und Erhabenen beachtet, von den anderen geben wenige darauf Achtung, wie es auch wenig schöne liebliche Formen giebt, und auch nur wenig mit Schönheitssinn begabte sich danach sehnen. Jene aber die Himmelsbewohner, die Schwarzäugigen und Jünglinge sind frei von allem Schlechten, und steigen daher nur die Guten zu ihnen auf, deshalb sagen die Gelehrten, der schöne Ton ist Mehrung der Reisekost, und die reiche Fülle des Tons ist die halbe Zeit. —

Die irdischen Töne.

Der Ursprung des Tones geht aus dem Zusammenstoss der Körper und ihrer Bewegung hervor. Denn der Ton ist nichts als ein Stoss in die Luft, der daraus entsteht, dass ein Körper an den andern gedrängt wird. Dann findet zwischen diesen beiden Körpern eine accidentelle Bewegung (der Luft) statt, d. i. ein Ton, welche Bewegung auch immer die Körper ausführen, und woraus sie auch immer bestehen mögen.

Dieser Ton zerfällt in zwei Theile, in thierisch und unthierisch — die thierischen zerfallen wieder in Theile und Gattungen je nach der Verschiedenheit der Thiere, davon handeln wir unten.

Die unthierischen zerfallen in zwei Theile oder Arten, sie sind entweder natürlich oder instrumentale. Natürlich ist z. B. der Schall des Donners, des Windes, auch der Schall des Körpers, in welchem kein Hauch ist, also der Schall der Concreten, der des Eisens, Steins, Holzes.

Instrumental sind die Töne von künstlichen Körpern, so der Ton der Pauke, Flöte. Sowohl der natürliche als der instrumentale Ton ist nichts als der Zusammenstoss und die Vermischung des einen Theils mit dem andern. Bewegte der

Wind nicht die Theile des Wassers, hörte man nicht den Wogenschall, bliese man nicht in die Schalmei, regte der Spieler die Seiten nicht. bohrte der Steinmetz nicht in den Stein, so hörte man davon keinen derartigen Ton.

Vom Blitz und Donner sagen einige, es sei der Ton eines Engels, welcher die Wolke laut treibe und sie zerreisse, das ist thöricht; andere sagen, der Donner entstehe aus dem Zusammenstoss und der Reibung von Gewölk, auch das ist falsch, denn die Wolke ist aus Dünsten zusammengefügt, diese steigen leicht von der Erde auf, dann verdichten sie sich, wenn der eine zum andern kommt Die Wolke ist ein tonloser Körper.

Andere sagen, der Donner sei der Wind in der Wolke, wenn er dieselbe zerreisse, aber dabei würde kein Laut entstehen.

Das Richtige ist, dass die Dünste bei ihrer Feinheit aufsteigen, bis sie sich an den sichtbaren Himmel hängen, dieser ist sowohl feucht als trocken, beides, trockenes und feuchtes kommt nun zusammen und wird dicht vermischt. Der feuchte Dunst wird dick und drückt durch seine Kraft, Dichtigkeit und Frische auf den trockenen. Dann giebt es nur bei grosser Gewalt einen Ausweg. Er sammelt sich in seiner Kraft und zerreisst die Wolken wegen ihrer Feinheit, so entsteht dadurch ein gewaltiger Schall je nach der Grösse oder Kleinheit der Wolkenmassen. Bisweilen strebt der Dunst zur Höhe und findet keinen Ausweg, dann wendet der trockene Dunst sich nach unten, es entzündet sich ein Feuer und entsteht daraus ein gewaltiger Schall, das ist das Donnergekrach, wie ein ähnlicher Schall bei einem aufgeblasenen Schlauch stattfindet, wenn darauf ein schwerer Stein von einer Höhe geworfen wird, so dass er ihn sprengt, und die Luft darin auf einen Stoss heransfährt. Es entsteht ein so fürchterlicher Ton, dass der, welcher jenem Landstrich naht, ihn hört.

Bisweilen kreist jener Dunst um, wird zu Wind im Innern der Wolke, sucht einen Ausweg und hört man Bullern, wie man im Innern der Thiere und Menschen von der Speise vernimmt.

Die göttliche Vorsicht setzte die Zone des Windhauchs

über die der Wolken fern von der Erde, so weit dies nöthig.
Wenn dann die Wolke zerreisst, strebt jener Dunst nach oben.
Gott legte es in das Wesen des Luftstosses, dass er nach
oben fährt, sonst würde das Donnergekrach und der Blitzschein
dem Ohr und Auge der Creatur schaden. Bisweilen geschah
es, dass die Wolke unten zerriss und viele Creaturen tödtete,
auch wurden die weichen Körper verbrannt, da jenes ein feines Feuer ist. Selbst auf die harten Körper macht dies Feuer
Eindruck; vergl. die Wirkungen in der Höhe 15.

Entstehung des Tons.

Wie es in der Vernunft feststeht, dass kein Thier entstehen
kann ausser durch Berührung der Mittelursachen und Eindringen der Körper, des einen in den andern, so giebt es auch
keine Töne, die nicht aus den Körpern durch Bewegung hervorgebracht wären. Die Töne sind eintretende Accidensen,
die Körper aber Substanzen, die jene tragen. Wenn nun jemand meint und entgegenstellt, dass Töne ohne Körper und
ohne Bewegung derselben entständen, wie wenn wir in die
Schlucht eines Berges oder in die Tiefe eines Brunnens hin-
einrufen und uns eine ähnliche Antwort würde, und dass ebenso
Thiere ohne Begattung entständen, als da sind Wurm und
Motte, so muss man erwidern, dass ein solcher die bedingenden
Mittelursachen nicht kenne und wenig von den Gründen wisse.
Denn wenn jemand aus dem Berg oder Brunnen eine Antwort
hört, so ist das nur der Laut jener Bewegung, die von ihm
selbst in die Luft ausging. Derselbe begegnete dort etwas,
was ihm Eindringen und Ausbreitung wehrte, so kehrt er zurück und hört der Rufer seinen eigenen zurückkehrenden Laut,
vergl. weiter unten. —

Den Ursprung des Lautes, der von den stimmbegabten
Thieren herrührt, erfasst man durch die Erkenntniss der vier
Naturen: Wärme, Kälte, Feuchte, Trockenheit, und den vier
Elementen: Feuer, Luft, Wasser, Erde, sowie aus der Art
und Weise, wie das Eine derselben sich ins andere verwan-

deh, sie sich mit einander in Zeit und Ort vermischen und aus ihnen in den Erdstrichen Minerale entstehen.

Wer das nun richtig betrachtet, weiss, dass die vier Elemente vier Seiten haben. Osten, Westen, Norden, Süden. Diese Seiten haben vier Himmelspflöcke (Cardinalpunkte). Aufgangs-, Untergangspunkt, Erdpflock (Mittelpunkt der Erde) und Himmelsmitte. Diese vier Mittelursachen, welche den vier Grenzen entsprechen, führen auf eine zurück.

Die Dinge, welche aus der Verwandlung dieser vier Elemente entstehen, zerfallen in vier Arten.

1) Lufterscheinungen und Veränderungen, es entstehen daraus Winde, Regen, Donner, Blitz, Schnee, Windhose, Feuerkugeln, Kometen, Röthung des Horizonts. Kälte, die Feuer am Horizont (No. 17).

2) Das was im Innern des Erdkreises entsteht, so der zusammengedrängte Dunst und Luft, die Erdbeben, Erschütterungen, Erdkrache; dann was die Natur im Innern der Erde festhält, mit ihren Dünsten wärmt, mit ihrem Feuer kocht, das flüssige und feste, das Entstehende und Untergehende. Dergleichen sind die Minerale, Gold, Silber, Erz, Eisen, Blei, Quecksilber, Schwefel, Salz, Vitriol. Vergl. Mineralogie (No. 18).

Das was auf der Oberfläche der Erde entsteht und wachsend, heisst. Dies zerfällt in zwei Arten.

3) Das was aus der Kraft wächst, d. i. alles Kraut und

4) Was aus der That erwächst, das sind alle Thiere.

Die Thiere, welche ohne Begattung entstehen, entstehen durch die Vermischung der Naturen, der Einen mit der Anderen, d. i. die ursprüngliche Begattung. Die leidende Kraft bringt aus der schaffenden hervor, je nach dem Stoff des Ortes und dem Verhältniss der Zeit, wodurch die Annahme bedingt ist. So entstehen aus beiden Thiere.

Zum Beweis hierfür dient, dass in dem was nur eine Natur hat, kein Thier entsteht. Auch findet man in keinem festen Körper Thiere, da die Luft verhindert ist, in seine Theile einzudringen, jeder Ort aber, zu dem die Luft nicht dringt, ist ohne Thier.

Luft findet sich nur zwischen den Kräften der Natur, sie verbindet sie, und bewegt sie zur Vermischung und Vermengung, sie bewirkt dann Feuchte und Fäulniss. Dann ist die eine Natur mit der andern zu eins geworden, und die eine Kraft bereit die andere anzunehmen. Das Heisse ist wie der Mann und das Feuchte wie das Weib, beide kommen wie zur Begattung zusammen und entsteht aus beiden Gethier. Vergl. Kor. 15, 22. Da sandten wir befruchtende Winde". Dies geschieht durch Vermengung und ist ohne Vermischnng nicht möglich. Das Wort natürliche Begattung ist nur metaphorisch für Vermischung gebraucht. Somit steht fest, kein Thier entsteht ohne Begattung, und jeder Ton rührt von einer Substanz her.

Verschiedenheit der Töne.

Die Töne zerfallen in zwei Arten: a. verständliche, b. unverständliche. Verständlich sind die der Thiere, unverständlich die der anderen Körper, wie Stein und Mineral.

Die thierischen Töne zerfallen wieder in zwei Arten, in vernünftige und unvernünftige. Das letztere sind die Töne der unvernünftigen Creatur. Sie werden als Töne aber nicht als Rede vernommen, denn Rede kommt nur von solchem Getön, das aus dem Munde ausgeht und in Buchstaben zerlegt werden kann.

Die beredte Sprache kann solche reihen, ordnen und wägen, auf dass sie in den den Völkern bekannten Sprachen verstanden werden können. Das ist also der Unterschied zwischen Ton und Rede.

Die Canäle für den Ton gehen bei allen Thieren von der Lunge zur Brust, dann zur Kehle, dann zum Munde, und geht der Ton von demselben je nach der Grösse des Thiers, der Kraft der Lunge, Weite der Mundwinkel und Kehle aus, je grösser und stärker dieselben sind, desto grösser ist auch der Ton.

Der Ton der Heuschrecken, Grillen und dergleichen kommt

daher, dass der Lufthauch durch ihre Ober- und Unterflügel
zieht und dadurch Gesurr entsteht, andere Thiere wieder wie
Schlangen, Fische und dergleichen haben keine Lunge.

Die Töne der Menschen zerfallen in zwei Arten, in Sinngebende und Nichtsinngebende. Nichtsinngebend ist der Ton,
welcher sich nicht in gesonderte Buchstaben zerlegen lässt,
so dass man dadurch etwas verstände, dies gilt vom Weinen,
Lachen, Husten, Getöne u. dergl. Sinngebend ist dagegen
die Rede und der Ausspruch, da sie in Buchstaben zerfallen.
Alle diese Töne, sie seien verständlich oder nicht, thierisch
oder nicht, sind nur ein Stoss, der in der Luft durch das Zu-
sammendrängen von Körpern, oder den Druck der Kehle entsteht. Denn da die Luft so fein, so rein in ihrer Substanz und
schnell beweglich ist, dringt sie in alle Körper ein, sie durchdringt dieselbe und bewegt einen Theil desselben zu dem anderen.

Wenn nun ein Körper den andern drängt, so entgleitet die
Luft, welche zwischen beiden ist, sie stösst und wogt nach
allen Seiten hin. Aus ihrer Bewegung entsteht eine Rundfi-
gur, welche sich erweitert, wie dies bei der Flasche durch das
Blasen des Glasers geschieht. Wird dann diese Figur immer
weiter, so wird die Kraft des Tones schwach bis er ganz zur
Ruhe kommt. Dies ist gerade so, wie wenn man in das an einem
weiten Ort stehende Wasser einen Stein wirft; dann entsteht
da, wo der Stein einfiel, ein Kreis, der wird auf der Wasser-
oberfläche immer grösser, er wogt nach allen Seiten hin; je
weiter er wird, desto schwächer wird die Bewegung, bis sie
ganz vergeht.

Wenn nun an jenem Ort, wo der Ton entstand oder in
der Nähe eine Creatur gegenwärtig ist, so hört solche diesen
Ton; denn es gelangt dieses in die Luft ausgehende Gewoge
zu den Ohren, dringt in die Ohrhöhlen und bewegt die dort
befindliche Luft, so dass das Hinterhirn solches erfasst, es dem
Herzen zuführt und dieses die sinnliche Wahrnehmung ergreift.
Giebt der Ton ein auf einen Sinn führendes Verständniss, wendet sich ihm hierin die Erkenntniss zu; gewährt aber derselbe
kein Verständniss, so wird man durch die Reinheit der Substanz

darauf hingeführt, von welcher Substanz der Ton herkommt und aus welcher Bewegung er erstand.· So erkennt man das Wesen des Tons, die Art und Weise des Luftgewoges, des Stosses und der Bewegung aus der sinnlichen Wahrnehmung des Tons.

Der Klang eines Beckens, z. B. entsteht durch den Stoss von etwas anderem, das jenes trifft, sei's von Seiten einer Creatur oder dadurch, dass etwas auf dasselbe fiel. Dasselbe gilt vom Ton des Eisens, Messings, Goldes, Silbers und anderem.

Diese Töne sind, wenn sie entstehen, verschieden je nach der Verschiedenheit der Substanzen und ihrer Naturen, in Härte, Weiche, Sanftheit und Trockenheit. — Bei den Thieren z. B. ist das mit stärkerem Bau und stärkerer Lunge versehene stärkeren Tons und weiter zu hören. weil der Ton von so starker Bewegung ist. Ebenso haben die Minerale, welche härter und trockener sind, einen helleren und stärkeren Ton, besonders wenn sie dazu bearbeitet sind, wie dies bei den Schellen, Kesselpauken und Glocken der Fall ist. Das Getön derselben weilt je nach der Weite und Enge dieser Instrumente länger in der Luft,

Der Ton des Erzes ist leicht und klar, weil es so trocken, hart und so heiss ist. Aus dem Blei kann man aber kein Toninstrument machen, wie von Erz. Wenn man das Eisen mit Erz mischt, so hat es auch Ton und Klang.

Das Gold hat einen ihm speciell eigenen, seiner Natur entsprechenden Klang, es hat einen leichten Ton, es ist von gemässigter Hitze, weicher Natur, die Bestandtheile seiner Natur sind einander gleich.

Das Silber steht unter dem Golde, denn dieses ist trockner als das Silber und schöner im Klang beim Anschlag. Blei aber hat keinen Klang, was doch beim Erz und Eisen der Fall ist, dies darum, weil die erdigen Theile bei ihm das Uebergewicht haben und der Körper desselben so dicht ist, es klingt fast wie Stein.

Die Rede des Menschen steht in der Mitte. Dieselbe ist weder gleich dem Gebrüll des Löwen, dem Gewieher des Pferdes und dem Geschrei des Esels, noch ist der Mensch stumm wie der

Fisch, noch so leistönend wie viele Thiere. — Bisweilen will er einen langen in der Luft weilenden Ton hervorbringen, dann sucht er die Luft zu sammeln und ist die Entsendung derselben dem entsprechend, doch empfindet er dabei Schmerz. Der Mensch steht auch hier in der Mitte, weil seine Natur so gleichmässig ist wie dies bei der Natur des Goldes der Fall ist, welches die edelsten Substanzen unter allen im Feuer flüssig werdenden Stoffe enthält. Ebenso ist der Mensch die edelste aller sich bewegenden Creaturen.

Von der Pflanzenwelt tönt auch das, was am härtesten, gedrängtesten und trockensten der Natur nach ist, am schärfsten, wenn es angeschlagen und getroffen wird wie das Ebenholz, das aber dessen Körper hohl und dessen Hitze schwach ist, wie das Feigenholz, klingt schwach.

Das, was nun einen noch schwächeren Ton gewährt, entspricht in dieser Weise dem, was in der Luft an Bewegung entsteht. Ein Ton der nicht besonders hervorgebracht wird, rührt von dem her, was seiner Natur nach stets sich bewegt, und je nach seiner Kraft trifft der in der Luft entstehende Ton das Ohr.

Wenn der Mensch den Ton von Holz oder Eisen, von Wasser oder Wind hört, so ist er im Stande, jeden derselben zu unterscheiden und anzugeben woher er rühre, das Thier aber kann das nicht so unterscheiden, wie es der Mensch vermöge seiner Rede kann. Ebenso kann der Einsichtige dies besser als der weniger Einsichtige darstellen.

Dasselbe gilt von dem Geruch, denn der rührt von der Luft her, die sich uns verbindet; auch kann der Mensch von jedem Geruch wohl aussagen und mit dem wovon er ausduftet, in Beziehung bringen. Ebenso weiss der Mensch, wenn er Körper anfühlt, ob sie feucht oder trocken, ob sie warm oder kalt, ob sie weich oder rauh und dergleichen sind.

Doch beim Sehobject bedarf er zur Erkenntniss noch anderer Sinne, da das Auge oft trügt; man sieht wegen der Entfernung das Grosse für klein, das Kleine in der Nähe für gross an. Das grade aber für krumm, wie den Kiel im Wasser.

Das Ziel wohin alle sinnliche Wahrnehmung gelangt, ist

das Herz, dort ist ihre Stätte. Ein jeder Sinn hat speciell eigene Wahrnehmungen, welche dem andern Sinn nimmer zukommen. Das Auge sieht nur, das Ohr hört nur, der Mund schmeckt nur und die Nase riecht nur; jeder dieser Sinne bringt seine Wahrnehmungen dem Herzen zu, das solche wohl versteht. Die Sinnkraft des Herzens fasst alles, was jene Sinne wahrgenommen, zusammen, und vermittelt solches der Vernunft, damit diese jenes ergreife. Ohne die Sinnkraft des Herzens wären die sinnlichen Wahrnehmungen nichtig. Ebenso wie der Blindgeborene sich den Himmel mit den vier Seiten nicht vorstellen kann. Denn er sieht keine der Seiten, so dass der Sehsinn solches dem entsprechenden Herzenssinn zutragen könnte. — Der Sehsinn bringt das Bild seiner sinnlichen Wahrnehmung, der ihm entsprechenden Vernunftkraft zu. die dann das, was ihr zugebracht ist, bewahrt. Vgl. Kor. 22, 45. Nicht sind die Augen blind, wohl aber die Herzen in der Brust.

Die Wahrnehmungen.

Das Herz im Körper ist nach der Form des Menschen geformt, deshalb ist es das vortrefflichste der im Thierkörper befindlichen Glieder, es ist blickend und sieht was aussen (ausserhalb des Körpers) den Sinnen verborgen ist. Es hat Ohren, wodurch es wiederkehren lässt und modulirt, wenn das Ohr des Körpers die Töne nicht mehr hört; auch hat es den Tastsinn und es sehnt sich nach der sinnlichen Wahrnehmung, wenn auch solche nicht vorhanden, so wie sich der Liebende nach dem Anblick der Geliebten sehnt. Deshalb kann sich der blind geborene die Ferne der Dinge in seinem Herzen nicht vorstellen, da der Sehsinn dem speciellen Sinn des Herzens nichts zuführt und somit bleibt dieser Sinn leer, verschlossen.

Ein jeder der Sinne erfasst einen Theil seiner Objecte im Wesen, einen andern Theil dagegen im Accidens. Er kann in der Erfassung des Accidens fehlen, doch nicht in der des Wesens.

Der Sehsinn erfasst im Wesen Licht, Glanz, Finsterniss, dagegen erfasst er die Farben nur durch Vermittelung des

Lichts; die Gestalten, Distancen, Bewegungen der Dinge wieder nur durch Vermittelung der Farben; da ein Körper, der keine Farbe hat, weder gesehen noch überhaupt erfasst wird. Das im Wesen wahrgenommene ist das, was keiner Vermittelung zu seiner Erfassung bedarf. Zur Erfassung des Lichts und der Finsterniss bedarf das Auge nichts, doch hat es zwischen sich und der Erfassung der Farben ein Mittel und zwischen sich und der Erfassung der Körper zwei, nämlich Licht und Farben. Je mehr Mittel, desto häufiger sind die Fehler und bedarf man dann noch eines andern Sinnes, den Anblick zu bewahrheiten.

Die Wüstenspiegelung nimmt von der Farbe des Wassers die Weisse, und vom Tagesglanz die Strahlung. Daher wird der Blick bei der Entfernung verwirrt, man hält sie für Wasser und wenn man dann hinzukommt, findet man nichts, dasselbe gilt vom Kiel im Wasser. Das Auge sieht ihn nicht gerade sondern krumm, weil zwischen ihm und dem Auge ein Mittel ist, nämlich das Wasser. Alle Dinge im Wasser erfasst das Auge nicht sowie sie sind. Dasselbe gilt von dem Entfernten. Zwischen denselben und dem Blick liegen viele Mittel, d. i. der Schein, die Luft und die Distance; je grösser diese wird, desto kleiner wird der Gegenstand, er wird immer geringer bis er ganz verschwindet.

Das Ohr dagegen trügt selten, denn zwischen ihm und seinem Object giebt es nur ein Mittel, d. i. die Luft. Nur aus der Dicke oder Feinheit der Luft entstehen die Fehler. Bei stürmendem Winde und stark bewegter Luft hört man selbst den Ruf des Nahen wegen des entstehenden starken Luftgewoges nicht, bei ruhiger Luft aber selbst den Ruf des Fernen. Bei grosser Entfernung verschwindet der Ton ganz, ehe er zum Ohr gelangt. Dasselbe gilt vom Geruch, je nach der Dicke oder Zartheit der Luft, je nach der Bewegung und Ruhe derselben, findet die Geruchwahrnehmung statt. Ist die Luft dick, dringen nur wenig Gerüche ein, ist sie aber fein und rein, und die Entfernung nur gering, so gelangen sie zur Nase der Anwesenden, ist die Entfernung gross, zerstreuen sich die Düfte nach allen Seiten hin. Wie aber die Luft die Töne annimmt, davon handeln wir unten.

Vorstellung, Beweis.

Alle Substanzen sind in ihren Arten, Elementen und Zu-
sammensetzungen verschieden. Jede Substanz, welche nicht
stofflich ist, ist feiner, geistiger, allgemeiner, nimmt leichter und
rascher Einwirkung an, z. B. das Süsswasser ist von feinerer
Substanz als das Salzwasser und reiner zur Annahme von Geschmack und Farbe. Dasselbe ist auch den aus mehreren
Mischungen bestehenden Thieren nützlicher und heilsamer, es
wird zum Leben der Körper, zum Stoff der Pflanzen und
Thiere. —

Da ferner der Lichtstrahl zarter ist als die Luft, so nimmt
er rascher Farbe und Gestaltung auf, er lässt rascher auf sich
wirken. Er ist geistiger und einfacher und dringt zarter ein.

Ebenso ist die Substanz der Seele, feiner und geistiger
als die Substanz des Lichts und Strahls, da sie das Bild von
allen sinnlichen und geistigen Wahrnehmungen annimmt.

Aus diesen zwei Gründen kann der Mensch durch seine
Vorstellungskraft sich Dinge vorstellen, die er durch die sinnlichen Kräfte nicht erfassen kann. Denn diese ist geistig,
jene aber körperlich. Die Sinne erfassen alle Wahrnehmungen
an körperlichen Stoffen äusserlich, dagegen stellt die Vorstellungskraft sich solche in ihrem Wesen vor.

Einen Beweis für das Gesagte liefern die Handwerker.
Denn ein jeder derselben denkt, stellt sich vor und formt in
Gedanken eine Form, die einem Ding der Aussenwelt entspricht. Will er nun das, was in seiner Seele ist, in der That
hervortreten lassen, macht er in dem in Ort und Zeit befindlichen Stoff das, was er sich in der Seele geformt und was
seinem Gedanken irgend wie eingebildet war. —

Jede Creatur, die kein Auge hat, kann sich die acciden-
tellen Farben und substantiellen Körper nicht vorstellen, die,
welche kein Gehör hat, kann sich Rede und Worte weder
formen und noch vorstellen.

Der Mensch aber, welcher wohl gefügt und gesunder Sinne
ist, kann, wenn er eine Rede vernimmt, sich den wohlbeschrie-

benen Sinn vorstellen. Der Endzweck der Rede ist der Sinn
und jede Rede die keine Bedeutung hat, gewährt weder dem
Redenden noch dem Hörenden Nutzen. Jede Bedeutung, die
nicht durch irgend einen Ausdruck in irgend einer Sprache
bezeichnet werden kann, kann auch nicht erkannt werden. Ein
jedes tongebende Thier, welches nicht von einer Bedeutung in
seiner Seele aussagen kann, ist wie schwindend Nichts, so
die stumme Heuschrecke.

Die Bedeutungen sind wie der Geist und das Wort sein
Leib. Doch kann der Geist nicht bestehen ohne den Körper,
noch der Körper ohne den Geist.

Die Rede zerfällt in zwei Arten, Sinngebend und Nichtsinngebend.

Der Sinn trifft bei Aussagen das, worauf sie sich beziehen,
d. i. wovon sie aussagen, das darauf bezogene ist eben die
Aussage. Dieselbe ist beweisend oder nicht beweisend. Definition der Aussage ist: Aussage ist ein jeder Ausspruch, von
dem der Redner die Wahrheit oder die Unwahrheit durch den
Augenschein nachweisen kann. Auch kann sie etwas Vergangenes betreffen, und dies ist stets etwas von einem Aussagen-
den durch's Ohr vernommenes. — Sagt jemand z. B. aus, diese
oder jene Stadt sei bewohnt, oder der und der Verstorbene sei
so gewesen; so kann der Hörende das erstere nach dem Augenschein, das letztere aber nur durch die Erkundigung bestätigen oder verneinen.

Die Aussagen zerfallen nun aber in drei Theile: sie betreffen etwas Vergangenes, Zukünftiges oder Gegenwärtiges.

Diese drei Theile können bejahend, verneineud, ursprünglich gesetzt oder bezogen sein.

Auch sind alle die Aussagen in Hinsicht des Sinns entweder nothwendig, möglich oder unmöglich.

Das Nothwendige und Unmögliche ist bekannt, so wenn
jemand sagt, die Erde ist unter und der Himmel über mir, da
ist kein Zweifel, auch ist kein Nutzen in solcher Rede weder
für den Sprecher noch für den Hörer. Ebenso wenn jemand
sagt, ich habe den Berg getragen, bin in's Feuer getreten, sah
einen Baum auf der Oberfläche des Wassers, so ist kein Zwei-

12

fel an der Lüge und Nichtigkeit der Rede, d. i. das Unmögliche. Dagegen kann das Mögliche wahr und falsch sein, dafür muss ein Beweis gesucht werden, dort tritt also wirklich
ein Nutzen für die Nachfrage ein. Der Beweis kann für den,
dem er zukommt, nicht bestätigend sein; durch den Beweis
kann auch das Abwesende, d. i. das nicht vor den Augen liegende für den Kundigen festgestellt werden. Durch denselben
wird die Wissenschaft über das Vergangene und Zukünftige,
das Wissen über das Abwesende wie das Gegenwärtige gewonnen. Die Analogie und der Beweis (Schluss) ist wie ein
Gleichniss, denn das Gleichniss ist wie die Form der Gestaltungen, von dem, wovon ausgesagt wird, so dass man durch
die Eigenschaften auf das, wovon ausgesagt wird, hinweist.

Entstehung der Sprache.

Als Gott durch seinen Willen die Welt schuf und ordnete,
legte er die Erde als einen Teppich ihr unter und gab der
Luft die Weite zwischen Himmel und Erde. Dieselbe zog
links und rechts über die Erde hin, drang in die Meere und
bewegte dieselben in Wogen, wie der in die Körper dringende
Geist. So bewegte sich die Luft und drang nach den vier Seiten, sie mischte sich in Wasser und Erde, es mengten sich
die Naturen eine mit der anderen. Durch diese Bewegung der
Luft entstanden verschiedene Laute, Gezisch und Getön wie
Wiederklang der Berge, Gewoge des Meeres, Stürmen der
Winde durch Wüsten und Oeden.

Dann entstanden Minerale, in den für ihr Bestehen pas-
senden Landstrichen. Darauf verdichteten sich Dünste und stieg
Thau auf, die Wolken wurden gehäuft und hoben sich bis zur
Grenze der Windhauchzone, sie hingen sich an die Eishauch-
zone, dann drängte sie das Feuer des Aethers, es gewannen
dann die Wassergestirne über jene Gewalt, so dass sie auf die
Erde träufelten, die Luft befruchtete sie und drang darin ein,
die Gestirne warfen ihre Strahlen auf sie, und traf sie die
Sonne, dann drang die Wachsthumkraft in sie ein und das
erste, was auf der Erde wuchs und zunahm, waren die Pflanzen,

so bestand die Erde, wie die Gelehrten sagen, mit Meeren, Bergen, Pflanzen, Bäumen 3000 Jahre. Da wehten die Stürme und die Töne der Luft entsprachen einander. Die Seele durchdrang mit der Kraft des Lichts und Strahls verbunden die Luft, sie ordnete die körperlichen Dinge und fügte die Naturen des Körperlichen und die geistigen Kräfte der Gestirne zusammen.

Die Bewohner der Erde vor Adam waren aber die Thiere.

Als nun aber dieser so bestimmte Zeitlauf rollendet war, und ein neuer Zeitlauf begann, da wollte Gott eine neue Schöpfung, nämlich die Menschenform schaffen, er machte da Adam und Eva aus Lehm und liess beide das Paradies bewohnen.

Diese Sache berichtet von Anfang bis zu Ende ein Persischer Astrolog, aus dessen Werk wir einiges hervorheben.

Gott aber stellte Adam im Gleichmass her und blies ihm von seinem Odem ein, so dass die Engel ihm sich beugten, nachdem die Thiere in ihren vollen Gattungen und Arten entstanden waren.

Die Thiere waren nach den Pflanzen entstanden; die Pflanzen entstanden unter dem Sternzeichen der Aehre, die Thiere unter dem des Stiers. Adam und Eva unter dem des Orion, des doppelt gekörperten (Zwillinge).

Der Beginn fand statt im Widder und sinkend stieg nieder der Saturn. Da ward der Mittelpunkt (der Erde) Lehm, das meiste war dunkel, schwer, gewichtig und wurden die Berge feststehend, bleibend. Das erste Mineral, welches sich in der Erde verdichtete, war das Blei, und ward die Erde die Stätte der Schwere und der Weilort des Dichten. Dies geschah wegen des Saturn, der in dieser Bestimmung sich befand, und durch den Willen des Schöpfers.

Adam, Eva und die Thiere weilten eine Weile, wie dies in den Büchern verzeichnet ist, ohne Berührung und Vereinigung, dann offenbarte Gott die Rede. Damals war der Mercur, der Meister der Rede, im Aufgang. Es sprach Adam und Eva und lehrte ihnen Gott die Namen aller Dinge nach erkannte Adam jede Gattung, Form, Art und Unterart der Minerale, Pflanzen, Thiere, alle Theildinge in Namen und Eigenschaften.

In dieser Weise verweilten sie eine Weile. Sie assen

mit den Thieren Baumfrüchte und tranken mit ihnen Quellwasser bis der Widder seinen Lauf bis zum Stier vollendet. Derselbe aber ist sehr nützlich für die Welt und Ursach aller Cultur, er heisst das Haus der Venus, die in schönem Zustand grad in ihrem Lauf zur Oberabscisse, strahlenden Lichts, aufstieg. In diesem Himmelsstand geschah die Vereinigung Adams mit der Eva, sie ward von ihm schwanger und begann hiermit der Spross, während der Widder in dem Zustand, wie es in der Astrologie beschrieben wird, war.

Als dann der Kinder viel wurden, lehrte und bildete sie Adam, er zeigte wie sie säen, pflügen, Männchen und Weibchen paaren und die Welt bebauen sollten. Sie betrachteten die Werke der Thiere, wie eins gegen das Andere verfuhr und seinen Nutzen suchte, sie ahmten ihnen nach, und that ihnen Adam auf Gottes Befehl was zum Wohl ihres Sprosses gereichte kund.

Also weilte Adam bis Gott ihn zu sich rief, doch sein Spross verblieb, sie redeten syrisch; einige Gelehrte behaupten Nabatäisch. Es nahm einer vom andern die Bedeutungen. Sie erfassten alles was sie wollten und bezeichneten jedes Ding in seiner Eigenschaft durch die Buchstaben, aber dieselben waren noch nicht einer mit dem anderen verbunden, und nicht in der Schrift vereint. Adam lehrte ihnen die Namen eben nur durch Kundthuung, wie der Lehrer den, der nicht schreiben kann, belehrt.

Die Geschlechter bewahrten die Namen und Eigenschaften bis der Stier den Lauf bis zum Orion vollendet. Da erschien die Schrift. Denn dieser war das Haus des Mercur, der Kopf des Drachen stand damals hoch, doch der Schwanz niedrig. Da gab es der Buchstaben vierundzwanzig, d. i. die ionische Schrift, denn man theilte jedem Sternzeichen zwei Buchstaben zu, und wurden damit die Worte nach der Sprache des Volks und jener Zeit geschrieben.

So geschah alles der Weisheit gemäss zur bestimmten Zeit und glücklichen Stunde. Es drang diese Kraft der Töne und Weisen zuerst in die Himmelswelt, dann in die Bewegungen der Luft; dann in die der Pflanzen, dann in die Körper der

Thiere, dann in die Menschenwelt. Die Töne der Creatur wurden verschieden genannt, so spricht man von dem Wort des Redenden, dem Gewieher des Pferdes, Gebell des Hundes etc., aber die dem Menschen speciell zukommenden Töne heissen Rede. Der Eine spricht arabisch, der andere persisch, ein dritter griechisch.

Die Verschiedenheit zwischen Rede und Ton.

Rede ist der in trennbaren Buchstaben einen verständlichen Sinn gebende Ton. Seine Ausgänge sind verschieden, der fernste Ausgangspunkt für die Buchstaben ist der äusserste Theil der Kehle, d. i. der an den obersten Theil der Brust angrenzt. Der Ursprung des Tons im Leibe geht aber von der Lunge, dem Lufthaus, aus, ebenso wie in der Allwelt, d. i. dem Grossen Menschen der Ursprung des Tons in der Luft unterhalb der Mondsphäre zu suchen ist. Die Allseele liegt dagegen in der Himmelwelt. Ebenso finden sich im Menschen, d. i. der kleinen Welt, in dem Körper der Lunge und in der Kraft der Seele Bedeutungen vor, auf die der Ton hinführt.

Ebenso sind die Bewegungen und Laute unterhalb der Mondsphäre nur Gleichnisse und Hinführungen auf die vorzüglichen Töne und gereihten Bewegungen der Himmel, auf jene Geister- und diese Leiberwelt.

Der Ton hat seinen Ursprung in der Lunge, derselbe steigt auf bis er zur Kehle gelangt, dann lässt ihn die Zunge kreisen; je nach Verhältniss seines Ausgangs, geht er dann aus in trennbaren Buchstaben, so erkennt man seine Bedeutung und wird die Aussage verstanden, geht er aber unbuchstäblich aus, so wird sie nicht verstanden, es ist dann Gekrächz, Geschrei. Bringt die Zunge den Ton in verständlichen Buchstaben zum Auslauf, so nennt man dies Rede, in welcher Sprache dies auch sei, je nach Uebereinstimmung und dem Beistand der Natur. Bei einem jeden Volk stimmt die Weite der Buchstaben, die Leichtigkeit ihrer Wandlung im Ausgang der Rede, die Leichtigkeit der Sprache mit der Mischung seiner Natur, dem Klima der Landstriche, dem Stoff seiner Sprache, so wie den Hinweisungen der Nativitüten und der Herrschaft der Gestirne überein, wie solche auch bei der ersten Setzung der Sprache, der gesetzlichen Weise und den anderen Nebendingen vorherrschten.

Die Vernunftrede.

Die sinngebende Rede ist dem Menschen allein eigen, das ist die volle Vernunftrede, in welcher Sprache sie auch geredet und mit welcher Schrift sie immer geschrieben werde. Die Thiere nehmen an derselben nicht Theil, oder doch nur in soweit als auch ihre Töne durch thierische Bewegungen und körperliche Werkzeuge hervorgebracht werden, und sie derselben bedürfen. Denn gar viele Thiere findet man, welche mit ihrer Stimme Schaden abwehren und Nutzen für sich und ihre Kleinen herbeiziehen wollen, so wenn sie fressen wollen und daran gehindert werden, wenn sie saufen wollen und vom Wasser zurückgehalten werden; wenn sie ihre Kinder, die abwesend sind, rufen u. dergl. Dasselbe findet statt, wenn Vögel die Stimme des Menschen annehmen und die Affen alle Handlungen des Menschen nachmachen, aber all dies Getön dient nicht den Bedeutungen der Wissenschaft sondern nur dem natürlichen Willen, der in die Naturen der Leiber ursprünglich gelegt ist. Sie verlangen danach mit Geschrei zu gewissen Zeiten, wenn sie der Dinge bedürfen und Hindernisse zwischen ihnen und den Dingen stehen. Dasselbe hat einen nur allgemeinen nicht wirklichen Sinn, auch wird die Absicht nicht genau erkannt, wie beim Geschrei der Vögel zur Tages- oder Nachtzeit. Das allgemeine Ziel dabei ist die Begattung und Vermehrung, die Kundgebung der natürlichen Wärme (Brunst) im Einzelnen. Je stärkere Hitze und Seelenbewegung in dem Thier ist, desto stärker und andauernder schreit es. Kurz der Schrei des Thiers geht durch die den Thieren speciell eigene Bewegung der Thierseele hervor.

Die nichtthierischen Töne sind Stösse, Schläge, Gesumm, Anschläge, Töne der Pauke, Trommel etc. Diese Töne rühren von der Bewegung an sich schweigsamer Körper her, und nur der sie bewegende, nicht ihresgleichen seiende, lässt sie durch Stoss oder Anschlag erklingen. Der welcher sie in Bewegung versetzt, ist entweder eine mit Absicht und Zweck handelnde Creatur, wie der Mensch, welcher diese Instrumente zur Tönung wählt, oder das Getön geht von einer Creatur, ohne deren Absicht aus, wie wenn ein Thier gegen eine Pforte stösst, oder ein Erzgefäss umstosst.

Hierher gehören auch die aus der Bewegung der Winde herrührenden Töne, wenn derselbe durch Pflanzen, Bäume geht und deren Blätter und Stauden aneinander reibt, zwischen Mauern und Häusern hindurchdringt, oder auf die Pässe der Berge, über Höhlen und Schluchten weht; — ferner der Schall des von den Höhen zur Tiefe hinabrinnenden und drängenden Wassers, das Tönen der Wasserräder der Mühlen, oder Klang des durch das Meer fahrenden Schiffes oder des über das Land fahrenden Wagens.

Die von den Thieren ausgehenden Töne heissen Laut oder Weise, die von der Luftbewegung ausgehenden Töne aber Sausen, Brausen, der vom Wasserlauf und Wagen herrührende Ton heisst Rauschen, Murmeln, das von Metallen, Steinen, Holz herrührende Getön, Stoss, Klang, Anschlag, Anstoss. Die von den Menschen ausgehenden Töne heissen Rede, Ausspruch, Sätze.

Hiervon giebt es denn sehr viele Arten, so die Kanzelrede, Gedichtsrecitirung, Koranlesung, je nach dem beabsichtigten Zweck.

Wenn man die Entstehung aller dieser Töne wohl betrachtet, so erkennt man, dass dieselben alle von Theilseelen und zwar auf Befehl der Allseele ausgehen, 'ebenso ist die wesenhafte Bewegung der Ursprung von der zufälligen. Dies sind Accidenzen, jenes Substanzen; diese sind schwindend, jene bleibend. Der Mittelpunkt dieser liegt in der Niederwelt, der jener in der Hochwelt, diese sind zum Theil gut, zum Theil nicht, jene aber Gut allesammt. Diese z. Th. lebend, z. Th. todt, jene lebend allesammt. Diese z. Th. vernünftig redend, z. Th. nur tönend, jene aber alle vernünftig redend. Einige dieser Töne sind verständlich, andere nicht, jene sind verständlich allesammt. Diese sind z. Th. sinngebend, z. Th. nicht, jene aber alle sinngebend. Die Bedeutungen dieser Töne sind in den Buchstaben enthalten, jene sind Bedeutung ganz und gar. Die Leute hier bedürfen jemandes, der ihnen die Bedeutungen enthüllt, jene nicht, diese bestehen bisweilen in verwirrter Rede, jene aber nicht.

Bei diesen sind oft die Weisen nicht lieblich, noch ihr Klang angenehm, noch die Rede schön, bei jenen sind alle Weisen lieblich und angenehmen Klangs.

Einige dieser Töne sind verkehrt als ob sie von den Höllenbewohnern herrühren, so das Geheul des Hundes, der Schrei des Esels, die den Herzen wehthun, dergleichen ist im Bereich jener Seelen nicht zu finden.

Jeder vernehmbare Ton kann nur der Haltung des Körpers, von dem er ausgeht, entsprechend, seiner Kraft und der Reinheit seiner Natur gemäss, hervorgehen. Das wird weiter unten erklärt werden.

Die Verschiedenheit der Rede.

Die Menschen sind in ihrer Rede und in ihren Sprachen, je nach der Verschiedenheit ihrer Körper und deren Zusammensetzung verschieden. Der Ursprung von der Verschiedenheit der Sprachen liegt in der Verschiedenheit der Sprachorgane und dem Unvermögen das hervorzubringen was der beredte, verständige hervorbringt.

Andere meinen die Verderbniss der Sprache rühre her von der verdorbenen Zusammenfügung und Mischung, doch ist dem nicht so, sie rührt vielmehr davon her, dass die Sprachorgane an Stärke und Schwäche verschieden sind. Auch sagt man, der Anstoss bei der Sprache sei ein Verderbniss in der Zunge, die den Buchstaben an seinem Ausgangspunkt umdreht und an seinen Ort wieder zurückbringt.

Rührte dieser Fehler von der fehlerhaften Mischung her, so wäre der Anstoss eben nur bei einem Buchstaben und einem Sprachausgang und würde bei der Herstellung jener Mischung, die Sprache eine beredte werden.

Die Güte und Schwäche des Schalls rührt nun zwar von dem
Verderbniss der Mischung her, so wie von dem Ueberwiegen
der einen oder anderen Natur und wenn die Gesundheit wieder hergestellt wird, kehrt die Rede zu dem früheren Zustand
zurück, aber mit dem Anstossen ist's nicht so. Die Menschen
zerfallen dabei in verschiedene Arten und stimmen nicht in
dem Fehler und ihrer Abweichung von Rechten überein. Das
kommt von vielen Zufällen, welche die Zunge treffen und die
Rede verderben.

Es ist dies eine dauernde Lähmung wie beim f- und t-An-
stoss, bei Schwerzüngigkeit, Barbarismus.

Ist einem Mann die Sprache schwer, sagt man in seiner
Rede ist ein Hemmniss, mischt er arabische Worte mit
fremdländischen sagt man in seiner Rede sind Barbarismen,
kann er nicht rasch sprechen sagt man in seiner Rede sei
Fessel und Zaum. Mangel im Redeorgan und schwache Sprach-
werkzeuge hat der, von dem man nur wenig versteht. Seine
Rede steht dem Laut der Thiere und dem der Stummen nah.

Die Bedeutungen.

Die Bedeutungen werden sowohl von dem Unberedten als
dem Beredten vernommen. Doch thun es sich die Menschen
durch Beredsamkeit einander zuvor. Die gewöhnlichen Leute
Weiber, Knaben haben oft schöne Töne, süsse Stimme und
reine Rede, doch sind solche deshalb nicht beredt, den Sinn
klar zu machen, den Beweis aufzustellen und Zweifel zu heben
den Thoren zu ermahnen und zu erinnern. Oft auch wendet
jemand eine schöne Rede, und liebliche Weisen zum Spiel
und Gesang an um unwürdige Lüste zu erregen. Dann liegt
aber in der Bedeutung davon keine Wahrheit, es gleicht solche
Rede nur dem Getön der Thiere, Thoren, Knaben und Besessenen.

Die ursprünglichen Bedeutungen sind Gleichnisse durch
deren Richtigkeit bei der Aussage auf die Erkenntniss ihres
wahren Werthes und auf die Endziele ihrer Absicht hingeführt
wird.

Die Definition von Bedeutung ist: Eine Bedeutung ist jedes
Wort, welches einen wahren Werth angiebt und zu einem
Nutzen leitet. Ihre Existenz in der Aussage rührt von der Erkenntniss her, dass ihr eigentlicher Werth eine Wahrheit und
der Ausspruch davon richtig sei.

Die Aussagen zerfallen in vier Theile: Aussage, Nachfrage,
Befehl, Verbot. — Andere geben sechs, noch andere sehn Arten an, aber ursprünglich sind es diese vier. Bei dreien davon
ist Wahr und Nichtwahr, nicht möglich d. i. Nachfrage, Befehl,
Verbot, doch bei der Aussage ist Wahrheit und Lüge möglich,
sie ist verneinend oder bejahend, möglich oder unmöglich.

Alle diese Bedeutungen mit ihren Folgen wie Lob und Tadel
können wahr oder falsch sein, können in beredter und unbe-
redter Weise ausgesprochen werden, doch müssen sie auf etwas
irgend wie benanntes passen. Alles was mit einer Bedeutung
in der ein Lob ist, benannt wird, fällt zwischen zwei Gegen-
sätze und zwei Grenzen. Der Wissende weiss entweder was
nicht nothwendig, oder das was nothwendig, ebenso schwankt
das Verständniss zwischen dem Erkennen von dem was nicht
möglich und dem Nichtkennen des Möglichen. Das Unwahre
zwischen dem Nichtverständlichen und dem Unvermuthbaren.

Ebenso liegt die Entschlossenheit zwischen Tollkühnheit
und Laschheit; Freigebigkeit zwischen Verschwendung und
Knauserei; Tapferkeit zwischen Furcht und Tollmuth, und kann
so eine jede Eigenschaft zum Lob und Tadel für den Besitzer
werden.

Mit den Bedeutungen sucht man das Mittel. Das von
welchem man das, was darunter ist, nicht erstrebt und das, was
darüber ist, nichts nutzt, ist das Mittel, das was weniger ist
heisst Schwäche und das Mehr heisst Uebermass. Entschlossenheit neigt ebenfalls zu keiner der beiden Grenzen, Ueber-
muth und Zaghaftigkeit.

Bei dem einen ist eben zu viel und bei dem anderen zu
wenig.

So ist das Mittel die Mitte zwischen den beiden Gegen-
sätzen, von denen der Eine zum Defect der Andere zum Ueber-
masse führt.

Die rechte Mitte beim Nachforschen muss sowohl von der
Dunkelheit der Worte als von der Schwäche in der Nachfrage
frei sein, das rechte Maass der Heiterkeit liegt in der Mitte
des Finstersehns und der Ausgelassenheit. Das rechte Maass
Beredsamkeit ist Beweis in der kürzesten Rede und dem vollkommensten Wort, sie steht in der Mitte zwischen Kurzrede
und Weitschweifigkeit.

Bedeutungen spricht auch das gewöhnliche Volk auf den
Märkten und Strassen aus, selten aber in schönen Ausdrücken,
ja oft meint mancher eine Bedeutung bezeichnet zu haben,
während er eine andere wirklich angiebt.

Bedeutungen sind die Wurzeln, sie bestehen im Festhalten
dessen, was sich in der Seele gebildet, die Worte sind ihr
Stoff, die Bedeutungen sind die Seelen und die Worte wie
die Leiber.

Wenn der Stoff die Einwirkungen der Seele irgend wie
annimmt, so treten die Werke der Seele zu irgend einem Ziele
hervor; ist derselbe zu schwach zur Annahme, so steht dieser
Stoff unter jener. Dasselbe gilt von den Worten, nehmen sie
durch die Beredsamkeit es von den Bedeutungen an, dass sie
treffen, so versteht man die Bedeutungen ohne Weitschweifigkeit; können die Worte das nicht, bedarf man der weiteren
Erklärung und dies hebt die Beredsamkeit auf. Ebenso ist
die zu grosse Kürze nicht im Stand zur Klarheit zu führen.

Manche Menschen erfassen zwar richtig die Bedeutung,
doch bezeichnen sie dieselbe mit zu schwachem Wort, so dass
es von derselben ablenkt und nicht zur Bedeutung hinführt.
Solches rührt nun nicht von der Schwäche der Bedeutung, sondern von der des Wortes her. Ebenso schafft ja auch die Natur Dinge, für welche der annehmende Stoff zu schwach ist,
so dass dieselben nicht zur Vollendung gelangen. Dies rührt
aber nicht etwa von der Schwäche der Natur her.

Wie die Hörkraft ihr Object erfasst.

Die Laute zerfallen in zwei Arten in Thierische und Nichtthierische.

Die Nichtthierischen zerfallen ebenfalls in zwei Arten, in natürliche und Instrumentale. Natürlich sind der Schall des Steins, Eisens, Holzes, Donners, Windes; das Geräusch des Wassers, und das der übrigen Körper, die keinen Hauch haben, seien es gewöhnliche Dinge oder Instrumente, so die Posaune, Trommel, Zither etc.

Die thierischen Töne zerfallen ebenfalls in zwei Arten, in die der vernünftigen und unvernünftigen Wesen, die der unvernünftigen Wesen sind das Thiergeschrei. Die der vernünftigen Wesen sind sinngebend oder nicht sinngewährend, wie Lachen, Weinen, Schreien. Sinngebend sind die in deutlichen Buchstaben ausgesprochenen Worte, welche auf eine in den Gedanken der Seele sich vorfindende Bedeutung hinführen, vgl. Logik. Alle diese Töne sind nur ein Stoss in die Luft, der aus dem Zusammendrang der Körper entsteht, vgl. oben. Denn die Luft dringt wegen ihrer so grossen Feinheit und leichten Substanz, sowie durch die Reinheit ihrer Natur und schnellen Bewegung in alle Körper ein. Drängt nun ein Körper an den anderen, strömt die Luft zwischen ihnen aus und stösst nach allen Seiten hin; es entsteht aus ihrer Bewegung eine Form und gelangt zu den Ohren des Creatur.

Der Hörsinn unterscheidet die Thiertöne, wie die Schmeckkraft die Geschmäcke der Dinge unterscheidet, und der Vernunftkraft alles was sie an Geschmack wahrnahm zuführt. Ebenso macht es die Riechkraft. Nur ist die Schmeckkraft gröber als die Riechkraft, die Hörkraft aber wieder in der Unterscheidung der verschiededen Töne zarter und feiner, wogegen die Tastkraft gröber ist als alle.

Die Gelehrten sind verschiedener Ansicht über den Seh- und Hörsinn, welcher von beiden zarter und erhabener sei. Einige setzen den Hörsinn höher, denn seine Wahrnehmungen seien geistig und erfasse die Seele vermöge des Gehörs die Kunde von dem in Ort und Zeit abwesenden; dagegen seien die Wahrnehmungen des Gesichts allesammt körperlich, da die Sehkraft nur das in Ort und Zeit gegenwärtige erfasse; auch verfahre die Hörkraft feiner als die Sehkraft, da sie durch die Güte ihres Sinns die gewöhnliche und die gemessene Rede,

die verschiedenen Weisen, den Unterschied zwischen Richtig
und Falsch, auch den Schrei des Vogels, Hundes etc., dann
den Schall der hauchlosen Körper, ferner die verschiedene Rede-
weisen wohl unterscheide, richtig erfasse und in Beziehung
setze. Bei allem diesen bedarf das Gehör des Gesichts nicht.

Dagegen fehle das Gesicht in seinen Wahrnehmungen gar
oft, es sehe das Kleine für Gross, das Grosse für Klein, das
Ferne für nah, das Nahe für fern, das sich bewegende für ruhend und das ruhende für bewegt an; somit sei das Gehör feiner und erhabener als das Gesicht.

Wenn dem so ist, so entsprechen die fünf Sinne in dem
gesunden Menschen den fünf Naturen in der Allwelt, die ja
eben ein Grossmensch ist; der Tastsinn entspricht der Erde,
denn der Mensch fühlt mit seinem ganzen Körper, der Geschmack der Zunge und dem Munde eigen, entspricht der Natur des Wassers. Die Feuchte in der Zunge und dem Munde
erfasst die Geschmäcke der Dinge, vgl. unten. Der Geruch
entspricht der Natur der Luft, denn die im Geruch liegende
Kraft ist luftartig, sie zieht die Luft ein und erfasst dadurch
den Geruch der Dinge. Das Gesicht entspricht der Natur des
Feuers und des Lichts, denn durch Licht und Feuer erfasst
das Gesicht seine Wahrnehmungen.

Der Hörsinn entspricht der Natur der Sphären, d. i. dem
Wohnsitz der Engel, deren Beschäftigung bei Tag und Nacht
die Lob- und Heiligpreisung ist.

Die Engel haben in der Oberwelt dieselbe Stelle wie in
der unteren Welt die Leser der h. Schriften, denn beim Hörsinn sind alle Wahrnehmungen durchaus geistig.

So heisst es vom Pytagoras, dass er durch die Reinheit
seiner Natur und bei der Substanz seiner Seele die Weisen
der Sphären vernommen habe, die Leier erfunden und Melodien gebildet. Die Gelehrten hätten dann nach ihm die Richtigkeit derselben erkannt und wären sie ihm, soweit dies nach
Ort und Zeit möglich gewesen, gefolgt.

Ein jeder Ton hat eine ihm speciell zukommende geistige
Form, dieselbe ist anders als die anderer Töne. Vermöge ihrer
erhabenen Substanz und Feinheit bewahrt die Luft dieselben,

so dass sich ein Ton mit dem anderen nicht vermischt und derselbe in dieser Haltung zum Endziel, d. i. dem Ohr des Hörers gelangt, welche wiederum dieselbe der Denkkraft zuführt.

Fragt nun jemand nach der Ursache, welche der Luft diese erhabene Vorzüglichkeit und leichte Bewegung verleihe, so antworten wir der Körper der Luft sei zart und erhaben. Die Luft steht in der Mitte zwischen zwei Grenzen, von denen die eine darüber, d. i. das Licht und der Glanz, zarter sei, die andere darunter stehe, d. i. Wasser und Erde. Da nun die Luft reiner ist als das Wasser, zarterer und erhabener Substanz, auch leichterer Bewegung, so dringt das Licht in sie ein, reinigt sie und macht sie zu etwas geistigem, da sie ja wegen ihrer Feinheit und Reinheit jenem benachbart ist und nahe steht. Da nun das Licht und der Glanz von erhabener hoher Substanz ist, hat es Verbindung mit den Seelen und Geistern, dieselben durchdringen das Licht. Das ist der Himmelspfad, auf welchem die Geister auf- und die Seelen zu der Welt des Entstehens und Vergehens hinabsteigen.

Da die Luft diese Vorzüglichkeit hat, bewahrt sie Alles in seiner vollendeten Form, und erhält dasselbe bis es zu dem beabsichtigten Ziel gelangt, je nachdem Gottes Bestimmung hierin waltet, damit hierdurch die Festigkeit des Werks und Sicherheit der Schöpfung bestehe.

Somit nimmt die Hörkraft vermöge der ihr innewohnenden Kraft den Erguss der ihr von den erhabenen zarten Seelen zukommt und erfasst denselben so wie er ist, wenn dieser Sinn gesund und seine Organe vollständig sind.

Dasselbe gilt von der Riechkraft, sie nimmt von der Luft was sie an Düften tragen und fassen kann und giebt von jedem Duft Kunde. Deshalb sagt man, die Welt der Geister besteht in Duft, Wohlgeruch, in Weisen und Melodien.

Ebenso bewahrt das Licht die Farben der Körper, sie vermischt nicht das Eine mit der Anderen und erhält sie so, wenn nämlich die Sehkraft gesund ist.

Stösst einem der Sinne etwas zu, was eine Veränderung in seiner Erfassung des Objects bewirkt, so kommt dies weder von der Verderbniss der Luft noch von der des Strahls, sondern wird solches von der Verderbniss in der Mischung und Verwirrung der Anlage hervorgerufen.

Sind aber die Sinne zwar gesund doch erfassen sie die Dinge anders als richtig ist, so geschieht dies auch nicht, weil Luft und Strahl verdorben, sondern wegen eines Zufalls der beide betroffen, nämlich deshalb, weil die Luft sich verändert und getrübt, der Strahl aber sich verfinstert hat. Deshalb nimmt das Gesicht nach Sonnenuntergang nicht so wahr wie beim Sonnenaufgang, auch erfasst das Ohr beim Windsturm und der Luftbewegung nicht so wie bei der Windstille und Luftruhe. —

Alles unter dem Mondkreis es sei fein oder dicht, ist der Veränderung und Verwandlung unterworfen. Das Feuer verwandelt sich und wird Luft, die Luft verwandelt sich zu Wasser, das Wasser verwandelt sich zu Erde und wieder verwandelt sich die Erde zu Wasser, das Wasser zu Luft und die Luft zu Feuer.

Der Anfang des Feuers ist verbunden mit der Luft, das Ende desselben mit dem Licht. Der Anfang der Luft ist verbunden mit dem Wasser, das Ende mit dem Feuer; der Anfang des Wassers ist verbunden mit der Erde, sein Ende mit der Luft. So ist stets der obere Rand mit der Oberschicht, der untere Rand mit der Unterschicht verbunden, und verwandeln sich die einzelnen Elemente in die zunächst liegenden. So hat die göttliche Weisheit, Veränderung und Verwandlung, Aufhören und Uebertragung von einem Zustand in den anderen für alle vorhandenen Dinge angeordnet. Der Urgrund davon ist aber die Heimkehr, d. i. die Vergeltung der Seelen für das was sie erworben und ihre Bestrafung für das was sie begangen. Denn in der Welt der Geister findet weder Veränderung noch ein an die Stelle setzen, weder ein Schwinden noch eine Uebertragung statt.

Die Art und Weise des Tons.

Der Qualität nach theilt man alles was vom Ohr vernommen wird in drei Theile, es rührt her a vom lebenden, b vom todten, c von dem was weder todt noch lebendig ist. Die Rede des Menschen und der Schrei des Thiers sind lebendig und die Bewegung seelisch, der Schall vom Stein, Eisen etc. ist todt. Weder todt noch lebendig ist dagegen die Luft, die sich stösst, wenn ein Körper an den andern drängt, wodurch Gesumm, Gezisch entsteht, desgleichen das Rinnen des Wassers in Röhren, das Gewoge der Wellen, der Lauf der Ströme, diese sind weder lebend noch todt. Diese Töne nennt man weder lebend noch todt. Vom Menschen und dem Thier sagt man es lebe, so lange beide Bewegung und Streben einem Ziele zu haben. Dagegen sagt man vom Stein und dem Holz aus, sie seien todt, denn sie bewegen sich nicht nach Absicht.

Bald ist die Luftbewegung stark, bald ruht sie und dasselbe gilt vom Wasser und vom Feuer. Bei allen diesen Tönen wirkt erstens die Materie der Dinge und dann die Luft, wodurch sie entstehn.

Die Töne, von denen der Mensch weiss, dass sie von dem Körper eines lebenden Wesens herrühren, kommen leicht und schnell dem Gehör zu, schnell erfasst solche die Seele so wie sie an sich sind. Die von den todten Körpern herrührenden Töne erfasst die Seele dagegen erst durch Nachdenken und bekundet so den Grund ihres Entstehens.

Der Mensch ist an gewisse Töne gewöhnt, andere scheut er; vernimmt er an wüsten Stätten das Geschrei eines wilden Thiers, ist er erschreckt, hört er dagegen den Blaff eines Hundes oder die Rede eines Menschen ist er erfreut. Auch kann ihn der Ton des Windstroms, des Sturzbachs, der Meereswoge, der Wipfel-Bewegung, des Steinsturzes an den von der Cultur fernen Stätten sehr erschrecken.

Von der Luft, dem Feuer und Wasser sagt man weder, dass sie leben, noch dass sie todt sind; denn wenn sie auch Stoff zum Leben und zur Bewegung sind, so ist Leben doch nur durch die Vereinigung einer Naturkraft und einer Bewegung der Seele nach dem Willen Gottes möglich. Wenn jene allein in ihrem Wesen für sich sind, sagt man von ihnen weder Leben noch Tod aus. Jedes derselben hat zwei Grenzen, die eine dem Leben, die andere dem Tode verbunden, während es

selbst in der Mitte liegt, die obere Grenze der Erde und das
feine derselben ist mit dem Wasser verbunden, und ist dieser Theil der Erde voll Leben durch das, was er an Pflanzen
schafft, der andere Theil aber das Dicke, wie Gebirg und Felsen sind todt und entspringt dort kein Leben.

Der mit dem Wasser verbundene Theil der Erde heisst
Culturstätte und das vom Wasser fern liegende heisst Wüste,
sie ist dem Tode vergleichbar.

Das Wasser hat ebenso zwei Grenzen, die obere ist der
Luft verbunden, diese bewegt sie und entspricht so mehr dem
Leben, die niedere Grenze ist der Erde verbunden und da ist
kein Leben darin.

Die Luft hat zwei Grenzen, die obere dem Feuer verbundene ist dem Leben verwandt, die untere steht mit dem Wasser in Verbindung und ist dem Tode ähnlich. Denn das Wasser ist schwer und wenn es sich setzt, wird es zu Stoffen, aus
denen Felsen und Salze werden.

Das Feuer hat ebenso zwei Grenzen, die eine die untere
ist der Luft verbunden, die andere die obere dem Licht und
Strahl. Denn wenn man Feuer anschlägt, geht es aus der Reibung der Körper dadurch hervor, dass ein Stoss in die Luft
stattfindet. Wenn es mit der Luft hervortritt, verbindet es sich
den Pflanzen und Thierkörpern, es verzehrt und verbrennt sie,
und schwindet mit dem Schwinden derselben. Man sagt, das
Feuer legt sich und die Fackel verlöscht. Dies Ende ist dem
Tode ähnlich, aber der Theil, welcher zur Höhe strebt, sich
den Strahlen, dem Glanz und Licht verbindet, ist dem Leben
mehr entsprechend.

Ebenfalls ist das Ende des Minerals dem Anfang der Pflanzen, das Ende der Pflanzen dem Anfang der Thiere, das Ende
der Thiere dem Anfang der Menschenwelt und das Ende der
Menschenwelt der ersten Engelstufe verbunden, wie das Ende
der Erde dem Wasser, das Ende des Wassers der Luft, das
Ende der Luft dem Anfang des Feuers und das Ende des
Feuers dem Anfang des Lichts verbunden ist.

Ganz ähnlich verhält es sich mit den Tönen. Der Ton

der Steine (Minerale) ist ähnlich dem der Pflanzen, denn mischt man Zinn mit Eisen, so entsteht ein Getön, welches dem der Leier ähnlich ist, die Leier (Zither) kommt aber von einem Gewächs her, welches die Menschen zurecht machten und bewegen. Sie hat einen klaren Ton und kündet die Gedanken der Seelen. Dasselbe gilt von den Anschlägen der Glocke. Der nichtminerale Stein hat freilich diesen Klang nicht.

Die höchste Grenze der Pflanzentöne und dergleichen erreicht den Ton der Creatur und die Rede der Menschen, die untere Grenze liegt dagegen dem Ton des todten Gesteins nah.

Der Ton der Thiere grenzt in seiner untersten Stufe an das Getön der Pflanzen, wie die stumpfen Thiere deren Töne man nicht theilen und wägen kann. Die höchste Stufe dagegen erreicht die Rede des Menschen; so der Ton der sogenannten beredten Vögel wie des Papageis, der Nachtigall. Der Ton der Menschen hat ebenfalls zwei Grenzen, die untere reiht sich an die Laute der Thiere, so der in F oder T stotternde, die hohe Grenze aber reiht sich an die Rede der Engel, so die Sprache der Gelehrten und beredten Sänger, wie der Psalmist David, die Leser des Evangelium und des Koran.

Die Hörkraft unterscheidet alle diese Töne in ihrem Wie und Was. Ist der Ton des Menschen ein verständlicher, auf eine Bedeutung hinführender, so wird die Denkkraft zur Nachforschung angeregt. Bei den unverständlichen Tönen der Thiere, erkennt die Denkkraft, dass sie eines Bedürfnisses wegen wie zur Speise, zum Trank oder in der Brunst ausgestossen sind; bei dem Ton von Stein und Holz aber entscheidet die Denkkraft nicht, dass es zu irgend einem Zweck hervorging, es sei denn dass er von Instrumenten herrühre, die durch eine menschliche Bewegung zur Tönung gebracht werden. Die Theilseele legte hier die Menschentöne in die aus Pflanzen geformten Instrumente.

Wegen der Töne von Stürmen, Wasserfällen, Donnern bemüht sich die Denkkraft nicht, dies liegt nur der Hörkraft ob.

Die Beziehung zwischen der Hörkraft und den erfassten Tönen.

Da der menschliche Körper sterblich, verderblich, dem Staub meist angehörig ist, findet zwischen ihm und den Pflanzen eine Gemeinschaft darin statt, dass er wie jene zunimmt von Klein zu Gross, daher erfasst er das Getön des Holzes. Besser fasst er die Töne der Thiere auf und unterscheidet sie auch klarer, weil zwischen ihm und jenen mehr Beziehung stattfindet, denn beiden ist Leben, sinnliche Wahrnehmung und thierische Seele gemeinsam, beide sind somit enger verbunden als die Wachsthumsseele Pflanze und Thier vereinigt. Der Mensch hat mit der Pflanze von einer Seite her Gemeinschaft, nämlich Wachsthum doch mit den Thieren von vielen Seiten her Wachsthum, Begierde, Essen, Trinken, Begattung, sinnliche Wahrnehmung, Schmerz und Lust, nur durch logische Rede, Unterscheidungsgabe und Vernunftkraft unterscheidet er sich von jenen, auch sollen einige Thiere wie die Ameise und Biene Einsicht haben.

Das Getön der Luft, des Wassers, des Feuers wird ebenfalls wahrgenommen, weil zwischen denselben und den Wahrnehmenden eine Beziehung stattfindet. Denn die letzteren sind aus jenen hergestellt, vgl. Materie und Form 14. Bestände zwischen dem Thier und den leblosen Dingen keine Beziehung, würde dasselbe keine Erkenntniss von jenen haben.

Fragt nun jemand warum erkennt das Kind diese Dinge nicht recht, da ja doch die Beziehung zwischen ihm und jenem dieselbe ist, so ist die Antwort, dies rührt weder von einer Schwäche in der Natur, noch von einem Fehler des Schöpfers her, sondern von einer Schwäche in der Materie, die Töne anzunehmen.

Verschiedenheit der Töne in Grösse und Kleinheit.

Die Töne entstehen durch den Zusammenstoss der Körper, des einen an den anderen. Wenn zwei Körper langsam an einander kommen, hört man keinen Ton, denn die Luft ent-

13*

gleitet langsam zwischen ihnen. Es entsteht nur dann ein Schall, wenn zwei Körper rasch aneinanderstossen. Stossen grosse Körper an einander, so ist der Schall grösser als bei kleineren Körpern, da die Luftwallung nach den sechs Seiten hin grösser ist.

Sind zwei Körper von ein und derselben Substanz, ist ihr Maass das gleiche, sind sie von gleicher Gestalt und werden sie nur einmal gleich stark angeschlagen, so ist ihr Ton gleich. Sind beide glatt, so ist ihr Ton ebenfalls von der gemeinsamen Fläche her glatt. Bei harten hohlen Körpern, wie Kesseln, Bechern tönt es lange, wenn sie angeschlagen werden, denn die Luft wird in ihrem Innern hin- und hergestossen.

Die Wände derselben nahen sich einander und kommen die daran grenzenden (Luftlagen) in's Gewoge. Das weitere Gefäss hat hierbei den grösseren Ton, da das Luftgewoge einen grösseren Raum durchmisst.

Die Thiere mit grossen Lungen, langen Kehlen und weiten Nasen haben einen gewaltigen Ton. Denn sie athmen viele Luft ein und entsenden solche dann mit Gewalt.

Somit entspricht die Gewalt des Tons der Stärke des tönenden Körpers, der Gewalt des Luftstosses, und der Fülle des Luftgewoges nach allen Seiten hin. Der stärkste Ton ist das Donnergekrach, über dessen Ursache wir in den Hochwirkungen (Nr. 17) gehandelt.

Die Töne der leblosen Dinge.

Der Wind ist nichts als ein Luftgewoge nach Ost, West, Nord, Süd; nach Oben und Unten. Stösst er bei seiner Bewegung an Gebirge oder Mauern, an Bäume oder Gewächse dringt er in dieselben ein, und entsteht daraus verschiedenes Getön und Gesause, je nach der Grösse, Gestalt und Höhlung d r getroffenen Körper.

Das Wasser stösst bei seinem Lauf an Körper und drängt sich zwischen sie, da es so flüssiger Substanz ist, Aehnliches gilt von der Luft, welche in ihrer Feinheit in alle Körpe · eindringt, wie dies beim Winde klar ist.

Die Töne der mit Lungen begabten Thiere sind in Art und Weise je nach der Halslänge, der Kehlenweite, der Fügung ihres Kehlkopfs und der Gewalt des Luftausstosses aus Mund und Nase verschieden.

Die Töne der Thiere ohne Lungen wie Biene, Heuschrecke, Grille entstehen dadurch, dass die Luft schnell und leicht ihre Flügel bewegt. Es entstehen dadurch verschiedene Töne wie bei der Bewegung der Seiten in der Leier. Es hängt die Stärke oder Schwäche dieser Töne von der Feinheit, Dicke, Länge oder Kürze ihrer Flügel, wie von der Schnelle ihrer Bewegungen ab. Die ganz stummen Thiere wie Fische, Schildkröten u. dergl. sind deshalb stumm, weil sie weder Lungen noch Flügel haben.

Die verschiedenen Mineralsubstanzen wie Erz, Eisen, Glas, Steine u. dgl. klingen je nach der Härte und Weichheit, je nach ihrer Menge und ihrem Maass, in Grösse und Kleinheit, in Länge und Kürze, in Weite und Enge verschieden.

Die verschiedenen Pflanzenstoffe klingen ebenfalls je nach ihrer Härte und Weichheit verschieden. Die daraus gefertigten Instrumente klingen ebenso wie die aus den Metallen gefertigten je nach ihrer Gestalt, ihrer Reinheit, je nach Grösse und Länge, nach Weite und Enge, nach Feinheit und Dicke der Seiten, je nach Bewegung des Spielers verschieden.

Die Instrumente sind Schall-Vermittelungen zwischen den Menschen und der Luft. Dies gilt zunächst von all den Instrumenten, welche der Mensch an seinen Mund setzt, damit die Luft aus seinem Innern auszublasen. Bei anderen Instrumenten ist die Bewegung des Menschen Vermittelung zwischen demselben und dem Schall so bei der Pauke und dem Saitenspiel. Bei diesen wird der Ton nicht mit dem Munde hervorgebracht.

Die mit dem Mund gespielten Instrumente sind in Länge oder Breite gedehnt, ihre Theile vereint und ist keine Pause ausser bis der Schall auf ein Mal ruht. Die durch Bewegung der Hände entstehenden Töne haben zwischen ihren Theilen Pausen und folgt ein Anstoss und ein Anschlag dem andern vgl. Musik (5).

Der Schall der Posaune u dergl. ist dem Klang der Steine und Minerale ähnlich; wenn der Bewegende den Ton derselben angiebt, hört man lange ein Getöse und Geklinge das in der Luft weilt, bis es ruht und abgeschnitten wird; dies gilt auch von den Tönen solcher Thiere wie Wespen und dergleichen. Die Töne der Saiteninstrumente gleichen den Stimmen der Vögel und zwar der Singvögel unter den Thieren, wenn nämlich die Bewegung der Hände der Bewegung der Zunge entspricht, ihre Cäsur gleichmässig, ihre Weise klar ist. Verhält es sich umgekehrt, so entspricht solche Rede den Tönen der Vögel von schwerer Natur wie der Gans.

Die Schwere der Zunge rührt von der verdorbenen Bewegung und ihrem Entferntsein von dem vortrefflichen Verhältniss her, wie die Materie des Menschen bisweilen zu schwach ist das anzunehmen, wozu sie doch gesetzt war und dasselbe nicht von der Kraft zur That bringt.

Es liegt der Fehler nicht im Hervorgebrachten, sondern in dem Hervorbringen.

Ist die Leier wohlgestimmt und kommt ein Unkundiger darüber, kann er nicht solche Töne hervorbringen wie der Kundige, sind aber die Saiten der Leier zerrissen und ihr Zustand verwahrlost, kann auch der Künstler nichts Gutes darauf hervorbringen. Dann liegt der Fehler im Instrument und rührt er von der Verderbniss des Stoffes her.

Analog ist dem, dass der Lehrer seinem Schüler nur allmählig sein Wissen verleihen kann, bis er ihm gleich werde; nimmt aber Schüler seine Lehre nicht an, so liegt das an der Fassungsschwäche desselben.

Bewegung und Ruhe.

Bewegung ist Uebertragung von einem Ort zum anderen, mit einer Zeitdifferenz, Ruhe ist der Gegensatz davon, Stehen und Verweilen an einem Ort. Schnell ist die Bewegung, bei welcher der sich Bewegende in kurzer Zeit eine weite Distance durchmisst, langsam ist die Bewegung, bei welcher der sich Bewegende in langer Zeit einen kurzen Raum durchzieht.

In Hinsicht ihrer Qualität zerfallen die Töne der Bewegungen in acht Arten, von denen je zwei zu einander in Beziehung stehen. Gross, klein, schnell, langsam, fein, dick; stark, schwach.

Die Klänge der Caravanentrommel sind gross im Verhältniss zur kleinen Spieltrommel, klein aber im Vergleich zu der grossen Schlachttrommel.

Schnell sind die Töne zwischen deren Angabe nur eine kleine Zeit liegt, langsam die zwischen deren Anschlägen eine grosse Zeit liegt. So sind die Schläge der Walker und Schmiede rasch im Vergleich zu den Hammerschlägen der Blei- und Gipsarbeiter, diese letzteren aber im Vergleich zu jenen zwar langsam, im Vergleich zu den Klängen der Schiffsruder aber rasch.

Die Klänge der Diskantseite sind im Verhältniss zu denen der zweiten, und die Klänge dieser zur dritten und die Klänge der dritten zu der Bassseite dünn; und diese gegenüber jenen dick.

Die Stärke und Schwäche des Tons entspricht der Stärke und Schwäche der Bewegung. Die Stimme der Kranken ist schwach den Gesunden, doch stark den noch Kränkeren gegenüber.

In Hinsicht des Wieviel zerfallen die Töne in zwei Arten. Dieselben sind verbunden oder getrennt, getrennt sind solche, bei denen zwischen ihren Anschlägen eine fühlbare Pause ist, wo die Anschläge der Saiten und der Fall des Plectrums.

Zusammenhängend sind dagegen die Töne der Flöte und die der Räder und Wasserräder.

Die zusammenhängenden Töne zerfallen in zwei Arten, in feine und dicke. Je nachdem bei den Flöten und Pfeifen die Hölungen und Löcher weiter sind, ist ihr Schall dicker, je enger desto feiner. Ferner je näher ein Loch dem Blasort steht, desto feiner der Ton, je ferner desto dicker, vgl. Musik 5.

Die Natur der Töne, ihre Zusammensetzung und Verschiedenheit.

Feine und dicke Töne stehen im Gegensatz, bringt man beide im Compositionsverhältniss so zusammen, dass sie sich vermischen und zu Eins werden, so entsteht eine gemessene Rede und zusammengesetzte Weise, bei der der Hörer Vergnügen und die Geister Erfreuung und die Seelen Ruhe finden. Stehen sie nicht in diesem Verhältniss, so gehen sie auseinander und lassen sie sich nicht zusammenstellen, auch hat das Ohr daran kein Wohlgefallen.

Die dicken, kalten, feuchten Töne zerfallen in schädliche und nützliche. Schädlich sind solche die, wenn sie das Ohr treffen, dasselbe scheuchen, dass sind Töne, welche aus dem Gleichmaass heraustreten. Die Weisen unter den Griechen machten ein Instrument, das sie bei der Begegnung der Feinde benutzten, mit Namen Organon. Die sich entsprechenden guten Töne bringen die zu scharfe Mischung und trockene Speisesäfte in's Gleichmaass und sind dazu nützlich; die dicken Töne, durch welche die Mischung verdorben wird, sind kalt und trocken, oft werden dadurch Hühnchen und kleine Kinder getödtet.

Die feuchten kalten und die scharfen heissen Töne, welche nicht in dem richtigen Verhältniss stehen, verderben die Mischung und verbrennen die Natur, die aber in dem guten Verhältniss und im Gleichmaass stehenden stellen die Mischung wohl her und lindern die Kälte. Der erste Theil ist heiss, trocken, der andere heiss, sanft (feucht). Die Kundigen haben für diese Töne eine Wage erfunden, wodurch sie ihre Naturen in das beste Verhältniss setzen. Dies ist das Instrument, welches man die Leier nennt, vgl. darüber Musik 5.

Die Erkenntniss der Töne von Seiten der Natur des Menschen.

Die Körpermischungen sind vielfach geartet und dasselbe gilt von den Naturen der Creatur. Jede Mischung und Natur hat eine ihr entsprechende Melodie; die Zahl derselben kennt Gott allein.

Jedes Volk hat Melodien woran es sich ergötzt, ohne dass dieselben anderen gefallen. Dies rührt von der Verschiedenheit der Sprachen her, so wie von den verschiedenen Mischungen, Naturen und Gewohnheiten. — Auch in demselben Volk lieben die Einen diese, die Anderen jene Weisen und Töne. Ja derselbe Mensch liebt zu einer Zeit diese, zu einer anderen Zeit jene Weise. Dasselbe gilt ja vom Essen, Trinken, Geruch, Kleidung u. dgl. Da dies alles von der veränderten Mischung der verschiedenen Natur und Gewohheit, sowie von den Einwirkungen der Gestirne bei der Geburt und der Empfängniss der Creatur abhängt. Auch Thiere finden einige Töne schön, sie gewöhnen sich dann daran und kommen zu den Stätten, an welchen dergleichen vernommen werden. Die Vogelfänger nehmen daher eine Pfeife, welche sie blasen, die Töne einiger Vögel nachzuahmen, jene sammeln sich dann und fallen in die Netze.

Kameeltreiber treiben bei Nacht durch Weisen die Dromedare an, so dass ihnen die Last leicht wird. Hirten wenden, wenn sie die Heerden zum Wasser locken, Zischtöne an und haben dann wieder eine andere Weise beim Milchen. Dies findet alles je nach Beziehungen statt, die in den Naturen liegen und mit den Nativitäten zusammenhängen.

Die Weisen, welche im Gleichmaass sind, ergötzen die Ohren und erfreuen die Geister, von den nicht im Gleichmaass befindlichen gilt das Gegentheil. Jede Thier-Gattung gewöhnt sich nur an die Weisen ihrer Gattung und scheut die der anderen. Dasselbe gilt von den Völkern und Gattungen der Menschen.

Die Entstehung der Buchstaben.

Als Gott Adam schuf, bildete er ihn leiblich und geistig vollendet und machte ihn zum Herrn aller Creatur, die Engel mussten ihm dienen, denn Gott sprach zu ihnen, ich habe Adam als meinen Stellvertreter auf Erden eingesetzt.

In Folge dessen war Adam weder stumm wie die Dinge, noch vornüber gebogen wie die unvernünftigen Thiere, sondern aufrechtstehend und vernünftig redend, denn Gott blies ihm seinen heiligen Geist ein und lehrte ihm alle Namen sowie auch alle Eigenschaften der Dinge. Auch legte Gott ihm alles Vorhandene als Mineral, Pflanze, Thier vor, dass er solche ordne, ihren Nutzen anerkenne und wohl wisse wie solche im Wohl bestünden und erhalten würden, zunähmen und zur Vollendung gelangten. Adam ordnete alles wohl und fasste er alle Dinge gross und klein in neun Zeichen von verschiedener Gestaltung zusammen. Er benannte dieselben mit Namen, welche alles Vorhandene umfassen und worin alle Bedeutungen vereint sind, sowie alle Theile der Rechnung und Zahlenstufen in den neun Einern enthalten sind. Dasselbe gilt auch von der Sphärenwelt.

Diese Neun, welche Gott Adam lehrte, bildeten eine Offenbarung, welche die Inder in den neun Zahlzeichen verwandten.

Mit diesen Buchstaben erkannte man die Namen und Eigenschaften aller Dinge. Also blieb es bis der Menschenkinder viel wurden, man syrisch sprach und der Himmel eine Form annahm, welche eine Veränderung und Verwandlung nach dem Tode Adams nöthig machte.

Man schrieb damals nicht, denn man belehrte sich mündlich und behielt solches, weil es zu wenig war.

Vom Menschengeschlecht bestand damals nur ein Haus und herrschte dort nur eine Rede. Auch hatte man keine Ueberlieferung für das Vergangene nöthig, noch hatten sie von den Vorgängern etwas aufzubewahren, denn die Rede der Engel wird nicht mit Körpern der Natur (Feder, Papier) aufbewahrt, da ihr Stoff Seelensubstanzen sind.

Ebenso wie bei uns in unsern Häusern nicht alles aufgezeichnet zu werden braucht, sondern die Lehre des Mannes genügt, gewannen auch Jene nur die Kenntniss dessen, was ihnen nothwendig war, durch die Belehrung von ihren Eltern, in welcher Sprache dies auch war. Als aber nach den Urahnen die Nachkommen sich in die verschiedenen Klimate nach allen Gegenden hin zerstreuten, wurden nach göttlicher Bestimmung die Namen und Worte durch die Schrift gebunden, denn wäre dies nicht geschehen, so hatten die Späteren die Weisheit der Früheren verloren. Sie hätten von den Abwesenden keine klare Kunde gehabt, da ja die mündliche Kunde durch Boten stets mangelhaft ist. Deshalb that Gott die Schrift den Menschen kund und zwar die syrische. Es wurden nun der Menschen mehr, sie übten und gewöhnten sich an die Schrift. Dann sandte Gott ihnen Propheten und liess er Weise erstehen, Künstler und Künste begannen, Lehrer und Schüler bildeten sich, die Erde ward bebaut, die Nachrichten schlossen sich aneinander, die Buchstaben wurden vermehrt bis die 28 Buchstaben vollzählig wurden, dabei blieb man aber stehen, denn 28 gehört zu den vollständigen Zahlen und diese sind vortrefflicher als die defecten und die Ueberschusszahlen. Es giebt auch deren nur wenige; jede Zahlenstufe, hat nur eine so die Sechs unter den Einern, die 28 unter den Zehnern, 296 unter den Hunderten, 7128 unter den Tausenden. Auch können diese Zahlen gleichmässig einmal, zweimal und öfter in zwei gleiche Theile getheilt werden.

Die arabische Schrift ist das vollendende Siegel aller Schreibkunst, am vollzähligsten in Buchstaben, ebenso wie das Religionsgesetz des Islam, das letzte aller anderen, und Muhammed der Schlussring der Propheten ist.

Der Weise, welcher die arabische Schrift erfand, war in seiner Kunst sicher und machte dies Kunstwerk der göttlichen Weisheit gemäss. Denn die Buchstaben des Alphabets umfassen alle Dinge, sie entsprechen der Zahl des Vorhandenen in den Wurzeln und Abzweigungen und dem daraus hervorgehenden; deren Zahl aber nur Gott kennt.

In der Allwelt, welche gleichsam ein Grossmensch (Makrokosmos) ist, ist die Zahl der Mondstationen auch 28; 14 über und 14 unter der Erde, sie stehen rechts und links, 14 nördlich und 14 südlich; ebenso findet sich das, was im Menschenkörper dieser Zahl entspricht, vertheilt.

Die vollendete Sprache ist die arabische, welche zu den anderen Sprachen in demselben Verhältniss steht, wie die Men-

schenform zu den anderen Formen. Nach ihr kann nichts bes-
seres erfunden werden.

Alle Völker in allen Klimaten haben alle diese Buchstaben, es würde zu weitläufig sein hier durchzuführen, dass diese
28 Buchstaben sich im syrischen, arabischen, griechischen und
römischen und in allen Ableitungen von diesen sich vorfinden.

Die Grundform aller dieser Buchstaben sind zwei Linien
keine dritte, aus den beiden werden alle diese Buchstaben bis
zu ihrer Vollendung zusammengesetzt, ebenso wie die Menschen alle von zwei Individuen Adam und Eva abstammen,
auch ist die Welt in ihrer Gesammtheit, Himmel und was
darin, Erde und was von Substanzen darauf sich befindet,
aus zwei, einem vorausgehenden und einem folgenden, d. i. der
Vernunft und der Seele hervorgegangen. Gott aber ist der
Anfang. Ebenso sind die gerade Linie und die Bogenlinie Anfang
aller Linien. Die erste grade Linie ist das Alif und die zweite
(der Bogen) das Ba. Ihnen ist in der Hochwelt entsprechend, die
Vernunft und die Seele, denn die Seele steht unter der Vernunft.

Beide sind die Mittelursache für die Entstehung aller
Dinge in der Niederwelt. Aehnlich wie Adam und Eva die
Eltern sind, obwohl das Weib unter den Mann geordnet ist,
und von beiden die Menschenwelt stammt. Dasselbe gilt von
den Thieren und den Formen der Pflanzen, sie gehen wie aus
dieser Schranke heraus.

Die Menschenform entspricht der graden Linie und die
Thierform der Bogenlinie; das Thier ist geordnet unter den
Menschen.

Dasselbe gilt von der Sphärenwelt und den Himmelsbe-
wohnern, ihre Form ist die grade, das was unterhalb der Mondsphäre ist, dagegen die gebogene, und so ist die Erde geordnet unter dem Himmel.

Ebenso hat auch in der ganzen Schöpfung das Eine der
Vorhandenen vor dem anderen einen Vorzug, und steht dann
als das Grade jenem als dem gebogenen gegenüber.

Dasselbe trifft bei der Zahl zu, sie geht von der Eins hervor, diese ist gleichsam die grade Linie, die zwei ist Anfang

der Rechnung und steht an der Stelle der Bogenlinie und von ihr geht die Mehrung der Zahl aus.

Wenn die Zunge des Menschen nach den Seiten hin sich bewegt, so weicht keiner der 28 Buchstaben von einer Richtung zu der eines anderen Buchstaben ab, auch vermischt sich keiner mit dem anderen. Das ist die richtige Sprache und klare Rede, weil die Buchstaben klar in ihrer eigentlichen Weise hervortreten. Dies gilt von allen Sprachen, aber die vollendetste Sprache und Schrift ist die arabische, in welcher das Buch Gottes geschrieben.

Die arabische Schrift.

Muharrir der einsichtige Mathematiker lehrt, bei einer guten Schrift nehme man das Alif in irgend einer Grösse als Norm. Die Dicke desselben habe ein Achtel der Länge. Dann setzt man das Alif als Durchmesser eines Kreises und werden alle Buchstaben der Länge des Alifs und dem Umfang dieses Kreises, dessen Durchmesser das Alif ist, entsprechend gemacht.

ba, ta tha sind in der Länge gleich dem Alif ihr Kopf ein Achtel.

djim cha kha: ihre Dehnung oben ⅚ Alif, ihr Bogen nach unten ein halber Kreis.

ra za gleich einem nach unten gebogenen Alif.

sin schin der Kopf nach oben ⅛ Alif, die Dehnung nach Unten ein halber Kreis.

sad dhad Dehnung nach vorn ein Alif, die Oeffnung ⅛ Alif, ihre Dehnung nach unten ein halber Kreis.

ta tsa beide so lang wie Alif, ihre Oeffnung ¼ Alif, ihr Kopf nach oben so lang wie Alif.

ain ghain ihr Bogen oben gleich ¼ Kreis, ihr Bogen unten ½ Kreis.

fa seine Dehnung nach vorn ist ein Alif lang, sein Ring ist wie beim qaf waf, mim ja gleich ⅓ Alif oder etwas weniger.

Die Dehnung des Qaf nach unten ist einem Halbkreis gleich.

Die Dehnung des Kaf nach vorn ist der Länge des Alif entsprechend, seine Oeffnung ist ein Achtel Alif, sein Bruch nach oben ¼ Alif.

Iam ist gleich Alif.

Ja ist gleich Dal, seine Dehnung nach hinten gleich Alif.

Die bei den Buchstaben erwähnten Verhältnisse gehen aus den Grundsätzen der Mathematik und der vortrefflichen Beziehung hervor, was sonst die Leute darüber lehren ist dagegen aus der Gewohnheit der Einzelnen zu erklären.

Die Formen der Buchstaben sind sehr verschieden geartet, doch alle Buchstaben, welchem Volke sie auch angehören mögen, sie müssen aus der graden und der Bogenlinie hervorgegangen sein, bei der Zusammensetzung sind die Winkel stets stumpf oder sie neigen zum Kreise, bei der Zusammensetzung derselben ändert sich dies aus verschiedenen Gründen.

Man muss aber dem Moharrir zugeben, dass die Schrift das weiseste und schönste Kunstwerk sei, dessen Theile gegenseitig zu einander im schönsten Verhältniss stehen 1:1, 2:2, 3:3 etc.

Dies nehme man als Norm für alle anderen Buchstaben. (Eine ähnliche Darstellung der arabischen Schrift ist in der Propaedentik der Aaraber Abh. 5 über Musik gegeben, p. 133.)

Die Rede.

Die Kunst der Rede ist die vollendetste Kunst, die weiseste Rede ist auch die klarste treffendste; die sicher treffende ist die beredte, die in ihrer Beredsamkeit schönste ist die gemessene.

Die schönste gemessene Rede ist in den Gedichten, die, welche keine Fehler im Metrum hat. Fehlerhaft im Metrum ist die, deren ruhende Buchstaben vocalisirt und deren vocalisirte Buchstaben ruhend sind. Ebenmässig ist die Rede über deren Composition man einverstanden ist, so Madid, Tawil, Basit, sie sind gefügt aus acht Abschnitten, vergleiche die Bücher über die Versmaasse, so faʿûlum mafâʾlum viermal. Diese acht Abschnitte sind zusammengefügt aus acht Stücken (zwei

buchstabig) und 8 Pflock (drei buchstabig). Das Ganze 48
Buchstaben, 20 ruhend, 28 vocalisirt. Der Halbvers 24 Buchstaben, 10 ruhend, 14 vocalisirt; die Hälfte des Halbverses,
d. i. ¼ Vers 12 Buchstaben, 5 ruhend, 7 vocalisirt.

Ueberall dasselbe Verhältniss der vocallosen und vocalisirten Buchstaben.

Dasselbe gilt vom Wafir und Kamil, jedes ist zusammengesetzt aus sechs Abschnitten mafâʿulum. Die ruhenden Buchstaben stehen zu den vocalisirten in demselben Verhältniss,
man nehme die Hälfte, das Drittheil, das Sechstheil. Dies
gilt von allen richtigen Versen und von den Zeiten (Pausen)
zwischen ihnen. In den Büchern der Metrik sind Kreise und
Zeichen dafür festgestellt.

Wendet man seine Aufmerksamkeit auf die Redekunst, in
der Logik und Schönrede enthalten sind, so werden die sorglosen
Seelen dadurch aufmerksam gemacht und die in das Meer der
Materie versenkten Geister erweckt. Dasselbe gilt von der
Schreibekunst und dies ist die erhabenste Kunst, worauf selbst
Vezire im Rath der Könige stolz sind.

Es giebt davon viele Arten und Unterarten, je nachdem
die Sprachen und Schriftformen der Völker verschieden sind,
so gehört hierher das indische Volk. Ihnen gehören die Buchstaben an, die mit Adam aus dem Paradies ausgingen. In
ihnen erkannte man die Namen aller vorhandenen Dinge. Die
Zahl derselben war neun, die alles vorhandene umfassten, wie
die neun Einer alle Zahlen und die neun Sphären alle Dinge
umfassen.

Darauf zweigten sich die anderen Sprachen ab und behielt
das indische Volk jene, denn Adam war dort ehe er aus dem
Paradies vertrieben ward.

Das Syrische ist eine Sprache. Dieselbe hat Buchstaben,
Schrift und eine Kunst der Zusammensetzung, auch hat es ihm
speciell eigne (Worte) Namen.

Das Hebräische hat ebenfalls eine Schreib- und Zusam-
menfügekunst von anderer Form und anderem Verhältniss. Dasselbe gilt vom Griechischen, Römischen und dem Altpersi-
schen.

Aber der Ursprung aller Buchstaben und Schriften, in welcher Sprache, mit welcher Feder und von welchem Volk sie immer geschrieben werden, ist die grade Linie, d. h. der Durchmesser und die Bogenlinie, d. i. der Umgebungskreis.

Von den arabischen Buchstaben sind einige grad wie Alif, andere gerundet wie Kaf, mim, noch andere gebogen wie ra za und dasselbe gilt von allen übrigen Schriften und Buchstaben.

Die Schreibkunst hat zwei Grenzen, einen Anfang und ein Ende. Den Anfang bilden die neun indischen und das Ende die 28 arabischen Buchstaben, die anderen Schriften liegen in der Mitte.

Die Buchstaben gleichen einem Baum, welcher gepflanzt ward und dessen Zweige sich weit ausdehnten, dessen Blätter und Früchte viel wurden. Ebenso breiteten sich die Völker aus und ein jedes derselben nahm was je seiner Nativität und seinem Streben entsprach, je nach seiner Natur und der von Gott ihm gewährten Spende. Sie nahmen die Formen der Buchstaben an und bildeten damit alle Namen. War der Gründer ein Philosoph so nahm er es von der Weisheit Gottes, war er ein Prophet so offenbarte er es wie hinter dem Schleier. Das wurde dann geregelt nach dem Brauch der Religion und von einer Sprache auf die andere übertragen und die Redekunst durch die Schrift gebunden. Zuerst war dieselbe in nur ganz kleinen Kreisen, dann ging sie über zu den Bewohnern der Stadt, dann auf das ganze Klima, darauf ward sie in der ganzen Welt verbreitet und wurde von einem Volk und einer Religion auf die andere übertragen. Gebot und Verbot, Entscheide und Regeln wurden in der Sprache zuerst festgesetzt, welche das Volk, zu dem Propheten oder Philosophen gesandt wurden, sprach, dann wurden sie von Sprache auf Sprache, von Volk auf Volk übertragen. Also that Salomo der die Weisheit von allen Völkern und Herrschern auf das hebräische übertrug. Dasselbe thaten die römischen Herrscher als sie die Griechen überwanden und ebenso hatten es die griechischen Könige von denen, die sie überwunden hatten, hergenommen.

Die Sprachen, Ansichten und Religionen sind somit nach himmlischen Entscheiden verschieden.

Jede Religion und ein jedes Gesetz hat eine Schrift, in der ihr Gebot und Verbot, ihre Entscheide und Urtheile niedergelegt sind, auch sind derselben Weisen und Tonfälle eigen.

Mancher kennt das Alles, andere kennen nur Einiges davon. Mancher kennt die Schrift nicht, doch weiss er die Namen und das Benannte und spricht die Buchstaben in den Namen der Dinge, obwohl er ihre Form nicht kennt. Dagegen giebt es auch gewandte Schreiber, die zwar die Schriftzüge verstehen, doch den Sinn der Worte nicht wissen. Andere erkennen rasch und halten sie ihre Erkenntniss fest, so tritt kein Bedürfniss der Schrift ein; das war bei Adam der Fall, bis dass Gott die Schreibkunst zur bestimmten Zeit aus Gnade für seine Knechte hervortreten liess, da er wusste, dass diese derselben bedurften.

Es entstand in jedem Zeitlauf und beim Auftreten eines andern Zeitherrn eine neue Schreibweise und Redeart.

Die arabische Sprache.

Der Erste, welcher arabisch sprach, war Ja'rib, Sohn Sam's; dann breitete sich diese Sprache über die Stämme aus, je nachdem solches in ihren Schicksalsternen, Landstrichen, Mischungen und Klimaten bedingt war. Es entstanden demnach viele Arten. Jeder Stamm sprach einen Dialect, den er kannte, und eine Rede, die ihm gerade entsprach, so dass sie in ihren Ausdrücken sehr verschieden waren und dasselbe Ding mit vielen Namen bezeichnet ward. — Die Kenntniss des Arabischen gehört zur höchsten Wissenschaft. Gott schuf das Vorhandene, er verband demselben Namen und Bezeichnung, doch setzte er in einer jeden Sprache andere Ausdrücke für das Ding fest. Ja auch in den einzelnen Sprachen sind vielfach die Bezeichnungen für Speise und Trank und andere Dinge verschieden.

Dann vereinte die arabischen Stämme der Koran und ein Gesetz, doch unterschieden sich die Leser in ihrer Leseweise, man wich dadurch von einander ab und es entstanden verschiedene Ansichten und Dogmen. —

14

Von den Arabern bewohnen viele die fern von den Culturstätten liegenden Wüsten. Sie haben in ihren Dialecten viele Worte, welche die Städter nur durch Erklärung kennen lernen, sie wissen nur dadurch, was mit diesen Namen bezeichnet wird.

Aehnlich verhält es sich mit den verschiedenen Lehrweisen und Ansichten, bei denen man in den Grundlagen übereinstimmt, doch in den Nebendingen differirt. Die Menschen bedienen sich dann dieses Unterschieds, verschiedene Herrschaften zu begründen. Man ist einig über die Einheit Gottes, seine Eigenschaften und den Propheten, differirt aber in den Lesarten und deren Sinndeutung. Denn es gehörte zu der Wunderrede des Propheten, dass er alle so anredete, dass sie es mit ihrem Verstande wohl erfassen konnten. Daher kam verschiedene Auslegung und Streit und machten diese dies, jene jenes zu ihrer Satzung. Dasselbe that man auch in der Ueberlieferung und rühren hiervon die Kriege und Streitigkeiten her.

Der die Wahrheit Erstrebende muss aber nach dem forschen, was ihn Gott nahebringt, damit er aus dem Meer der Zweifel gerettet werde. Auch giebt's im Koran viele Stellen, welche beweisen, dass Glaubenssätze und Satzungen nur wie Wege zu betrachten seien, auf welchen man zur Gnade Gottes schreiten kann.

Das Gedächtniss Gottes ist die Vernunft, welche die Seele an das erinnert, was ihr von den Dingen der geistigen Welt in den Lichtstätten entschwunden ist.

Die Seele, welche abweicht und das Testament Gottes verlässt, dagegen der Natur und ihren Verlockungen sich zuneigt, Herrschaft und Wohl dieser Welt verlangt, wird von dem betroffen, was dem Blinden und dem Lahmen widerfuhr, die dem Befehl des Besitzers des Obstgartens zuwider handelten.

Eine Parabel.

In den Gleichnissen der Inder wird erzählt, zwei Männer, ein Blinder und ein Lahmer, hätten sich auf einem Wege getroffen, sie wären dann an einem Obstgarten vorübergegangen, dessen Herr sie gesehen und sie gütig mit den Worten aufgenommen habe: Tretet ein, wir wollen euch genug geben, seid aber nicht gierig, dass ihr Verderben anrichtet.

Jene antworteten: Wie sollen wir in diesem unsern üblen Zustand, da der Eine blind, der Andere lahm ist, Schaden stiften? Wie sollen wir zu den Früchten oben auf den Bäumen gelangen?

Da liess der Herr sie eintreten, an einem Ort sich niederlassen und bestimmte dem Gärtner, er möchte ihnen zur Genüge von den Früchten geben, was Jener denn auch that.

Eines Tages sprach darauf der Lahme zu dem Blinden: Du hast gesunde Beine, und giebt es in diesem Garten viele Bäume mit schönen Früchten, von denen der Gärtner uns nichts giebt, wie gelangen wir wohl dazu?

Da erwiederte der Blinde: Du hast gesunde Augen und siehst, was mir verborgen; ich nehme dich auf meine Schultern, so wollen wir den Garten durchziehen, und sobald du dann eine Frucht siehst, sagst du: geh rechts oder links; du aber machst dich lang, schneidest sie ab, du isst davon und giebst mir ab; kann aber deine Hand sie nicht abbrechen, schlage mit deinem Stab, bis die Frucht herunterfällt. Das führen wir aus, wenn der Gärtner sorglos ist.

Als nun am andern Tage der Gärtner seine Geschäfte besorgt und die Thür des Gartens hinter sich verschliessend fortgegangen war, ritt der Lahme auf der Schulter des Blinden und zog mit ihm durch den Garten; er richtete darin Verderben an, soweit er reichte, und kehrten beide darauf zu ihrer alten Stelle zurück.

Der angerichtete Schaden blieb dem Gärtner nicht verborgen, zumal er gerade von jenen beschädigten Bäumen hatte pflücken wollen, um die Früchte einigen Häuptlingen in der Umgegend zu bringen. Er kam zu jenen beiden und fragte,

ob Jemand den Garten während seiner Abwesenheit besucht
hätte. Der Blinde erwiederte: ich kann nicht sehen; und der
Lahme sagte: ich schlief, wir wissen es nicht.

Am folgenden Tage ging der Gärtner ebenso aus, sie aber
standen auf und thaten noch schimpflicher als Tags zuvor.
Der Gärtner kam zurück, sah die doppelte Verderbniss und
fürchtete den Tadel des Herrn, denn derselbe möchte denken, der
Gärtner verkaufe die Früchte oder er bewache sie nicht, und
woher sollte der auch wissen, wer solches im Garten ange-
stiftet.

Am folgenden Tage machte der Gärtner jene beiden glauben, er sei fortgegangen. Sie standen daher auf und richteten
gleiches Verderben an. Nun wusste der Gärtner, wovon das
herrühre, doch war er ein gütiger Mann, er liess sie gewähren, und sprach, als sie zu ihrer Stätte zurückgekehrt waren:
Wehe euch; hat der Herr des Gartens das um euch verdient,
dass ihr Verderben im Garten anstiftet. Sie leugneten, doch
Jener sprach: Ich habe euch zugesehen; du Lahmer stiegst
auf den Rücken des Blinden, der ging mit dir unter die Bäume,
du nahmst, was du mit der Hand erreichen konntest und
schlugst nach dem, was höher hing, mit dem Stabe.

Jene sahen nun ein, dass der Gärtner alles mit angeschaut
und sprachen: Wir haben es gethan, zeige dies aber dem Herrn
des Gartens nicht an, denn wir bereuen; und war jener damit zufrieden. Er ermahnte sie: Ich brachte euch ja von allen
Früchten des Gartens, die ihr wolltet, und that dem Garten
meines Herrn keinen Schaden; wozu richtetet ihr Verderben
an? Sie versprachen, gut zu thun, doch verfielen sie, als der
Gärtner fort war, in den alten Fehler. Da kam einst der Herr
des Gartens und bemerkte den Schaden. Als ihm der Gärtner darüber berichtete, antwortete er: Ich konnte mir nicht
denken, dass der Lahme auf dem Rücken des Blinden reiten
und durch den Garten schweifen werde; sie verdienen die
Strafe, in die Wüste hinausgewiesen zu werden, wo sie ohne
Zuflucht sind, bis die wilden Thiere sie fressen, ähnlich wie
es Adam und Eva erging, als sie von dem Baume genossen
hatten.

Die indischen Weisen haben dies Gleichniss gemacht; sie
verglichen die Seele mit dem Lahmen und den Blinden mit
dem Leibe. Denn sie hat keine Kraft ohne ein Körperswerk-
zeug, und kann dasselbe den Dienst thun oder versagen. Der
Leib aber wird von der Seele geleitet und lässt sich von ihr
gebieten.

Der Baumgarten ist diese Welt und die Früchte die weltliche Lust und Begierde. Der Herr des Gartens aber ist der
König des Gerichts, der Herr dieser und jener Welt.

Der Gärtner ist die Vernunft; sie leitet hin auf den wahren Nutzen, befiehlt das Gute und verwehrt das Schlechte; sie
ermahnt und führt die Seele zu allem, was ihr gut und heil-
sam in Religion und Welt ist. Nimmt die Seele aber den Rath
der Vernunft nicht an, wendet sie sich der fleischlichen Lust
zu, fällt sie in Irrthum und erhält die Strafe für ihre Handlungen, sie verliert das Wohl in dieser und in jener Welt.

So wende man sich der Vernunft und Wahrheit zu, die
zum Herrn führt.

Zwiespalt und Ungerechtigkeit.

In der Welt ist Krieg wie zwischen Hund und Katze,
Rabe und Eule. Die Bösen sind Feinde des Guten, ein
Herrscher steht wider den andern, und gilt dasselbe von den
Religionspartheien, so die Nawasijja, Rawafidh, die Dj'abarijja,
Kadarijja, Murdjijja, die Chawaridj, in der Hebräischen Reli-
gion die Manijja, Samijja und Samira.

In der syrischen Religion die Nestorianer, Jakobiten, Ma-
lakiten.

Diese Feindschaft kann nur durch die Erkenntniss der
Wahrheit aufhören. Vgl. 3, 98. Gedenket der Gnade Gottes
gegen euch, da ihr Feinde waret und er eure Herzen einte,
ihr wurdet durch seine Gnade Brüder.

Als Gott den Propheten zu seinem Volk sandte, gab es
keinen Zwist unter ihnen, alle Gläubigen waren einer Ansicht
und ihre Liebe zu einander rein; sie strebten allesammt, den
Glauben herzurichten und den Unglauben zu bekämpfen; sie

thaten dies letztere nur, um die Ungläubigen der Wahrheit
wiederzugewinnen, wie auch der Prophet, ehe er die Ungläubigen bekämpfte, Ermahner an sie sandte; dasselbe
thaten Mose und Ahron bei Pharao. — Denen, die Offenba-
rungsschriften hatten (Juden, Christen, Sabäer), wurde ferner
ein Tribut bestimmt, dass sie sich den Gläubigen zugesellten;
erst wenn sie solchen verweigerten, wurden sie bekämpft.

Auch schonten die Gläubigen die Alten, Schwachen, Weiber, Mönche, Priester, und nur die, welche Feindschaft wollten, wurden bekämpft. Bei hervortretendem Zwiespalt bringt
ein Jeder die Beweise nach seiner Ansicht, und bedenkt oft
nicht, dass er dabei Gott und seinen Gesandten als Lügner
darstellt; auch handeln Herrscher mit geringer Religion gewalt-
thätig in Glaubenssachen gegen Untergebene, oft nimmt man
die Satzung zum Vorwand, jene zu vernichten; auch kommt
vor, dass man eines schönen Weibes willen Trennung stiftet
zwischen ihr und dem Mann, so wie David an Urias that. Zu
grosser Hass und zu grosse Liebe sind die Ursache einer solchen Handlungsweise. Aus diesen Motiven handelte abu Djahl,
abu Lahub u. a.

Die Verschiedenheiten in dem Islam zerfallen in zwei
Theile, in lobens- und tadelnswerthe. Lobenswerth sind die
Verschiedenheiten der Leser in Koran und Ueberlieferung,
wenn solche nur in der Lesung, nicht im Sinne stattfindet.
Verderblich sind dagegen die verschiedenen Ansichten und
Lehrweisen, wie: ob Gott spricht oder nicht. Hört dieser Zwiespalt einst auf, so tritt der Islam glänzend über alle Religionen und die arabische Sprache über die anderen hervor. Der Koran ersteht als das erhabenste Buch, weshalb es
auch verwehrt ist, ihn in andre Sprachen zu übertragen —

Nur dann werden die Menschen übereinstimmen, wenn die
Eifrigen den Thoren gegenüber das Gute befehlen, das Böse
verwehren und jene sich dazu leiten lassen.

Zwiespalt trat erst nach dem Propheten hervor, da Fremde
die Herr- und Führerschaft erstrebten, das Haus des Propheten niederrissen und die Inhaber der Offenbarung vernich-
teten. So that Ibn Zijad am Tage von Kerbela, da war Spal-

tung unter den Gläubigen, einer tödtete den andern, und so
wurden der Ansichten und Lehrweisen gar viel. Viele sagen,
diese Frevel geschehen durch den Willen und Entscheid Gottes, und gegen das, was Gott bestimmt, könne man sich nicht
wehren. Wenn ihnen darin Jemand entgegentritt und Beweise
dagegen bringt, nennen sie ihn einen Ketzer (Kadari*), doch
muss man ihnen antworten, dass man sich vor dem, was Gott
bestimmte, wohl hüten könne, jene aber halten von der Wissenschaft nichts.

Der Grund von aller Feindschaft in Welt und Religion
ist der Neid, vergl. 4, 57. Oder beneiden sie die Menschen
wegen dessen, was Gott ihnen von seiner Güte verliehen?

Der Neid verwüstet die Districte, er ist die Hauptursache
der verschiedenen Lehrweisen und Ansichten. Ein Mann bringt
eine Lehrweise auf, er gewinnt dafür Anhang; das sieht ein anderer, der beneidet ihn darum, er stellt nun eine andere Ansicht
auf, den Anhang des andern zu gewinnen und befeindet jenen;
dies gilt besonders von den Arabern, wo stets einer dem andern gegenüber trat, dazu kam die Verschiedenheit der Dia-
lecte. Gott sandte aber den Propheten, um ihnen das Nothwendige zu verkünden, er beantwortete ihre Fragen nur in
ihrer Sprache, denn nur zu ihnen war er gesandt. Er machte
ihnen das Verständniss der Worte leicht, bis sie die Lehre
verstanden. So liest auch oft ein Fremdling den Koran richtig, obwohl er wenig arabisch versteht.

Wenn aber die Völker das Testament ihrer Propheten
verlassen und uneinig werden, sich ohne Uebereinstimmung
mit dem Propheten einen Chalifen setzen (d. i. einen Chalifen
aus nicht prophetischem Geschlecht), und dies nur aus weltlichen Rücksichten thun, so geht es ihnen, wie es in der indischen Fabel mit den Raben und dem Falken geschah. —
Da heisst es:

Die Raben hatten einst einen gütigen König, der starb.
Da waren sie nach dem Tode desselben uneinig, wer ihr König

*) Die Mutaziliten wurden fälschlich so genannt.

sein sollte, und es entstand Hass und Streit, so dass man fürchtete, das könnte zum inneren Krieg führen.

Man berief die Weisen und Grossen und diese erklärten: Wir wollen keinen aus des Königs Familie, denn der möchte sonst glauben, er hätte das Reich durch Erbschaft von seinem Vater, deshalb könnte er uns hart behandeln. Setzen wir dagegen einen Andern ein, so sind wir seine Wohlthäter.

Da sprach Jemand: In diesem Fall müsst ihr einen enthaltsamen Frommen wählen, welcher nicht nach der Welt begehrt. Zieht also umher und sucht einen von dieser Art.

Da war nun in der Nähe ein alter, zur Jagd schon zu schwacher Falke, dessen Körper welk geworden und dessen Gefieder zum Theil schon ausgefallen war. Der hörte von dem, was bei den Raben vorging; er zeigte sich ihren Boten, pries Gott und heuchelte Demuth. Die Boten verkündeten demnach: Unter allen Vögeln fanden wir keinen, der so fromm und enthaltsam ist wie dieser. Die Raben baten ihn daher, die Herrschaft anzunehmen; er aber ward ihr Herr, indem er dachte: Ihr befürchtet noch ein Verderben, was euch schon befallen. Als er nämlich durch die Speise, welche man ihm brachte, wieder erstarkt war, hackte er vielen Raben Augen und Gehirn aus und warf die Körper weg. So ging es eine Weile, und als sein Tod nahte, vermachte er das Reich einem von seiner Gattung und der war noch schlimmer als er. Die Raben sprachen: Wir bereuen, doch ach die Reue nutzt nichts.

Hüte dich vor der Stätte, wo Streit und Zank herrscht; sonst geht es dir wie jener Elster, die sah einen Schwarm wilder Tauben einer Weidestätte zufliegen. Da sprach sie zu sich: Bin ich auch nicht ihresgleichen, so gehen sie doch vielleicht zu einem Ort, der mir Unterhalt gewährt. Als sie nun dem Schwarm sich anschloss, kamen sie zu einem schönen Platz. Dort hatte vorher ein Jäger sein Netz aufgestellt, Fanggruben gegraben, darin Korn ausgestreut und sich dann verborgen. Da sprachen nun die Einen: Lasst uns hier niederfallen. Nein, sprachen die Andern, sie stritten sich, sahen dabei die Netze nicht und fielen ein, um die Körner aufzulesen.

Da trat der Jäger hinzu, warf das Netz über sie, fing sie alle und tödtete sie mitsammt der Elster. —

Wehe der Ungerechtigkeit und Feindschaft. Ist Jemand in einer solchen Gemeinschaft, geht es ihm, wie in der indischen Erzählung den Füchsen. Die zogen auf Frass aus und sahen ein todtes Kameel, da eilten sie darauf zu und sprachen: Wir haben gefunden, wovon wir eine Zeit lang leben können. Doch möchte es sich ereignen, dass einer gegen den andern nicht gerecht wäre und der Starke unter uns den Schwachen verkürze. So wollen wir denn einem, der stärker ist als wir, die Theilung überlassen, damit der einem jeden, was ihm zukommt, zutheile.

Als sie nun solches überlegten, kam ein Wolf vorüber. Da dachten sie: der ist stark und zuverlässig, sein Vater war einst unser König und als solcher gütig gegen uns. Sie wandten sich an ihn, der nahm es an und sprach: Ihr werdet mich nach eurem Wunsch finden. Auch theilte er am ersten Tage gerecht, aber in der Nacht dachte er bei sich: darin, dass ich diesen Füchsen anstheile, liegt doch eine Schwäche, ich brauche das nicht zu than, denn ich bin stark und haben jene keine Gewalt über mich. Das ist Speise. die mir Gott zutrieb und mir statt ihnen verlieh, Gott mag ihnen anderes gewähren.

Als nun die Füchse am andern Tage wiederkamen, gab er ihnen nur die halbe Portion, dazu sprach er: kommt mir nicht wieder, denn dann habe ich nichts mehr für Euch, oder es geschieht, was Euch nicht lieb ist.

Da wussten denn die Füchse, dass sie dem Unglück verfallen, doch meinten einige, das käme nur von der Noth, in welcher der Wolf gewesen; wenn er erst satt wäre, würde er das Uebrige vertheilen, denn der Kameelleib sei ja doch sehr gross. Der Wolf werde seine edle Natur wieder annehmen, denn es heisst ja: keine Mannestugend hat der Schwache und keine Gastfreundschaft der Hungrige, wir wollen mit ihm reden. Am andern Tage kam eine Anzahl Füchse, die sprachen zum Wolf: O Abu Djada (Haariger), wir machten dich zu unserem Amir, dass keiner von uns dem anderen Unrecht thue, wir hofften, du würdest gerecht sein; auch warst du es am ersten Tage, dann gabst du uns die Hälfte; lass uns nicht verzweifeln, gewiss, du warst nur einmal hart. Jetzt wirst du wieder gütig sein, denn wir sind schwach und hungrig. Doch der Wolf verwehrte ihnen die Kost und war noch härter gegen sie, so dass die Füchse übereinkamen, dass sie sich an den Löwen, den König der Thiere, wendeten. Da ward der Löwe zornig gegen den Wolf, er liess die Füchse kommen und theilte ihnen den Kameelleib zu, denn eine Gewalt steht über der andern.

Der gewaltthätige ungerechte Herrscher ist kurzlebig, denn Gott zerbricht den gewaltthätigen und tödtet jeden Uebertreter, so stellt er zwischen dem Kränkenden und Gekränkten das Gleichgewicht her. Es heisst in einigen Offenbarungsbüchern: O Mensch, ich setzte dich als Stellvertreter auf die Erde, ich gab dir meinen Namen, ich machte dich zum Herrscher über meine Knechte und breitete deine Hand über meine Districte, damit du den Unrecht Leidenden vor dem Bedrücker schützest. Wenn du aber ungerecht bist, deine Macht gegen den Schwachen überschreitest, so bist du der Bedrücker und jene die Unrecht Leidenden. Ich bin aber der König der Könige und Herrscher der Herrscher, ich werde jenen vor dir Recht verschaffen. —

Hängt Jemand zu sehr den Lüsten dieser Welt an, so dass man dadurch nicht an das Wohl und das Entkommen zur andern Welt denkt, so trifft einen solchen das, was einem Mann widerfährt, welcher nach einem Fisch Begehren hatte. In den Erzählungen der Inder heisst es:

Ein Mann schritt einst über eine Brücke, welche über einen vom Berg herabstürzenden Fluss führte, da blickte er hernieder und gewahrte grosse Fische. Er dachte bei sich: Heute will ich mit dem schönsten dieser Fische nach Hause zurückkehren, dann Freunde und Familie versammeln und ein frohes Mahl halten. Aber ich fürchte, dass der rasche Lauf des Wassers mich zu sehr vom Fisch trenne. Da warf er die Kleider ab und tauchte unter, indem er mit der Hand den Fisch erfasste. Doch vernachlässigte er dabei das Schwimmen, da er gefürchtet, der Fisch möchte es merken. Das Wasser gewann die Ueberhand über ihn und trieb ihn weit von

von der Stelle weg. Doch obwohl er dem Verderben nahe war,
blieb seine Begierde nach dem Fisch rege, denn er wollte nur
mit demselben den Fluten entgehen. Das Wasser trug ihn nun
einer steilen Felswand zu, es stürzte sich dort in eine Schlucht
unter der Erde hinab.

Hier trat der Flussgott (der Pfleger des Stroms) zu ihm,
der hauste hier und sprach zu ihm: wie konntest du wegen
einer kleinen Lust den rechten Weg verlassen, dich in dieses
Unglück stürzen; wohlan, entlasse was du in deiner Hand hast
und entflieh von dieser Stätte, wo keiner hineingerieth, ohne
unterzugehen. Jener erwiderte: wenn du verlangst, dass ich
für das, was in meiner Hand ist, entgeben soll, so will ich nicht.
Der Flussgott erwiderte: du Thor, keiner ist dem Ertrinken
näher als du; er legte ihm die Hand auf den Kopf und liess
ihn versinken. So nimm dir dies Beispiel zu Herzen. Wie Gott
spricht: gedenke meiner, denn die Erinnerung nützt dem Gläubigen. 51, 55.

Ein Fürstenspiegel.

Es heisst, ein indischer gläubiger König liess, da er sein
Ende nahen fühlte, seinen einzigen Sohn zu sich kommen und
vermachte ihm die Weisheit und Regierungskunst in folgenden
Sätzen:

1. Gott in seiner Einheit zu bekennen, ihn in Demuth bei
Tag und Nacht anzurufen.

2. Den Gesandten wahrhaft zu bekennen.

3. Die durch ihn geoffenbarten Bücher zu bezeugen.

4. Das Urgesetz zu bewahren und die Menschen danach
zu leiten.

5. Demuth gegen Gott, Unterlassen allen Hochmuths.

6. Unterlass aller Ungerechtigkeit und Gewalt, denn wer
gegen die Diener Gottes ungerecht ist, dessen Feind ist Gott,
wessen Widersacher aber Gott ist, der ist verloren.

7. Lass dich nicht zu viel mit den Weibern ein, neige dich
nicht zu sehr ihren Worten zu, denn sie verderben die Vernunft
der Männer, wenn dieselben ihnen zu sehr ergeben sind.

8. Unterlass berauschende Getränke zu nehmen, sie sind Feinde der Vernunft, die Vernunft aber ist die Stellvertreterin Gottes; wer sich aber gegen den Stellvertreter Gottes auflehnt, den vernichtet Gott. Ein solcher hat weder Glauben noch Wissen, weder Tugend noch Scham, auch keine Vorsicht. Wer aber dieser Eigenschaften ermangelt, dessen Tod wäre zum allgemeinen Wohl.

9. Edelmuth, Freigebigkeit, Seelengüte gegen alle Menschen, sie seien Freund oder Feind. Diese Eigenschaft erhebt einen jeden hoch.

10. Wahrhaftigkeit, Aufrichtigkeit gegen Gute und Schlechte.

Beobachte solche zehn gar wohl, o Sohn, du erfährst dadurch folgende zehn Gut:

1. Eine schöne Natur, 2. eine gute Gesittung, 3. Aufrichtigkeit im Versprechen und Halten, 4. Enthaltsamkeit in der Macht, 5. Gutes thun den Männern, Unterlassen des Neides, 6. dass du keinen Feind habest; hast du aber einen solchen, so sei deine Wohlthat gegen ihn seine Strafe; Gott genüge dir als Schutz gegen seine Gewaltthat, 7. Unterlassen des übermässigen Genusses von dem, was dir Gott verliehen, 8. deine Tugend wird mächtig über die Begierde, 9. dein hiesiges Leben hat keine üblen Folgen für das Jenseits, 10. unterlass über das zu speculiren, was dir nicht frommt; beschäftige dich nur mit dem, was Gott dir anwies. —

Hierzu gewähre dir Gott zum Wohl deines Reiches noch zehn andere Eigenschaften:

1. Die genaue Kenntniss von den Angelegenheiten deiner Unterthanen.

2. Die richtige Beurtheilung eines jeden deiner Unterthanen in seinem Wissen und Handeln.

3 Dass deine Gerechtigkeit allen gemeinsam sei.

4. Dass du gegen keinen ungerecht seist.

6. Dass du Gute und Edle in die Aemter setzest. Hüte dich, Sclaven, Hurenkinder u. dergl. in die Aemter zu bringen. Die Thaten der Vorsteher werden auf dich bezogen. Sind sie gerecht, heisst es: der Herrscher ist gerecht; sind sie ungerecht, sagt man solches vom Herrscher aus.

8. Der Vezir stehe auf der höchsten Stufe in geistiger und weltlicher Hinsicht. Er gehöre zu den Edlen. Denn es heisst: wer keine Wurzel hat, hat auch keine Aeste, und wer keine Aeste hat, bringt auch keine Frucht; für jeden Baum aber, der keine Frucht hat, ist das Feuer besser.

9. Schütze den, dem Unrecht geschehn, gegen den, der Unrecht thut; halte den gewaltthätigen Starken von dem Schwachen zurück.

10. Gieb den Leuten ihr Recht und stehe ihnen bei.

Hast du diese 30 Eigenschaften, so hoffe ich auf deine Vollendung in dieser und jener Welt. Du wirst ein guter, von Gott gesegneter König sein. Ein ähnliches Testament muss jeder Weise seinen Schülern und jeder Prophet seinen Jüngern hinterlassen.

Als der König sein Testament also gemacht, versammelte er die vortrefflichen Würdenträger und Gelehrten. Ihr seid, sprach er, stets meine aufrichtigen Rathgeber gewesen, und habe ich, so viel ich vermochte, das Gute erstrebt; seid nun auch gegen diesen Jüngling so wie ihr gegen mich gewesen. Dann sprach er zum Volk: vertraut auf Gott, seid gottesfürchtig, gehorchet euren Vorgesetzten. Doch die Heuchler, welche Hader und Zwist in der Religion begründen, sie gehen dadurch des Seelenheils verlustig. In der Aufgabe des Streits liegt Segen, im Zwiespalt Verderben und Unheil.

Darauf schwanden dem alten König die Kräfte, er umarmte seinen Sohn und verschied.

Ende.

Verbesserungen bitte ich an folgenden Stellen eintreten zu lassen:

S. 12. Z. 17. für vom Aeussern lies von Aussen.

- 49. 1. Z. für Mond lies Mund.

- 85. Z. 23. für gegenüber dem lies im Anfang des

- 91. - 18. für 72 lies 75.

- 95. - 6 für nach denen lies nachdem.

- 98. - 15. für Vorgänge lies Vorzüge.

- 102. - 13. für Schuld lies Schaale.

- 162. - 3. für die Vernunftform ist lies die geistigen Dinge sind.

- 169. - 23. für Gründen lies Wirkungen.

---

www.ingramcontent.com/pod-product-compliance
Lightning Source LLC
Chambersburg PA
CBHW030317270326

41926CB00010B/1401